EU経済統合における労働法の課題

国際的経済活動の自由との相克とその調整

井川志郎

はしがき

　本書は、中央大学において提出した博士論文（法博甲第108号、2015年3月19日）を、加筆修正したものである。とりわけ、全体の論述の流れを改善することを意図して、もともとの第4章を第1章に組み込み、現在の時代状況に合わせて語り方をアップデートしようと試みて、序論と結論に形式上大きな変更を加えた。なお、第1章第1節および第2節は、それぞれ、拙稿「ヨーロッパ労働法研究序説」法学新報121巻7・8号（2014年）635頁および同「EU域内市場における集団的労働法（交渉制自治モデル）の受容の困難」日本EU学会年報35号（2015年）299頁で論じたことをもとにしている。

　冒頭から言い訳がましいが、博論としての研究成果の公表という趣旨から、2015年の学位請求論文提出時以降の動向は、本書の対象となっていない。この点で本書に限界があることは、最初にお断りしておきたい。例えば、越境的配置労働者指令96/71/EC（PWD）については、2018年6月28日に改正が行われているが、本書ではあくまで改正前のPWDを扱う（そのことを明確にするため、「〔改正前〕越境的配置労働者指令（PWD）」と表記した）。

　また、参考文献についても、当時確認できた先行研究の参照・引用を基本方針とした。そのため、その後に公表された研究成果は基本的に本書に反映されていない。わが国では、とりわけ濱口桂一郎『EUの労働法政策』（労働政策研究・研修機構、2017年）と名古道功『ドイツ労働法の変容』（日本評論社、2018年）321頁以下が、この間に刊行された特筆すべき研究成果といえるが、序論や結論部分で若干言及するにとどめている。松本勝明『労働者の国際移動と社会保障：EUの経験と日本への示唆』（旬報社、2018年）も、社会保障法学における関連研究として注目されるが、やはりここで触れておくにとどめる。

　しかし、本書が細部の説明をところどころ思い切って省略することができたのは、上記に挙げたものを含め、先達の研究成果に依るところが大きい。ここに敬意を表すとともに、そうした先達の積み重ねに本書がさらに幾ばくかの貢献ができることを願う。

　本書が、「経済統合と労働法」という新たなテーマについてわが国労働法学

をはじめとした学界が注意を払う1つのきっかけとなり、また、今後のわが国労働法（学）の発展の素地のほんの一端でも形成しうるものとなれば、著者としてそれ以上に幸福なことはない。

さて、本書のもととなっている博士論文を書き上げるまでに、学問的には、母校・中央大学の労働法研究コミュニティから多大な恩を受けている。お世話になった方の名前を挙げればきりがないが、その中でも特に2人の先生のお名前をここに記しておきたい。

まずは、博士前期課程1年のとき、本来の指導教授がサバティカルのため1年間指導を引き受けてくださっていた、角田邦重先生である。実は、明確な問題意識を持って進学したつもりでいたのに研究テーマ設定に迷走していた私に、「こういう面白い問題がある」と本書でも扱うLaval事件を紹介してくださったのは、角田先生であった。その意味では、角田先生は本書の研究テーマの生みの親だと思っている。

そしてその後、指導教授である毛塚勝利先生に、研究テーマを博士論文という形でまとめ上げるまでに貴重なご指導をいただいた。今日までの私の研究生活において、毛塚先生から受けた影響は計り知れない。先生からは、研究者としての生き様についても、多くのことを学んだ。いずれかといえば背中で語るタイプの先生ではあったが、「指導教授から自由であれ」（その前後に「通説から自由であれ」「自分から自由であれ」という言葉がつく）という教えをはき違えて好き勝手に振る舞う不肖の弟子を、粘り強く指導してくださった。本書の誤りの責任はもちろんすべて私にあるが、この拙い書物が、研究テーマの育ての親といえる毛塚先生からの学恩に少しでも報いるものであることを願っている。

そのほか、本書の完成にいたるまでに、各地の研究会でも学識を深める機会をいただいた。現職に就いてからは、九州大学社会法研究会と労働法理論研究会において、本書の構想を発表し、関係各位から様々な有益なご質問・ご指摘をいただいた。また、大学院生時代から、社会法若手研究会では何度も報告し、そのたびに、全国の同世代の研究者との間で刺激的な議論を交わした。学部時代から参加している研究会としては、外国労働判例研究会があり、複数回の報告の機会をいただき、本書の基礎となる知見を得ることができた。

さらに、博論執筆前後において、ドイツの経済・社会学研究所（WSI）や、わが国の労働政策研究・研修機構に所属して研究生活を送ることができたこともまた、大きな糧となっている。

　このように思い返してみると、本書が決して私一人の能力によって出来上がったものではないことを痛感させられる。今までお世話になったすべての方々に、深く御礼申し上げたい。

　本書は、山口大学経済学部の出版助成を受けて、「山口大学経済学部研究双書基金新任研究者助成シリーズ第2冊」として出版される。また、本書の一部の加筆修正はJSPS科研費JP18K12651の研究成果である。これら財政面での支援がなければ、やはり本書の刊行にはこぎ着けなかったであろう。

　出版社である旬報社にも一言では表せない恩義を感じている。実は、私のEU労働法研究は、公表物としては旬報社発行の労働法律旬報に始まっており、今、ある種区切りといえる本書を同社から出版していただけることは、感慨深いものがある。編集者の古賀一志氏には、学部時代からお世話になっており、今回本書の出版を決意した際、信頼できる方にと思い相談をさせていただいた。まだまだ駆け出しの研究者の申し出を快くお引き受けくださった古賀氏、そして、諸種ご高配くださった社長の木内洋育氏に、この場を借りて拝謝したい。

　最後に、私事を書き連ねることをご容赦いただきたい。まず、いつでも私のやりたいことを尊重してくれた母・慶子のこれまでの支えに感謝の意を表しておきたい。母の応援があったから、研究者としての道を選択できた。また、義父・武藤充にも、将来どうなるかも分からない大学院生時代からの様々な面での援助に感謝したい。そして誰より、妻・悠希がいなければ、本書を書き上げることはできなかった。妻、そして同様に愛すべき2人の子どもの存在は、大きな心の支えになった。本当にありがとう。

　2018年初冬　山口大学吉田キャンパスの研究室にて

井川　志郎

目 次

- はしがき ··· 3
- 目次 ··· 7
- 細目次 ··· 8
- 略記文献一覧 ·· 10

序論 ··· 17

第1章　前提的考察 ·· 31
- 第1節　EU労働法の形成と域内市場 ·· 34
- 第2節　EU集団的労働法の特徴 ··· 91
- 第3節　域内市場法と労働法の交錯 ·· 108

第2章　労働基本権と自由移動原則との相克 ························ 127
- 第1節　労働争議権と開業・サービス提供の自由 ··················· 129
- 第2節　リスボン条約改正と労働者の社会的基本権保障 ········ 159
- 第3節　団体交渉権と開業・サービス提供の自由 ··················· 182

第3章　労働抵触法と自由移動原則 ······································ 197
- 第1節　低廉労働力流入と準拠法 ·· 199
- 第2節　〔改正前〕越境的配置労働者指令（PWD）··············· 232
- 第3節　介入規範とサービス提供の自由 ································· 251

結論 ··· 267

- 参照・引用文献一覧 ·· 277
- 事項索引 ·· 291
- 主要ECJ判例索引 ··· 295

細目次

- はしがき ……………………………………………………………… 3
- 目次 ……………………………………………………………………… 7
- 細目次 …………………………………………………………………… 8
- 略記文献一覧 …………………………………………………………… 10

序論 …………………………………………………………………… 17

- Ⅰ．問題の所在 ……………………………………………………… 18
- Ⅱ．予備的知識 ……………………………………………………… 23
- Ⅲ．叙述の順序 ……………………………………………………… 28

第1章　前提的考察 ………………………………………………… 31

- 第1節　EU労働法の形成と域内市場 …………………………… 34
  - 第1項　初期ヨーロッパ労働法形成のモーメント ………… 34
  - 第2項　労働法統合の深化 …………………………………… 68
- 第2節　EU集団的労働法の特徴 ………………………………… 91
  - 第1項　ヨーロッパ社会対話制度 …………………………… 93
  - 第2項　補助線：交渉制自治モデル ………………………… 99
- 第3節　域内市場法と労働法の交錯 ……………………………… 108
  - 第1項　自由移動原則とその射程 …………………………… 108
  - 第2項　当初のECJ判例にみる労働法領域への配慮 ……… 114

第2章　労働基本権と自由移動原則との相克 …………………… 127

- 第1節　労働争議権と開業・サービス提供の自由 ……………… 129
  - 第1項　Viking事件先決裁定 ………………………………… 129
  - 第2項　Laval事件先決裁定 ………………………………… 138
  - 第3項　検討 …………………………………………………… 149

第2節	リスボン条約改正と労働者の社会的基本権保障	*159*
第1項	リスボン条約体制における基本権保障	*160*
第2項	労働者の社会的基本権保障に果たす役割	*174*
第3節	団体交渉権と開業・サービス提供の自由	*182*
第1項	Commission v Germany 事件判決	*182*
第2項	変化の兆しと残された問題点	*191*

第3章　労働抵触法と自由移動原則　*197*

第1節	低廉労働力流入と準拠法	*199*
第1項	問題の所在	*199*
第2項	EU労働抵触法上の取扱い	*205*
第3項	サービス提供の自由による限界付け	*223*
第2節	〔改正前〕越境的配置労働者指令（PWD）	*232*
第1項	〔改正前〕PWDの内容および沿革	*232*
第2項	欧州司法裁判所の解釈	*240*
第3節	介入規範とサービス提供の自由	*251*
第1項	PWDの位置付け	*252*
第2項	PWD上の介入規範とサービス提供の自由	*256*
第3項	検討	*263*

結論　*267*

Ⅰ．	要約	*268*
Ⅱ．	設定課題に応じた結論	*271*
Ⅲ．	残る課題	*272*

参照・引用文献一覧 *277*
事項索引 *291*
主要ECJ判例索引 *295*

略記文献一覧

【著書】

庄司・新EU法基礎篇：
　　庄司克宏著『新EU法基礎篇』（岩波書店、2013年）

恒川・ソーシャルヨーロッパの建設：
　　恒川謙司著『ソーシャル・ヨーロッパの建設』（日本労働研究機構、1992年）

中西・EU法：
　　中西優美子著『EU法』（新世社、2012年）

中村＝須網・EU判例集：
　　中村民雄＝須網隆夫編『EU法基本判例集（第2版）』（日本評論社、2010年）

濱口・EU労働法の形成：
　　濱口桂一郎著『EU労働法の形成』（日本労働研究機構、1998年）

濱口・EUの労働法政策：
　　濱口桂一郎著『EUの労働法政策』（労働政策研究・研修機構、2017年）

AR-Blattei SD/*Bearbeiter:*
　　Dieterich/Neef/Schwab（Hrsg.），Arbeitsrecht-Blattei Systematische Darstellungen, Heidelberg, Loseblattwerk.

Balze, Die sozialpolitischen Kompetenzen der EU:
　　Balze, Die sozialpolitischen Kompetenzen der Europäischen Union, Baden-Baden 1994.

B. Bercusson, *European Labour Law*, 2nd ed.:
  B. Bercusson, *European Labour Law*, 2nd ed., Cambridge 2009.

Bergmann/*Bearbeiter*, Handlexikon EU, 5.Aufl.:
  Bergmann (Hrsg.), Handlexikon der Europäischen Union, 5.Aufl., Baden-Baden 2015.

Bleckmann/*Bearbeiter*, EuR, 6. Aufl.:
  Bleckmann, Europarecht, 6. Aufl., Köln-Berlin-Bonn-München 1997.

Calliess/Ruffert/*Bearbeiter*, EUV/AEUV, 4.Aufl.:
  Calliess/Ruffert (Hrsg.), EUV/AEUV Kommentar, 4. Aufl., München 2011.

Calliess/Ruffert/*Bearbeiter*, EUV/AEUV, 5.Aufl.:
  Calliess/Ruffert (Hrsg.), EUV/AEUV Kommentar, 5. Aufl., München 2016.

C. Barnard, *EU Employment Law*, 4th ed.:
  C. Barnard, *EU Employment Law*, 4th ed., Oxford 2012.

Däubler, Sozialstaat EG?:
  Däubler, Sozialstaat EG? Die andere Dimension des Binnenmarktes, Gütersloh 1989.

Däubler/*Bearbeiter*, Arbeitskampfrecht, 4. Aufl.:
  Däubler (Hrsg.), Arbeitskampfrecht, 4. Aufl., Baden-Baden 2018.

Däubler/*Bearbeiter*, TVG, 4. Aufl.:
  Däubler (Hrsg.), Tarifvertragsgesetz, 4.Aufl., Baden-Baden 2016.

Dauses/*Bearbeiter*, EU-WiR:
: Dauses (Hrsg.), Handbuch des EU-Wirtschaftsrechts, München, Loseblattwerk.

Deinert, Internationales Arbeitsrecht:
: *Deinert*, Internationales Arbeitsrecht Deutsches und europäisches Arbeitskollisionsrecht, Tübingen 2013.

ErfK/*Bearbeiter*, 14.Aufl.:
: Müller-Glöge/Preis/Schimidt (Hrsg.), Erfurter Kommentar zum Arbeitsrecht, 14. Aufl., München 2014.

ErfK/*Bearbeiter*, 18.Aufl.:
: Müller-Glöge/Preis/Schimidt (Hrsg.), Erfurter Kommentar zum Arbeitsrecht, 18. Aufl., München 2018.

Fuchs/Marhold, EuArbR, 4. Aufl.:
: *Fuchs/Marhold*, Europäisches Arbeitsrecht, 4. Aufl., Wien 2014.

Grabitz/Hilf/*Bearbeiter*, Das Recht der EU:
: Grabitz/Hilf/ (Hrsg.), Das Recht der Europäischen Union, München, Loseblattwerk

Grabitz/Hilf/Nettesheim/*Bearbeiter*, Das Recht der EU:
: Grabitz/Hilf/Nettesheim (Hrsg.), Das Recht der Europäischen Union, München, Loseblattwerk

HSW/*Bearbeiter*, Handbuch:
: Hanau/Steinmeyer/Wank, Handbuch des europäischen Arbeits- und Sozialrechts, München 2002.

Jarass, EU-GRCh, 3. Aufl.:
: *Jarass*, Charta der Grundrechte der Europäischen Union Kommentar, 3. Aufl., München 2016.

Meyer/*Bearbeiter*, EU-GRC, 4. Aufl.:
: Meyer (Hrsg.), Charta der Grundrechte der Europäischen Union, 4. Aufl., BadenBaden 2014.

MüArbR/*Bearbeiter*, 3.Aufl.:
: Richardi/Wlotzke/Wißmann/Oetker (Hrsg.), Münchener Handbuch zum Arbeitsrecht, Bd. 1-2, 3.Aufl., München 2009.

MüKoBGB/*Bearbeiter*, 5. Aufl.:
: Säcker/Rixecker (Hrsg.), Münchener Kommentar zum Bürgerlichen Gesetzbuch, Bd. 10, 5. Aufl., München 2010.

MüKoBGB/*Bearbeiter*, 7. Aufl.:
: Säcker/Rixecker/Oetker/Limperg (Hrsg.), Münchener Kommentar zum Bürgerlichen Gesetzbuch, Bd. 12, 7. Aufl., München 2018.

Schwarze/*Bearbeiter*, EU, 3.Aufl.:
: Schwarze (Hrsg.), EU-Kommentar, 3.Aufl., Baden-Baden 2012.

StaudingerBGB/*Bearbeiter*, 2016:
: Urlich Maguns (Hrsg.) J. von Staudingers Kommentar zum Bürgerlichen Gesetzbuch mit Einführungsgesetz und Nebengesetzen (Internationales Vertragsrecht 1), Neubearbeitung 2016, Berlin 2016.

Streinz, EuR, 10. Aufl.:
: *Streinz*, Europarecht, 10. Aufl., Heidelberg 2016.

Streinz/*Bearbeiter*, EUV/AEUV, 2. Aufl.:
   Streinz (Hrsg.), EUV/AEUV, 2. Aufl., München 2012.

Streinz/*Bearbeiter*, EUV/AEUV, 3. Aufl.:
   Streinz (Hrsg.), EUV/AEUV, 3. Aufl., München 2018.

Thüsing, EuArbR, 3.Aufl.:
   Thüsing, Europäisches Arbeitsrecht, 3.Aufl., München 2017.

von Alvensleben, Betriebsübergang im EG-Recht:
   von Alvensleben, Die Rechte der Arbeitnehmer bei Betriebsübergang im Europäischen Gemeinschaftsrecht, Baden-Baden 1992.

Wohlfarth/Everling/Glaesner/Sprung, EWG:
   Wohlfarth/Everling/Glaesner/Sprung, Die Europäische Wirtschaftsgemeinschaft Kommentar zum Vertrag, Berlin-Frankfurt a.M. 1960.

【雑誌】

AuR:	Arbeit und Recht
BB:	Betriebs-Berater
CYELS:	*Cambridge Yearbook of European Legal Studies*
EuZA:	Europäische Zeitschrift für Arbeitsrecht
EuZW:	Europäische Zeitschrift für Wirtschaftsrecht
ILJ:	*Industrial Law Journal*

NJW:	Neue Juristische Wochenschrift
NZA:	Neue Zeitschrift für Arbeitsrecht
RdA:	Recht der Arbeit
ZESAR:	Zeitschrift für europäisches Sozial- und Arbeitsrecht
ZIAS:	Zeitschrift für ausländisches und internationales Arbeits- und Sozialrecht

序論

Ⅰ．問題の所在

1．問題関心

　今日、経済統合（すなわち複数国間でのヒト・モノ・サービス・カネの国際的な移動に対する障壁の軽減もしくは撤廃またはその過程[1]）の試みは、――保護主義的な政策を平然と掲げる一部例外国を除けば――各国の重要政策であることに疑いはない。わが国にとっては、例えば、環太平洋パートナーシップ協定（TPP）を挙げることができる。経済統合は、貿易障壁を取り除くことを目指すものであり、これには関税のみならず、非関税障壁たる規制・慣行が含まれる。換言すれば、我々は国際的なレベルでの規制緩和ないし自由化の時代に生きているといえる。かかる潮流のなかで、各国の国内労働法制が貿易障壁と扱われ影響を受けるのではないか、という漠然とした不安は、共有するにさほど困難を伴わないであろう[2]。

　この点たしかに、わが国においては既に、「グローバル化」が雇用・労働条件に与える影響、そしてそれに対する対応の仕方について、議論の蓄積がある[3]。労働法学においても、グローバル化に伴って生ずる労働法の課題を論じた先行業績が存在する[4]。しかし、我々は、「グローバル化」がもたらす労働法

---

[1] 経済統合という概念の定義にあたっては、次の諸辞典を参考にした。『経済学大辞典（第2版）』（東洋経済新報社、1980年）971頁以下（「財・生産要素・通貨の諸国間の移動に対する人為的な制限措置を徐々に軽減あるいは撤廃」するもののうち、「いくつかの国々がグループを作り、そのグループ内だけで自由化を行う……差別的な自由化」）、『国際法辞典』（有斐閣、1998年）236頁（「複数の国家が、特定地域について経済分野における国家間の障害をとり払って経済活動の自由化・一体化を進めること」）、『国際関係法辞典（第2版）』（三省堂、2005年）211頁（「複数の国が経済分野におけるいくつかの障害……を除去することによって、経済活動の自由化を図ること」）、『経済辞典（第5版）』（有斐閣、2013年）301頁（「複数の国がほとんどすべての分野での国境を取り除き、単一の経済体をつくること」）。また、ジャック・ペルクマンス（田中素香訳）『EU経済統合―深化と拡大の総合分析―』（文眞堂、2004年）2頁以下も参照。

[2] なお、TPPをめぐっては、わが国の国内労働法制にとって影響は小さいとの見通しが示されることもあるが（例えば、座談会「TPPの意義と課題」貿易と関税（2017年9月号）11頁（福永発言）参照）、そこでは日本の労働法制が一定水準に達していない（いわば水準が「低い」）ことが問題にされる可能性に焦点が当てられており、逆に、水準が「高い」ことが問題にされる可能性の検討は、行われていないように思われる。

[3] これらの点については、首藤若菜『グローバル化のなかの労使関係―自動車産業の国際的再編への戦略―』（ミネルヴァ書房、2017年）23～27、49～51頁参照。

[4] 例えば、米津孝司「グローバリゼーションと国際労働法の課題」日本労働法学会編『講座21世紀

にとっての課題を語るだけでは済まない時代を迎えているのではないだろうか。グローバル化ないしはグローバリゼーションと労働法とを関連付けた分析においては、ヒト・モノ・サービス・カネの国際的な移動が増大する中で、労働関係が渉外性を有するがゆえに抵触法上の論点が生じることが指摘され、あるいは、多国籍企業の規制や、各国労働法にとっての事実上の下方圧力が問題とされる傾向があるように思われる。ここでのグローバル化という現象は、ヒト・モノ・サービス・カネの国際的な移動の増大という事実を指すに過ぎず、したがってそれ自体が労働法学の対象となるのではなく、そこに存在する、あるいはそれの惹起する問題が法律問題であるにすぎない。

他方で、本書でいう「経済統合」は、上述のとおり貿易に対する「障壁を軽減もしくは撤廃」する能動的措置であり、また、当該措置は国家間で行われるものであるため典型的には国際法上の法源である国際条約に基づくこととなる。つまり、経済統合下では、規制緩和ないし自由化が、少なくとも国家の義務として行われるところに特徴があるといえる。また場合によっては、かかる義務の反照として、市場アクターの権利ないし自由を導きうる。したがって、かかる法的な義務／権利と国内労働法制との関係如何という形で、経済統合と労働法との関係性それ自体が、法的な議論の俎上に載せられるべきものとなる。[5]

本書の問題関心は、以上のような意味で、経済統合下で労働法（学）に如何なる課題が突き付けられる可能性があり、労働法（学）はそれにどのように対応できるか／すべきか、という点にある。

2. 課題設定

しかしながら、経済統合と労働法との関係というテーマについて、わが国において議論の蓄積があるとはいえない。[6] そもそも、少なくとも本書を構想し

　の労働法（第1巻）21世紀労働法の展望』（有斐閣、2000年）269頁以下。
5）なお、「グローバル化」や「経済統合」という概念の定義それ自体、学問的な対象となりうるものであろうが、学際的観点を要するであろうかかる検討を本書で行うことはできず、その点で、他の学問領域からみれば本書の整理は必ずしも正確ではないということになるかもしれない。しかし、本書で両概念を使い分けているのは、単に、本文で述べているような違う次元の議論があるということを明確にするためであり、仮に用語法として不正確であったとしても、本書の考察の実質的な意義が失われるものではないと考える。
6）もっとも、最近では労働法学における1つのトピックとして取り上げられるようになっている。

た当時、わが国においてかかるテーマを現実的課題として取り上げるには、今しばらくの時間を要するものとも思われた。そこで本書は、欧州連合（EU）における経済統合と労働法との関係を研究対象とすることとした。

　研究対象として EU を選定したのは、いうまでもなく EU は国際的な経済統合の先進例であるところ、彼の地では、本論においてみていくように、現実的な課題として経済統合と労働法との関係性が問われているからである。すなわち、EU においては、市場アクターに与えられる国際的経済活動の自由（自由移動原則）による、国内労働法の浸食という現象が生じているのである。

　EU において当該現象を先鋭な形で明らかにして注目されたのが、2007 年 12 月の Viking 事件先決裁定[7]および Laval 事件先決裁定[8]、ならびに、2008 年の Rüffert 事件先決裁定[9]および Commission v Luxembourg 事件判決[10]という一連の欧州司法裁判所（ECJ）[11]の判断（そのうち 1 つの事件名をとって「ラヴァル・カルテット（Laval-quartet）」と呼ばれることがある）である。これが如何に衝撃的なものであったかは、ラヴァル・カルテットに対する以下の反応あるいは評価をみれば理解されよう。

　　「ヨーロッパ経済統合を、民主的かつ社会的なプロジェクトなどと美化することはやめよう。そのいずれでもないのだから」[12]。

　　「ソーシャル・ヨーロッパという考えは後退させられた。要するに、使用者がソーシャル・ダンピングを行うことの言い訳として自由移動を持ち出せば、労働組合はそのような行為に対する対抗措置を、最終的には裁判所において正当化しなければならない、ということになるの

　　米津孝司「国際労働関係法の課題」日本労働法学会編『講座労働法の再生（第 6 巻）労働法のフロンティア』（日本評論社、2017 年）302 頁以下。
7）ECJ judgment of 11.12.2007, Case C-438/05 [*Viking*] ECLI:EU:C:2007:772.
8）ECJ judgment of 18.12.2007, Case C-341/05 [*Laval*] ECLI:EU:C:2007:809.
9）ECJ judgment of 3.4.2008, Case C-346/06 [*Rüffert*] ECLI:EU:C:2008:189.
10）ECJ judgment of 19.6.2008, Case C-319/06 [*Commission v Luxembourg*] ECLI:EU:C:2008:350.
11）本書における EU 司法裁判所に関する用語法は、中西・EU 法 71 頁に従う。
12）*Höpner*, Mitbestimmung 5/2008, S.46, 49.

である」[13]。

「欧州司法裁判所は原始的かつ粗野な形態の社会的『ダンピング』を奨励することを承認した」のであり、その「理論は、ヨーロッパの社会的アイデンティティを危険にさらすものである」[14]。

「もはや欧州司法裁判所は（イギリスの）労働者の味方ではない。経済的な自由を優先させることで、欧州司法裁判所はイギリスの裁判所よりもよっぽどコモン・ロー裁判所になってしまった」[15]。

　そこで本書は、ラヴァル・カルテットを主たる素材として、EUにおいて、①国際的経済活動の自由（自由移動原則）と労働法との間の相克関係が如何にして生じたのか、また、②かかる相克関係がどのように調整されており、それをどのように評価すべきか、そして、③調整が適切でないとすれば、どの点に課題があるのかを、検討する。
　なお、EUの経験からわが国にとっての教訓を引き出そうとするのであれば、まず、ヨーロッパの経験の特殊性と普遍性を分けて考える必要がある。しかし本書は、その前提として、まずはヨーロッパの在り方を明らかにしようとするものである。したがって、本書は外国法研究と位置付けられるべきものであり、比較法研究を行うものではない。

3. 研究の副次的意義
　以上でEU法（自由移動原則）と対峙しているものとして想定していたのは、

---

13) ETUC, *ETUC response to ECJ judgments Viking and Laval*, resolution adopted by the executive Committee of the ETUC at its meeting of 4 March in Brussels EC. 179：https://www.etuc.org/sites/default/files/ETUC_Viking_Laval_-_resolution_070308_2.pdf（2018年8月24日確認), p. 3、同決議ドイツ語版、https://www.etuc.org/sites/default/files/ResolutionDE-2_2.pdf（2018年8月24日確認）。

14) Fernando Valdés Dal-Ré, in: Dieterich/Le Friant/Nogler/Kezuka (eds.), *GS Zachert*, Baden-Baden 2010, p. 121, at 129.

15) C.Barnard, *NZA Beil.* 2011, p.122, at 125.

加盟国の国内労働法であるが、現実には、加盟国内労働法はEU労働法によっ[16]てその在り方を規定されている。したがって、EU経済統合と労働法との関係といった場合の「労働法」とは、国内労働法とEU労働法を含むことになる。また後述のとおり、本書第1章では、前提的考察としてEU労働法の形成・発展の過程をたどる。そうすると本書は、EU労働法研究と位置付けることもできる。

周知のとおり、EU労働法については、わが国でも既に詳細な先行研究が存在する[17]。しかし、わが国におけるEU労働法研究においては、個々の具体的な立法（とりわけ指令）の内容、背景そして影響の紹介・分析は仔細に行われるも、とりわけ、当該立法の根拠となるEUの権限が如何にして形成されたか、換言すればEUにおける社会政策統合の過程は、十分に解明されてこなかったのではないだろうか。

もちろん、本論において述べるように、ソーシャル・ヨーロッパあるいは共同体の社会的側面が求められ、1992年マーストリヒト条約締結に際して社会政策協定が締結され、これにより現在のヨーロッパ労働法の基本枠組みが形成された経緯それ自体については、詳細な先行研究が存する[18]。さらにその後の、現行のリスボン条約体制にいたるまでの過程についても、最近になって詳細な研究成果が公表された[19]。ところが、わが国におけるEU労働法研究においては、経済統合との関係でかかる社会政策統合が如何にして進められたか、という問題意識は——そもそも当時かかる問題意識を持つ必要もなかったといえるのか

16) 本書では、E(E)C法上の展開も検討対象に含むことを考慮し、（三本柱構造が解消され現在ではそう呼ぶべき）「EU労働法」ではなく、「ヨーロッパ労働法」という表現を用いることもある。「ヨーロッパ労働法」の概念については、それ自体明確化を必要とする（B. Bercusson, *European Labour Law*, 2nd ed., pp.78-98; *Thüsing*, EuArbR, 3.Aufl., § 1 Rn. 1 ff. 参照）が、多くの場合それは、第一次法および第二次法からなる労働法規律を指す（*Thüsing*, a.a.O., § 1 Rn.4)。本書における「ヨーロッパ労働法」という用語も、その意味で用いている。なお、「ヨーロッパ社会政策」の用語も、本書では以上と同様の用法とする。
17) 最近の立法動向も含めて網羅したものとして、濱口・EUの労働法政策。
18) 例えば、荒木尚志「EUの労使関係と労働法制」連合総研編『参加・発言型産業社会の実現に向けて』（連合総研、1997年）296頁以下、恒川謙司『ソーシャル・ヨーロッパの建設』（日本労働研究機構、1992年）、前田充康『EU拡大と労働問題』（日本労働研究機構、1998年）がある。なお、2006年発行だがこれも基本的に90年代までの動向を追ったものとして、佐藤進『EU社会政策の展開』（法律文化社、2006年）がある。
19) 濱口・EUの労働法政策。

もしれないが——希薄なように見受けられる。

　本書は、この点を明らかにすることによって、EU 労働法の予定調和的でない複雑な形成・発展の経緯を描き出そうとするものでもある。その意味で本書は、わが国における EU 労働法研究を補完し、もって、今後の EU 労働法研究にとっての基礎資料を提供しようとするものでもある。

　また、以上のように本書は EU 労働法それ自体を研究対象とするものであって、わが国の国内労働法の比較対象として、あるいは、EU 加盟国の国内労働法研究の前提として、EU 労働法を研究するものではない。この点に、多くの先行研究とのもう1つの相違点を確認できる。[20]

Ⅱ．予備的知識

　ところで、本書は労働法学者を主たる読者層として想定しているので、必ずしも馴染みがないであろう EU 法の基本事項について、予備的知識としてここで説明を加えておくことが有益であろう。

1．EU 法の法源

　まず「EU 法」とは、いわゆる第一次法と、基本条約を基礎として EU により採択される第二次法、そして、欧州司法裁判所が EU 法の欠缺を埋めるために法源として用いてきた連合法上の「法の一般原則」といったものを中心として構成される諸法源を指している。[21]

　第一次法とは、EU 法上の憲法的規範であり、とりわけ加盟国間で国際条約として締結された基本条約、すなわち EU 条約および EU 運営条約であるが、現在では EU 基本権憲章がこれに加わっている。

　第二次法とは、EU が採択するもので法行為と呼ばれるが、とりわけ、法的拘束力を生じるものとしての規則、指令、および決定が重要となる。[22]

---

20) もっとも、このようにいうことで、加盟国内法にも踏み込んだ検討が不要だと主張するものではない。この点については、本書「結論」のⅢの3を参照されたい。
21) EU 法の法源について詳細は、Schwarze/*Schwarze*, EU, 3.Aufl., EUV Art.19 Rn.21 ff.; *Streinz*, EuR, 10.Aufl., Rn.448 ff.、庄司・新 EU 法基礎篇 198 頁以下、中西・EU 法 26 頁以下および 114 頁以下を参照されたい。
22) 法行為（legal acts / Rechtsakte）のカタログを示す EU 運営条約 288 条には、これら「立法行為

法の一般原則は、EU 法上の規範の序列上基本条約と同位のものと解される限りにおいては第一次法と位置付けてよく、そうしたものには、現在も EU 条約 6 条 3 項で承認されている法の一般原則としての基本権保護が含まれる[23]。

これら EU 法上の規範の序列に関しては、さしあたり、第一次法に対して第二次法が劣位することを指摘しておけば足りよう。

なお、EU が締結する国際条約は、(国際法上の話ではなくて EU 法上の話としていえば) EU 法の不可欠の構成要素として取り扱われることになる[24]。しかし、こうした国際条約の EU 法上の位置付けというのは、第二次法には優位するが第一次法には劣位する、特別なものとして解されている[25]。

2. EU 法と国内法の関係

一般的にいって、EU 法は加盟国内において直接効を有し、また、加盟国法に優位する[26]。直接効を有するということは、国内裁判において、個人が EU 法に依拠してその権利を主張できるということである[27]。そうすると今度は、

(legislative acts / Gesetzgebungsakte)」(EU 運営条約 289 条 1〜3 項参照。この点は、庄司・新 EU 法基礎篇 81 頁以下も参照) と呼ばれるもののほか、勧告および意見が挙げられているが、この勧告および意見はそれ自体として直接に法的拘束力を生むものではない (同 288 条参照)。

23) Streinz, EuR, 10.Aufl., Rn.456 参照。

24) 連合の締結した国際条約の効力については、Schwarze/Terhechte, EU, 3.Aufl., AEUV Art.216 Rn.13 ff. 参照。

25) Schwarze/Terhechte, EU, 3.Aufl., AEUV Art.216 Rn.20、庄司・新 EU 法基礎篇 206〜207 頁参照。

26) 以下に参照するもののほか、庄司・新 EU 法基礎篇 219 頁以下参照。

27) 基本条約規定の直接効については、Van Gend en Loos 事件欧州司法裁判所先決裁定 (ECJ judgment of 5.2.1963, Case 26/62 [Van Gend en Loos] ECLI:EU:C:1963:1) がこれを肯定し、これが EU 法の直接効のリーディング・ケースとなっている。規則は、EU 運営条約 288 条第 2 文において、明確に直接適用されるものと定められている。

他方、とりわけ指令については、一定の留保が必要である。規則と異なって、指令の直接効については条文上に明確な言及がなく、解釈が求められる。この点、私人が国に対して権利主張可能な「垂直的直接効」は認められているものの、私人間でのいわゆる「水平的直接効」を有するものとは解されていない。もっともその場合でも、加盟国が国内法の EU 法 (指令) 適合的解釈義務を負っている、あるいは、EU 法 (指令) に反する加盟国内法の適用排除義務を負っていると解されるなど、実質的に指令は私人間の法律関係にも影響を及ぼす (これらについては、庄司・新 EU 法基礎篇 268 頁以下および 274 頁以下参照)。

以上については、庄司・新 EU 法基礎篇 246 頁以下、須網隆夫＝中村民雄「EC 条約規定の直接効果 ファン・ヘント・エン・ロース事件」中村＝須網・EU 判例集 3 頁、中西・EU 法 133 頁以下参照。

加盟国内法とEU法の抵触可能性が浮上してくるため、両者の優劣が問題になる。この点では、EU法の優位が認められており、加盟国国内裁判所はEU法に違反する国内法を（憲法も含め）適用できないと解されている[28]。

このいずれの原則も、EU法の解釈・適用権限を有するECJが発展させてきたものであり、このような統一的司法裁判所によって法の実効性確保が行われる点もまた、EU法の特徴といえる[29]。

以上のような意味で、そもそもEU加盟国の国内労働法は、ECJに解釈されるところのEU法から大きな影響を受けるといえる。

3. EU法の中核的要素：国際的経済活動の自由

それでは、以上のように加盟国内労働法に大きな影響を有し、本書の研究対象となるEU法は、内容的にはどのような規範で構成されているのであろうか。これを網羅的に整理紹介することはできないが、ここでは最低限、本書に関わりのあるその中核的要素ないしは出発点について、確認しておこう。

広く知られているように、EUは経済統合を核として始まった[30]。EUの制度的な歴史は、独自の超国家的性格を有する国際組織の形成であった点で、1952

---

28) EU法の加盟国法に対する優位に関するリーディング・ケースが、Costa v ENEL事件欧州司法裁判所先決裁定（ECJ judgment of 15.7.1964, Case 6/64 [*Costa v ENEL*] ECLI:EU:C:1964:66）である。EU法の優位性に関して詳細は、庄司・新EU法基礎篇228頁以下、中西・EU法226頁以下、中村民雄「EC法の国内法に対する優位性　コスタ対エネル事件」中村＝須網・EU判例集14頁を参照されたい。

29) 各国が裁量により裁判を回避できる伝統的な国際公法上の裁判権と異なり、EUの裁判権は強制的である（ユルゲン・シュヴァルツェ（出口雅久＝工藤敏隆訳）「欧州連合の発展─共通市場から政治統合へ─」立命館法学306号（2006年）524頁、528〜529頁参照）。また、（課題が指摘されるものの）司法的保護制度の完結性について、庄司・新EU法基礎篇179頁以下参照。

もっとも、加盟国内裁判所の機能上のEU司法裁判所としての活動を無視してはならない（Streinz/ *Huber*, EUV/AEUV, 3. Aufl., EUV Art. 19 Rn. 49 ff. 参照）。また、先決裁定手続との関係でEUの司法システムの分権性を指摘するものとして、庄司・新EU法基礎篇141頁参照。

30) もちろん、思想的な源流や、当初失敗したいくつかの試み、また、前史として存在した政治的な協力体制も見逃されるべきではない。この点、辰巳浅嗣「欧州統合からECへ」同編『EU─欧州統合の現在（第3版）』（創元社、2012年）8頁以下、Bleckmann/*Bleckmann*, EuR, 6. Aufl., Rn.1 f; Dauses/*Müller-Graf*, EU-WiR, 31. EL, 2012, A.I. Rn.7 ff.; *Streinz*, EuR, 10. Aufl., Rn.9 ff. 参照。またそうした経緯を経てまず行われた経済統合が、決して自己目的的なものでなかったことにも注意されねばならない。例えば、後述するように欧州石炭鉄鋼共同体は、これもまた経済統合として捉えることができるものの、それは平和構築のための手段であった。

年の欧州石炭鉄鋼共同体（ECSC）発足にさかのぼることができる[31]。平和構築という根底にある理念が忘れられるべきでないものの[32]、内容としては、ECSCは石炭鉄鋼という特定部門での経済統合を目指すものであった[33]。その後1958年に発足した欧州原子力共同体（Euratom）および欧州経済共同体（EEC）が、ECSCとともに（複数形の）ECsとして欧州統合の中心となったが、このうち、一般的経済統合を目指すものとして特に重要な役割を担ったのがEECである。

このEECが基礎とした統合の基本コンセプトは、共通市場（common market / gemeinsamer Markt）の創設であり、これはその後域内市場（internal market / Binnenmarkt）という概念に置き換えられたものの[34]、現在まで一貫してヨーロッパ統合の支柱をなしている（EU条約3条3項第1段落第1文――「連合は、単一の域内市場を創設する」）[35]。

そしてかかるコンセプトの中核的要素となるのが、国際的経済活動の自由であり、それはEU法上、自由移動原則（free movement / freier Verkehr）と呼ばれるものである（基本的自由（fundamental freedoms / Grundfreiheiten）とも呼ばれる）。EU運営条約26条2項によれば、内部に国境のない領域としての域内市場においては、「物品、人、サービス、および資本の自由移動が……保障される」。

具体的には、現在ではEU運営条約に、物品の自由移動（28条以下）、労働者の自由移動（45条以下）、開業の自由（49条以下）、サービス提供の自由（56条以下）、資本の自由移動および支払いの自由移動（63条以下）という形で、モノ・ヒト・サービス・カネの自由な国際的移動の保障が規定されている。これら自由移動原則を中心とした、域内市場実現のためのルールは、「域内市場法

---

31) 辰巳浅嗣「欧州統合からECへ」同編『EU―欧州統合の現在（第3版）』（創元社、2012年）8頁、12頁、Dauses/*Müller-Graf*, EU-WiR, 31. EL, 2012, A.I. Rn.13参照。
32) 庄司・新EU法基礎篇12～14頁、中西・EU法3頁、Bleckmann/*Bleckmann/Ulrich Pieper*, EuR, 6.Aufl., Rn.35; Dauses/*Müller-Graf*, EU-WiR, 31. EL, 2012, A.I. Rn.14参照。
33) Dauses/*Müller-Graf*, EU-WiR, 31. EL, 2012, A.I. Rn.15参照。
34) 単一欧州議定書13条により、EEC条約8a条として導入された域内市場という概念は、当初から用いられていた共通市場と長らく併用して用いられていたが、リスボン条約によりそれに完全に置き換わった。両者の関係については、Schwarze/*Hatje*, EU, 3.Aufl., AEUV Art.26 Rn. 7 ff. 参照。本書では、両者が入れ替わることができる程度の類似概念であることを指摘しておけば足りよう。
35) Dauses/*Müller-Graf*, EU-WiR, 31. EL, 2012, A.I. Rn.117参照。

(internal market law)」と呼ばれることがある。

このようにヨーロッパ統合は、共通／域内市場というコンセプトでの経済統合に、またその中核的要素としての自由移動原則に、まずは基礎を置いたのであった。そこで直接的に目的とされたのは、私的自治および私的イニシアティブに国境を開放し、比較優位という考えに則り国境を越えた競争を促進することであった[36]。コストの低い国への生産拠点の移転や、安価な製品または原材料の輸出入は、まさに保障されるべき移動の自由の行使に他ならないことになる。

4. EU 域内各国の多様性と「ソーシャル・ダンピング」批判

他方で、かかる移動の自由の行使は、EU 域内各国の多様性を背景として、「ソーシャル・ダンピング」との批判も招くことになる。

EU 域内では、統合の地理的拡大に伴って、内部の多様性ないし格差が増大してきた。当初ドイツ、フランス、イタリア、そしてベネルクス三国の 6 の原加盟国で発足した共同体は、1973 年の北方拡大（イギリス、アイルランド、デンマーク加盟）、1981 年の第一次南方拡大（ギリシャ加盟）、1986 年の第二次南方拡大（スペイン、ポルトガル加盟）、1990 年ドイツ再統一に伴う共同体の地理的拡大、EU 発足後は、1995 年の欧州自由貿易連合（EFTA）加盟国 3 国の加盟（オーストリア、スウェーデン、フィンランド）、そして 2000 年代に入り、東方拡大（2004 年にエストニア、ラトヴィア、リトアニア、ポーランド、チェコ、スロヴァキア、ハンガリー、スロヴェニアの中東欧 8 か国に加え、マルタ、キプロスが加盟し、2007 年にルーマニアとブルガリア加盟）を経て、最近では 2013 年クロアチアが加盟を果たし、28 の加盟国を擁するにいたっている。

これを労働関係についてみれば、事実上または法制度上の雇用・労働条件の格差を意味する。例えば法定の最低賃金でいえば、2018 年 1 月の段階で、時間あたり 11 ユーロ 55 セントと最も高い部類のルクセンブルクと、1 ユーロ 57 セントと最も低い部類のブルガリアで、未だにおよそ 7 倍強の差がある[37]。そうとすれば、比較的高水準な加盟国市場への低廉労働力・安価なサービスの流

---

36) Dauses/*Müller-Graf*, EU-WiR, 31. EL, 2012, A.I. Rn.122 参照。
37) 出典：WSI-Mindestlohndatenbank 2018（*Lübker/Schulten*, WSI-Mindestlohnbericht 2018, WSI Report Nr. 39, 2018, S. 3 において確認）。

入、また逆に、低水準国への企業の逃避が生じうるということは、想像に難くないであろう。[38]

そしてこうした事態に直面した利害関係者からは、たとえそれが EU 法上与えられた移動の自由の行使の結果だとしても、しばしば「ソーシャル・ダンピング」という批判が加えられることになる。「ソーシャル・ダンピング」というのは、ある国家または企業が、各国の労働法規制の水準格差ないし多様性を背景として、社会的コストの低さを競争上の優位として用いる場合を広く指す表現といえる。[39] かかる標語を学術的文脈で用いることの適切性には疑問が残るものの、[40]雇用・労働条件の格差が利用されていることを指すに便利な表現であるので、本書ではそうした意味においてなおこうした表現を用いることとする。

なお、「ソーシャル・ダンピング」という批判の背景には、短期的に有利な条件の利用が、「底辺への競争（race to the bottom）」を引き起こすことへの不安もあろう。すなわち、資本を引きとどめ、あるいは惹きつけるため、加盟国が競って規制緩和を行う事態に陥るかもしれない、という危機感である。[41]

---

38) 実際、第 2 章および第 3 章で扱う各事案が参考になる。また、海外逃避でいえば 90 年代に起きたルノー社の事件（これについては、濱口・EU 労働法の形成 79 頁以下参照）が典型的である。さらに、必ずしも低廉労働力を利用したものかどうかが定かでなくても、（典型的には建設業において）価格面で有利な条件を提示できる外国企業が契約を受注することによって、国内労働者からみて「仕事を奪われている」と映ることも、容易に想像ができる（訴訟に至らなかったケースの研究として、本田雅子「EU における国外派遣労働者—イギリスで生じた労働争議に関する一考察—」大阪産業大学経済論集 12 巻 2 号（2011 年）97 頁参照）。

39) C.Barnard *EU Employment Law*, 4th ed., p.40; HSW/*Steinmeyer*, Handbuch, § 11 Rn. 48 参照。

40) 国際貿易の文脈におけるダンピングを、自国の市場価格よりも不当に低い価格での商品輸出と定義付けた場合、例えば、低廉労働力流入にそれがあてはまるのは、母国での最低賃金などを下回った状態で、受入国での就労が行われる場合である。「ソーシャル・ダンピング」という標語で批判されているのは、少なくとも、このような母国内でさえ批判されるべきような事態ではない。第 3 章で扱う越境的配置労働者（posting of workers / Arbeitnehmerentsendung）においても、問題になっているのは、上記の意味での「ダンピング」ではなくて、母国での雇用・労働条件そのままに国外から労働力が流入してくることである（*Hanau*, in: Due/Lutter (Hrsg.), FS Everling, Baden-Baden 1995, S. 415, 416 参照）。

41) こうした事態は、「規制間競争（regulatory competition）」と呼ばれることもある（S.Deakin, *CYELS*, Vol. 10, 2008, p. 581, at 608-609 参照）。

Ⅲ．叙述の順序

「底辺への競争」への不安をあおり、「ソーシャル・ダンピング」を奨励したものとして激しい批判を浴びたのが、本書で中心的素材とするラヴァル・カルテットであったが、既述のように本書は、当該素材の検討を通じて、EUにおいて、①国際的な経済活動の自由（自由移動原則）と労働法との間の相克関係が如何にして生じたのか、また、②かかる相克関係がどのように調整されており、それをどのように評価すべきか、そして、③調整が適切でないとすれば、どの点に課題があるのかを、検討するものである。

具体的にはまず第1章（「前提的考察」）において、これまでのEU労働法の形成・発展を、予定調和的でない複雑な経緯として描き出す。当初から経済統合との関係において形成され、また、常に加盟国間もしくは加盟国・EU間での政治的な駆け引きないし綱引きの影響を受けて発展してきたEU労働法の、独特な来歴を確認しておくことは、第2章以下で上記検討課題①～③を考察するにあたっての補助線となる。

続く第2章（「労働基本権と自由移動原則との相克」）からは、自由移動原則と労働法との相克関係の検討に入るが、第2章ではそのうちでもまず、労働基本権の領域を扱う。具体的には、ラヴァル・カルテットのうちViking事件およびLaval事件におけるECJ先決裁定が、また、その後のリスボン条約改正を踏まえて、新たに下されたCommission v Germany事件ECJ判決が、批判的に検討される。問題になるのは、団結がその特有の行動様式によって企業の自由移動を阻害しているのではないか、またそうだとして、基本権保障という観点からどのような調整が図られるべきかということである。

第3章（「労働抵触法と自由移動原則」）においては、今度は、ラヴァル・カルテットの労働抵触法に関わる側面が扱われる。再びLaval事件、そして新たにRüffert事件およびCommission v Luxembourg事件における、〔改正前〕越境的配置労働者指令（PWD）についての解釈である。ここで問われるのは、他の加盟国からやってきて一時的に自国内で働く労働者について、自国労働法の適用を確保するために加盟国がその裁量を行使する場合に、それが企業のサービス提供の自由を妨げるものではないか、またそうだとして、どのような調整

が行われるのかということである。そうした問題構造の前提として、労働抵触法理論の確認も行う。

最後（「結論」）に、以上の考察をもとに、本書で設定した上記①〜③の問いに対する回答を試みるとともに、かかる考察において残された課題を指摘しておきたい。

第1章
前提的考察

既述のとおり、EU は経済統合を核として始まったが、しかし次第に独自の労働法形成、すなわち社会政策統合もその範疇としてきた。このことは、広く認知されていよう。現在では、実務レベルを含め、特に EU 域内で活動する労働法律家にとって、EU 労働法は既にその専門範疇外に置いておくことのできない分野になっているとまでいわれる[42]。

　そもそもヨーロッパ統合が市場の統合に止まらず、広く政治統合を視野に入れていたこともよく知られており、それを象徴したのが 1993 年の EU の設立および EEC の欧州共同体（単数形の EC）への改称であった[43]。ヨーロッパ統合が経済統合から始められた背景には、機能的な統合のアプローチ（ドイツ語で "funktionalistischer Ansatz"）という考え方があったことが、しばしば指摘される[44]。要するに、経済統合にまずは集中するが、それが後の政治統合を引き出すであろうという考えである。この考え方によれば、先行する部分的統合（ここでは経済統合）が、それにより人々のあいだで経験される利点によって、さらなる統合への基盤ないしは準備を形成する[45]。社会政策統合の進展というのも、もしかすると、こうした初期における経済統合への戦略的な集中が功を奏したもの、と位置付けることができるのかもしれない。

　しかしながら、社会政策統合の過程をたどってみれば、現在までの EU 労働法の形成・発展には、単に機能的統合という予定調和的な展開に止まらない、複雑な経緯を見出すことができる。ここで複雑というのは、まず、EU 労働法の形成すなわち社会政策統合を促したのは、経済的な統合がもたらした利点というよりは、それがもたらす負の側面への不安だったということである（第 1 節）。

---

42) *Henssler*, in: Henssler/Braun (Hrsg.), Arbeitsrecht in Europa, 3. Aufl., Köln 2011, S. 1, Rn. 1 参照。また、同様に *Schubert*, in: Däubler/Hjort/Schubert/Wolmerath (Hrsg.), Arbeitsrecht Individualarbeitsrecht mit kollektivrechtlichen Bezügen Handkommentar, 4. Aufl., Baden-Baden 2017, AEUV Rn.1、既に 10 年以上も前に同様の指摘をするものとして HSW/*Wank*, Handbuch, §2 Rn.1 ff. を参照。

43) むろん、これはあくまで政治統合という方向性を象徴するにすぎず、重要なのはそこで行われた改正である。マーストリヒト条約による欧州連合設立までの統合の深化に関しては、Dauses/*Müller-Graf*, EU-WiR, 31. EL, 2012, A.I. Rn.21 ff. を参照されたい。

44) ユルゲン・シュヴァルツェ（出口雅久＝工藤敏隆訳）「欧州連合の発展―共通市場から政治統合へ―」立命館法学 306 号（2006 年）524 頁、Bergmann/*Grupp*, Handlexikon EU, 5. Aufl., S.427 [Funktionalisten]; *Streinz*, EuR, 10. Aufl., Rn.20 参照。

45) 統合が統合を呼ぶ形で広がっていくことから、'spill-over effect' ともされる。

また、かかる不安にもかからず、EUへの社会政策領域での権限移譲への抵抗から、結果として形成されたEU労働法には、特に西欧の労働法体系からすると「いびつ」ともいえる特徴が見いだされる（第2節）。さらに、経済統合のためのEU法が、各国の労働法規律に介入する可能性も生じてきた（第3節）。

　本章で以上のことを確認するのは、これらが、次章以降に明らかにする①自由移動原則と労働法との間の相克関係、②その調整の在り方、③そこに見いだされる課題に、関わってくるからである。また本章は、次章以降の叙述の前提となる知識の提供も兼ねている。

第 1 節　EU 労働法の形成と域内市場

　ヨーロッパ労働法の形成過程というのは、当初は経済共同体の創設に特化していた EU／E(E)C において、その付属物としてしか捉えられなかった労働法分野が、ヨーロッパ労働法として徐々にその独自の地位を築き上げていく過程である。このような、当初から統合の中核であった経済統合との関係性というのは、現在まで一貫したヨーロッパ労働法にとっての課題である[46]。

第 1 項　初期ヨーロッパ労働法形成のモーメント

　そこでまず、ヨーロッパ労働法の形成史、言い換えれば労働法統合の歴史を、経済統合との関係においてみていきたい。もっとも本項では、ヨーロッパ統合の初期段階、すなわち EEC 時代にさかのぼって、またその時期に限ってそれを行う。というのも、とりわけ経済統合に特化していたこの時期をみてみることで、それとの緊張関係におけるヨーロッパ労働法形成を明確に描き出せるように思われるからである。

　なお、ここでいうヨーロッパ労働法形成史ないし労働法統合史というのは、労働法の個々の分野での共同体立法（すなわち第二次法）の発展ではなくて、労働法領域についてヨーロッパレベルでの規律枠組みがどのような発展を遂げてきたのか、換言すれば、主に第一次法たる基本条約上の労働法統合の発展を意味している。第二次法の発展というのは、たしかに実際上の統合の様子を知るには詳細な確認が必要かもしれない。しかし、共同体／連合の立法行為は、あくまで基本条約に権限が付与された範囲内でのみ行われるものであって[47]、

---

46) 今日にいたるまで、テキスト・コンメンタールのヨーロッパ労働法あるいは社会政策への導入部分においておおむね共通して、あるいはモノグラフィとして、経済政策・経済法との関係性が語られることが、こうした課題の一貫性の証左であろう。発行年順に並べれば、*Krebsbach*, Europäische Sozialpolitik – Hemmschuh der Integration?, Hamburg 1974; HSW/*Steinmeyer*, Handbuch, § 12 Rn.1 ff.; B. Bercusson, *European Labour Law*, 2nd ed., pp.5-8; Calliess/Ruffert/*Krebber*, EUV/AEUV, 5. Aufl., AEUV Art.151 Rn.7 ff.; C. Barnard, *EU Employment Law*, 4th ed., pp.35-41; D. Schiek, *Economic and Social Integration*, Cheltenham 2012 などがある。
47) 権限付与の原則（現 EU 条約 5 条 2 項）について、Schwarze/*Lienbacher*, EU, 3.Aufl., EUV Art.5 Rn.6 ff., 庄司・新 EU 法基礎篇 29～31 頁、中西・EU 法 92～93 頁参照。

統合の重要なメルクマールというのは、基本条約上にどの程度労働法領域での発展があったかである。

　また、ここで基本条約上のヨーロッパ労働法の形成史といっても、具体的には、狭義のヨーロッパ社会政策（現在の EU 運営条約では第 3 部第 10 編「社会政策」であり、これは、EEC 条約上の第 3 部第 3 編「社会政策」のうち第 1 章「社会的規定」に対応する）[48]の形成に焦点をあてる。というのも、ヨーロッパ労働法を中心的に構成しているのは狭義の社会政策であり[49]、狭義の社会政策の重点もまた労働法に置かれているからである[50]。

　以下の叙述においては、まず、ヨーロッパ社会政策（労働法）が登場する前提としての哲学ないし動機を明らかにする。この点では、当初の競争政策的な動機に加えて、社会政策的な動機が重要な役割を担い始めるが、法的にいえば、ヨーロッパ社会政策は競争政策的な性格付けを与えられていた。次に、社会政策的動機に基づいた本来の意味でのヨーロッパ労働法の形成が、その後、共同体ないし域内市場の「社会的側面」の要請という形で求められる過程を明らかにする。ここで契機（モーメント）となったのが、共通／域内市場形成との緊張関係であった。

I．競争政策としてのヨーロッパ労働法

　当初の 1957 年ローマ条約（1958 年発効）による EEC 設立は、前述したとおり（序論 II 3）、経済統合にその主眼を置いていた。それに対応して、ヨーロッパ社会政策（労働法）は、長らく経済政策の付属物としてしかみられなかった[51]。政治的な意思と欧州司法裁判所の貢献によって、生活・労働条件の改善という

---

48) Schwarze/*Rebhahn/Reiner*, EU, 3.Aufl., AEUV Art.151 Rn.4 参照。
49) *Thüsing*, EuArbR, 3.Aufl., § 1 Rn.4 参照。
50) Calliess/Ruffert/*Krebber*, EUV/AEUV, 5. Aufl., AEUV Art.151 Rn.1 参照。
51) C. Barnard, *EU Employment Law*, 4th ed., p.7; *Henssler*, in: Henssler/Braun (Hrsg.), Arbeitsrecht in Europa, 3.Aufl., Köln 2011, S.1, Rn.2; *Joussen*, ZIAS 2000, S.191, 191; *Schulte*, in: Kaelble/Schmid (Hrsg.), Das europäische Sozialmodell, Berlin 2004, S.75, 84; *Thüsing*, EuArbR, 3.Aufl., § 1 Rn.25; *Wank.*, RdA 1995, S. 10, 11 f. 参照。活動領域や権限条項において大きな限界を見出さないものの、当初の実際の政策の動きないし解釈による政策実行の実情として社会政策の経済政策への附合性をみとめるものとして、*Krebsbach*, Europäische Sozialpolitik – Hemmschuh der Integration?, Hamburg 1974, S.16 ff., 66 ff., 146 参照。

社会政策的な動機も意味を与えられるようになるものの、条約上のコンセプトとしては、社会政策はとりわけ競争政策的な性格を与えられるものであった。

1. ローマ条約（EEC 条約）

(i) まず社会政策の競争政策的なコンセプトは、ローマ条約上の具体的な規定とその背景をみてみることで明らかになる。

a) ローマ条約上、たしかに第3部「共同体の政策」のうちに第3編「社会政策」が設けられ、現在の狭義の社会政策につながる第1章「社会的規定」（117条以下の全6条）が存在した[52]。また、前文において「経済的および社会的進歩」や「生活および労働条件の改善」が謳われ、2条において「生活水準の向上」が共同体の任務とされていた。しかし、2条の目的を受けて共同体の具体的な活動領域を表す3条には、社会政策そのものは具体化されていなかった[53]。決定的なのは、117条以下の条文に、社会政策固有の立法権限も、強制力ある規定も（後述の男女の同一報酬に関する規定を除き）置かれなかったことである[54]。こうした状況からすれば、社会政策が積極的に統合の対象とはされていなかったことは明らかである。

この点、社会政策統合が避けられた背景には、社会政策というセンシティヴな領域については加盟国に権限を残すということで加盟国および国内労使にコンセンサスがあったとか、当時のすべての加盟国において共通して力強く継続的な経済成長がみられたことから、ヨーロッパレベルで差し迫って社会政策的措置を講じる必要がなかったともいわれる[55]。しかしここでとりわけ重要なのは、この時期の共同体を動かしていた哲学である。すなわち、共通市場の形成が、自動的に社会的な進歩を引き起こすべきであるという考えが、消極的な社会政策の根本にあったのである（これは「新自由主義」的思考と呼称されること

---

52) 欧州石炭鉄鋼共同体における状況については、B. Bercusson, *European Labour Law*, 2nd ed., pp.103-104 を、欧州原子力共同体における状況も加えた説明としては、Thüsing, EuArbR, 3.Aufl., § 1 Rn.25 を参照されたい。

53) 欧州社会基金の設立が3条(i)に明記されていたにとどまる。

54) なお、EEC 条約118条の限界について、判例を含め、C. Barnard, *EU Employment Law*, 4th ed., p.4 参照。また、欧州委員会による労使代表との協議でさえ困難に直面したことについて、B. Bercusson, *European Labour Law*, 2nd ed., pp.105-106 参照。

55) HSW/*Steinmeyer*, Handbuch, § 11 Rn.6; C. Barnard, *EU Employment Law*, 4th ed. P.7 参照。

もある[56])。

 b) しかし問題は、社会政策における総則的規定である117条が、「謎めいた[57]」定めをしていることである。同条第1文は、「加盟国は、労働者の生活および労働条件の改善に尽力し、また、それにより向上という形でのそれら諸条件の接近（Angleichung）を可能にする必要性を認める」とし、続く第2文は、そのような発展が「社会秩序の調和を促進する共通市場の機能からも、また、本条約に規定される手続ならびに法律および行政規定の接近からも生じるものと解する[58]」としていた[59]。たしかに第2文には、上記のような新自由主義的な哲学がみてとれる[60]。しかしとりわけ第1文で、向上を伴う生活・労働条件の接近の必要性を認めておきながら[61]、他方で、前記のとおり具体的な規定において共同体の権限が欠如しているというのは、相反するようにも思われるのである。

 この一見した矛盾というのは、条約交渉の政治的結果として説明できる[62]。そしてそこに、この時期のヨーロッパ社会政策あるいは労働法の競争政策的なコンセプトがみてとれるのである。指摘されねばならないのは、条約交渉時に

---

56) B. Bercusson, *European Labour Law*, 2nd ed., p.102; C. Barnard, *EU Employment Law*, 4th ed., p.5; HSW/*Steinmeyer*, Handbuch, § 11 Rn.6 参照。新自由主義という表現を用いないものの、C. Barnard, in: Marc De Vos (ed.), *European Union Internal Market and Labour Law: Friends or Foes?*, Antwerp-Oxford-Portland 2009, p.19, at 19-20; Schwarze/*Rebhahn/Reiner*, EU, 3.Aufl., AEUV Art.151 Rn.3; *Wank*, RdA 1995, S.10, 11 参照。

 なお、こうした考え方の背景にはまた、いわゆるスパーク報告とオーリン報告の影響も指摘されるべきであるが、この点はさしあたり、B. Bercusson, *European Labour Law*, 2nd ed., p.106; C. Barnard, *EU Employment Law*, 4th ed., pp.5-7 を参照されたい。

57) *Schnorr*, RdA 1981, S. 329, 329.

58) 以上は、当時の公用語の1つであるドイツ語版を参照した。

59) ここでいう条約上の手続として想定されたのは、当時のEEC条約48条から51条、118条、そして123条から128条であり、法制の接近について想定されたのは、EEC条約100条から102条であった（*Wohlfarth/Everling/Glaesner/Sprung*, EWG, Art.117 Rn.2 参照）。狭義の社会政策に属する118条の限界については、前掲注55) の文献を参照されたい。

60) 117条の規定内容に新自由主義的考え方の勝利を見出すものとして、C. Barnard, *EU Employment Law*, p.5 参照。

61) もっとも、「共同体が」何かを行うものと規定されたわけではない。

62) 条約全体のコンセプトと狭義の社会政策の章の間の矛盾の状況を、条約交渉の政治的結果としてしか説明できないとするものとして、*Wohlfarth/Everling/Glaesner/Sprung*, EWG, Vorb. vor Art.117 Rn.7 参照。

は必ずしも社会政策領域を統合対象外としておくことに合意があったとはいえないことである。ローマ条約の社会政策の規定は、条約交渉において社会政策での法制の接近措置の必要性を主張したフランスと、それに反対したドイツの間での妥協的産物であった[63]。すなわち、フランスは当時比較的高水準な社会法制を有していたことを背景として、共通市場における平等な競争条件は、各国の社会的規定から企業に生じるコストが同一の場合にのみもたらされると説き、社会政策領域での法制の接近措置を主張した。対して、個別的な社会的コストの比較は適切でないこと、資本、原材料の調達コストや税負担など様々な要因で生産コストは決まること、加えて、コストの違いこそ競争を可能にするなどの反論が存在し、それを代表していたのがドイツであった。ただ結局のところ、フランスを除いて原加盟国の大半は当時新自由主義的立場であったため[64]、上記のような実効的な規定の欠如いたった。

　c)　こうした経緯に表れているのは、社会政策領域での各国法制度の調和ないし共同体レベルでの措置が求められることはあっても、それは競争政策的な動機に基づくものにすぎなかったということである。国内労働法のモデルに対応するような、労働者保護という意味でのヨーロッパ労働法は、構想されなかった[65]。117条が単に生活水準および労働条件の改善を目指すとせずに、その接近を強調したのも、こうした経緯と合わせてみれば競争政策的な社会政策のコンセプトを表しているものとみることができる[66]。狭義の社会政策上、唯一強制力ある規定として存在した男女の同一報酬原則（EEC条約39条）も、既述のようなフランスの主張への考慮から取り入れられたもので、少なくとも当初の段階では競争政策的な性格のものであったことが指摘される[67]。

---

63) この点については、C. Barnard, *EU Employment Law*, pp.6-7; *Joussen*, ZIAS 2000, S.191, 192; *Langer*, in: Bergmann/Lenz (Hrsg.), Der Amsterdamer Vertrag, Köln 1998, S.93, Rn.13; *Wohlfarth/Everling/Glaesner/Sprung*, EWG, Art.117 Rn.3 (i.V.m. Vorb. vor Art.117 Rn.1, 3 ff.) 参照。
64) *Schnorr*, RdA 1981, S.329, 329 参照。
65) *Fuchs/Marhold*, EuArbR, 4. Aufl., S. 6 参照。
66) *Wohlfarth/Everling/Glaesner/Sprung*, EWG, Art.117 Rn.1 参照。
67) *Schulte*, in: Kaelble/Schmid (Hrsg.), Das europäische Sozialmodell, Berlin 2004, S.75, 85; *Thüsing*, EuArbR, 3.Aufl., § 1 Rn.25 f. 参照。男女同一賃金原則導入の意図に関しては、濱口・EU労働法の形成181頁も参照。こうした性格は、本文で後述するDefrenne第2事件先決裁定でも部分的に認められることになる。

(ⅱ) また、広い意味で社会政策にかかわる法規定を含めてみても、この時期の社会政策には経済政策ないし競争政策に従属する役割しか与えられていなかった。

まず、たしかに差別禁止という労働法でも重要な役割を担う規定が、条約体系上は現在の域内市場法に属する労働者の自由移動（EEC 条約 48 条）にみられた。しかもこれには独自の立法根拠規定も存し（同 48 条 3 項 (d)、49 条、51 条）、それに基づく立法も初期の段階で行われていた。[68]

しかしいうまでもなく、労働者の自由移動は一義的には経済政策的なものである。[69] 少なくとも当初の想定では、生産要素としての労働者をして、高失業率もしくは低賃金国から低失業率もしくは高賃金国へと移動させ、それにより経済の効率化を図ることであって、[70] 従属的な労働者像に基づく補填的規律[71]というのは観念されていない。また、1969 年と 1970 年には、EEC 条約 75 条（共通運輸政策）に基づき一定の社会的規定が調和されたが、ここで意図されていたのは、運輸市場における重要な競争条件としての社会的規定の調和であった。[72] さらに、当時の「社会政策」の編の第 2 章（EEC 条約 123 条から 218 条）[73]には欧州社会基金について規定が置かれていたが、同基金の性格としても、労

---

68) 例えば 49 条に基づくものとして、Regulation (EEC) No 1612/68 of the Council of 15 December 1968 on freedom of movement for workers within the Community, OJ (68) L 257, p.2 [English SE: Series I Vol. 1968 (ⅱ), p. 475] や、Council Directive 68/360/EEC of 15 October 1968 on the abolition of restrictions on movement and residence within the Community for workers of Member States and their families, OJ (68) L 257, p. 13 [English SE: Series I Vol. 1968 (ⅱ), p.485] がある。

69) *Thüsing*, EuArbR, 3.Aufl., § 1 Rn.25 参照。労働者の自由移動の発生史については、*Fuchs/Marhold*, EuArbR, 4. Aufl., S. 2 ff. 参照。

70) C. Barnard, *EU Employment Law*, 4th ed., p.143; *Fuchs/Marhold*, EuArbR, 4. Aufl., S. 51 f. 参照。もっとも、こうした経済的なコンセプトにもかかわらず、経済政策の問題と社会政策の問題が重なり合うことについては、B. Bercusson, *European Labour Law*, 2nd ed., pp.31-32 を参照されたい。

71) 現 EU 運営条約 45 条の「労働者」概念について、欧州司法裁判所が従属性をメルクマールとしていることについては、L. Nogler, *The Concept of <<Subordination>> in European and Comparative Law*, Trento 2009, pp. 1-5 参照。

72) Regulation (EEC) No 543/69 of the Council of 25 March 1969 on the harmonization of certain social legislation relating to road transport, OJ (69) L 77, p. 49 [English SE: Series I Vol. 1969 (I), p. 170] および Regulatioin (EEC) No 1463/70 of the Council of 20 July 1970 on the introduction of recording equipment in road transport, OJ (70) L 164, p.1 [English SE: Series I Vol. 1970 (ⅱ), p.482]。

73) HSW/*Steinmeyer*, Handbuch, § 11 Rn.13 参照。

働者の自由移動促進の役割が指摘される[74]。

2. 社会政策行動計画

　しかしこうした法的状況下にあっても、政治的な意思を背景として、本来の意味でのヨーロッパ社会政策が芽を出し始める。

（ⅰ）　その発端とされるのが、1972年10月20日の、パリでの欧州首脳理事会会談である[75]。同会談での最終声明においては、経済的な成長は自己目的的なものではなく、生活の質・水準の改善に資するものでなければならないこと、また、社会政策領域での力強い行動に対して、経済・通貨同盟の実現と同等の意義を認めること、そして、共同体機関に対して、社会政策行動計画の編成を要請することが、述べられた[76]。

　そしてその後の欧州委員会提案を受けて、1974年1月21日、閣僚理事会による社会政策行動計画（social action programme / Sozialpolitisches Aktionsprogramm）に関する決議が採択された[77]。同計画は、1974年から1976年を第1段階と位置付け、その間にとられるべき数々の施策を掲げるものであった。これらの施策は、大きく3つの目的のもとに分類されていた。すなわち、①完全雇用およびより良い雇用、②生活・労働条件の改善、ならびに③経済・社会政策決定への労使の参加および企業・事業所生活における労働者の参加の増大である[78]。

　こうした個々の施策を示すにあたって、同行動計画の前文には、まず、次のようにいわれている。いわく、EEC条約2条に従えば、共同体は生活水準の加速された改善の推進を任務とするものである。また、既述の1972年10月のパリでの欧州首脳理事会の声明内容が確認される。そして、以下のようにも述

---

74) B. Bercusson, *European Labour Law*, 2nd ed., p.107; C. Barnard, *EU Employment Law*, 4th ed., p.7; Schwarze/*Rebhahn/Reiner*, EU, 3.Aufl., AEUV Art.151 Rn.3 参照。
75) たとえば B. Bercusson, *European Labour Law*, 2nd ed., p.108 は、これを躍進のきっかけ（breakthrough）と位置付けている。
76) 声明は、1974年1月21日の社会政策行動プログラムに関する閣僚理事会決議において繰り返されている（OJ (74) C 13, p.1, at 1）。
77) OJ (74) C 13, p. 1.
78) 個別の内容については、恒川・ソーシャルヨーロッパの建設26頁を参照されたい。

べる。いわく、共同体の社会政策は独自の役割を有し、共同体の措置がとられ、あるいは個別加盟国の社会政策の目的が共同体により決定されることにより、上記［①②③］の目的の実現に不可欠な貢献を果たすべきものである（もっとも、他のレベルでの行動のほうが効率的なものまで共同体化しようとするものではない）。採用される諸措置が社会政策と他の諸政策の目的を同時に達成するものとなるよう、社会政策と他の共同体政策の間の結束（consistency / Kohärenz）を保障することが不可欠である。閣僚理事会は、他の共同体政策の文脈で採用される措置に加えて、［上記①②③の］目的を達成するに必要な措置を採択する政治的な意思を表明する[79]。

(ⅱ)　社会政策行動計画は、共同体レベルでの社会政策的構想を打ち出した初めての試みとされ[80]、ヨーロッパレベルでの本来の社会政策は、この1974年に初めて生まれたともされる[81]。同行動計画の背景として指摘されるべきは、パリでの欧州首脳理事会の声明が示すように、政治的な意思レベルで、共同体が新自由主義的な哲学から距離をとり始めたということである。長い目で見て、単純に経済的な統合を進めるだけでは、共同体内での政治的な結束が生まれないということの認識が共有され始めたといえよう[82]。

　当時のこうした哲学の変化を促した事情としては、いくつかのことを指摘することができる[83]。まず、当時の社会・経済情勢、とりわけ1970年代のオイル・ショックに続く景気後退の影響である[84]。すなわち、そうした状況下で経済統合における「敗者」のための社会政策的措置をとらないことは、市民の信頼を失い、経済統合のプロセスまで危険にさらしかねないと考えられたのである[85]。加えて、1969年から1973年の間の欧州の左傾化があったこと、また、この段階ではイギリス（1973年加盟）も、共同体レベルでの社会政策措置に明確に反

---

79)　以上、OJ (74) C 13, p. 1, at 1-2.
80)　HSW/*Steinmeyer*, Handbuch. § 11 Rn.13 参照。
81)　Calliess/Ruffert/*Krebber*, EUV/AEUV, 5. Aufl., AEUV Art.151 Rn.3 参照。
82)　HSW/*Steinmeyer*, Handbuch. § 11 Rn.9 参照。
83)　この点、以下に参照するもの以外に、B. Bercusson, *European Labour Law*, 2nd ed., pp.108-109 も、引用を含め参考になる。
84)　*Henssler*, in: Henssler/Braun（Hrsg.）, Arbeitsrecht in Europa, 3.Aufl., Köln 2011, S.1, Rn.2 参照。
85)　C. Barnard, *EU Employment Law*, 4th ed., p.8 参照。

対の姿勢を示していたわけではなかったことが指摘される[86]。さらに、1970年のいわゆる Werner 計画[87]（経済・通貨同盟の計画）に鑑みて、社会政策の共同体化が必要と考えられた。というのも、それに伴う各国の政策の共同体化は、実際上各国の社会政策的な発展に影響し、各国の社会政策の裁量は制限されざるをえないと考えられたからである[88]。

(iii)　もっとも社会政策行動計画の課題は、その実行面にあった。前文に明らかにされているとおり、同行動計画自体は「政治的な意思」の表明にとどまり、法的な拘束力があるものではない。したがってその実現のためには、閣僚理事会において法的拘束力のある法行為が採択されるかどうかが重要であった。

　この点、既に述べたとおりローマ条約時代、社会政策固有の立法権限は存在しなかった。そこで同行動計画において示唆されていたのは、当時の EEC 条約235条という一般的な権限条項[89]の活用であった[90]。同条には、これに対応する現在の EU 運営条約352条とは異なって、「共通市場の枠組み内」という文言で市場統合への関連付けという限定がなされていたものの、既にこの文言自体は広く解されていた[91]。また、今日までヨーロッパ社会政策の実現手段として最も重要なのは法制の接近であるため、同じく共通市場への関連付けを要件として[92]、法制の接近のための措置を認めていた EEC 条約100条[93]も、235条と並んで重要な立法根拠となりえた[94]。

---

86) HSW/*Steinmeyer*, Handbuch, § 11 Rn.10 参照。
87) OJ (70) C 136, p. 1.
88) 特に、*Tegtmeier/Weinstock*, Europa-Archiv 1972, S. 801, 803; *Weinstock*, in: Däubler, Sozialstaat EG?, S. 15, 20 参照。また、*von Alvensleben*, Betriebsübergang im EG-Recht, S.32; *Balze*, Die sozialpolitischen Kompetenzen der EU, S.52 も参照。
89) この点については、さしあたり中西・EU 法 98～100 頁を参照されたい。
90) OJ (74) C 13, p. 1, at 1.
91) Schwarze/*Geiss*, EU, 3.Aufl., AEUV Art.352 Rn.16; Ders., EU-Kommentar, 2.Aufl., Baden-Baden 2009, EGV Art.308 Rn.14 f.; Wohlfarth/Everling/Glaesner/Sprung, EWG, Art.235 Rn.2 (i.V.m. Art.6 Rn.2) 参照。
92) Calliess/Ruffert/*Krebber*, EUV/AEUV, 5. Aufl., AEUV Art. 151 Rn. 23 参照。
93) この点については、さしあたり中西・EU 法 100～102 頁を参照されたい。なお、同条については、現在の EU 運営条約115条にいたっても域内市場との関連付けが保たれている。
94) *Konzen*, in: Dörr/Dreher (Hrsg.), Europa als Rechtsgemeinschaft, Baden-Baden 1997, S. 53, 61 f. 参照。

実際のところ、社会政策行動計画の上記3つの目的のそれぞれにおいて、諸種の施策がとられた。あまり大きな進展とは評価されない上記①および③の目的の分野を別とすれば、生活・労働条件の改善(上記②の目的)においては、たしかに諸種の指令が発せられている。1975年から1980年までに、膨大な失業率を前にして当時関心の高かった労働関係の存続・終了に関連する諸指令が立法された。いずれも、上記一般的権限規定のうちでも、当時のEEC条約100条に基づいて立法されたものであった。また、80年代の半ばまでに大きく進展したのが、安全衛生の分野である。この分野の諸指令も、当時のEEC条約100条に立法根拠を有している。さらに、1975年から1986年の間に、EEC条約119条(男女の同一賃金原則)を具体化するための5つの指令が発布されている。これらは、EEC条約100条、235条、あるいは両者に、それぞれ立

---

95) HSW/*Steinmeyer*, Handbuch, § 11 Rn.16, 22 f. 参照。

96) Council Directive 75/129/EEC of 17 February 1975 on the approximation of the laws of the Member States relating to collective redundancies, OJ (75) L 48, p. 29; Council Directive 77/187/EEC of 14 February 1977 on the approximation of the laws of the Member States relating to the safeguarding of employees' rights in the event of transfers of undertakings, businesses or parts of businesses, OJ (77) L 61, p. 26; Council Directive 80/987/EEC of 20 October 1980 on the approximation of the laws of the Member States relating to the protection of employees in the event of the insolvency of their employer, OJ (80) L 283, p. 23.

97) Council Directive 77/576/EEC of 25 July 1977 on the approximation of the laws, regulations and administrative provisions of the Member States relating to the provision of safety signs at places of work, OJ (77) L 229, p.12; Council Directive 78/610/EEC on the approximation of the laws, regulations and administrative provisions of the Member States on the protection of the health of workers exposed to vinyl chloride monomer, OJ (78) L 197, p. 12; Council Directive 80/1107/EEC of 27 November 1980 on the protection of workers from the risks related to exposure to chemical, physical and biological agents at work, OJ (80) L 327, p. 8. この最後の有害物質からの保護に関する指令は、その後88年に改正されている (OJ (88) L 356, p. 74) が、それまでに、さらなる個別の指令が制定されることによって拡充もなされている (OJ (82) L 247, p. 12; OJ (83) L 263, p. 25); OJ (86) L 137, p. 28)。

98) Council Directive 75/117/EEC of 10 February 1975 on the approximation of the laws of the Member States relating to the application of the principle of equal pay for men and women, OJ (75) L 45, p. 19; Council Directive 76/207/EEC of 9 February 1976 on the implementation of the principle of equal treatment for men and women as regards access to employment, vocational training and promotion, and working conditions, OJ L (76) 39, p. 40; Council Directive 79/7/EEC of 19 December 1978 on the progressive implementation of the principle of equal treatment for men and women in matters of social security, OJ (79) L 6, p. 24; Council Directive 86/378/EEC of 24 July 1986 on the implementation of the principle of equal treatment for men and women in oc-

法根拠を有していた。

3. 社会政策的動機とその効用

　以上のような社会政策行動計画に基づく発展の意義は、（後述のように部分的にではあるが）社会政策的な動機に基づく社会政策立法をもたらし、またそれにより、社会政策立法に特有の性格をもたらしたことである。そしたこうした発展には、欧州司法裁判所（ECJ）も貢献した。

(i)　社会政策的な動機についていえば、この時期の立法には明らかにそれが言及されている。先に触れたもののうちから、例として労働関係の存続・終了に関連する諸指令（大量解雇に関する指令 75/129/EEC、事業譲渡の際の労働者の権利保護に関する指令 77/187/EEC、使用者の倒産時の労働者保護に関する指令 80/987/EEC）をとってみれば、これらの指令においては共通して、各加盟国間の規制格差がもたらす共通市場の機能への影響を考慮することが明記される一方で、労働者の保護が必要であることも明記されている[99]。また、男女の同一報酬原則の適用に関する加盟国法制の接近についての指令 75/117/EEC の備考部（前文）においても、社会政策行動計画に明確な言及がなされ、経済的発展だけでなく社会的発展をも目指すことが顧慮されている。

(ii)　特筆されるべきは、こうした指令 75/117/EEC に看取できる新たな哲学が、この時期に ECJ によっても部分的に認められたことである。それが、1976年4月8日の Defrenne 第2事件先決裁定である[100]。同先決裁定は、同指令の具体化の対象たる当時の EEC 条約 119 条の水平的直接効を認めた判例として著名なものであるが、その判示の中で欧州司法裁判所は、同条の目的を次のように

---

　　cupational social security schemes, OJ (86) L 225, p. 40; Council Directive 86/613/EEC of 11 December 1986 on the application of the principle of equal treatment between men and women engaged in an activity, including agriculture, in a self-employed capacity, and on the protection of self-employed women during pregnancy and motherhood, OJ (86) L 359, p. 56.
99）それぞれの指令の備考部（前文）を参照。
100）ECJ Judgment of 8.4.1976, Case 43/75 [*Defrenne (No 2)*] ECLI:EU:C:1976:56. 同事件の事案の概要・判旨については、中村民雄「EC 条約規定の水平的直接効果と男女労働者の同一賃金原則」中村＝須網・EU 判例集 43 頁参照。

説明した。いわく、119条は二重の目的を有するものである[101]。第一に、加盟国間の社会立法の発展段階の違いに鑑みて、119条は、男女同一賃金の原則を実施している加盟国の企業が、未だ実施していない加盟国の企業との共同体内での競争において、不利な立場に立たされる状況を回避しようとするものである[102]。第二に、共同体は、基本条約前文に強調されているとおり、単なる経済的同盟なのではなくて、同時に、社会的進歩を確かなものとし、かつ生活・労働条件の継続的改善を目指すものであり、119条はそうした共同体の社会的目的の一部をなすものである[103]。

同先決裁定のさらに重要な判示は、男女同一賃金という社会政策的問題に関して、加盟国が排他的権限を有していると解されるべきかという付託事項に対する判示である[104]。いわく、119条が加盟国に責務を課していることは、共同体の同事項についての権限を排除するものではない[105]。むしろ、同条が［EEC条約］第三部「共同体の政策」の中の第3編「社会政策」に位置付けられていることが、共同体にも同事項に関して権限が存することを示している[106]。そして同条において社会政策の実施のために共同体が採りうる行動が規定されていない状況にあっては、[EEC]条約100条、155条、また場合によっては235条といった一般的規定を用いて同政策の実行を行うことが適切である[107]。

以上のようにECJは、119条の位置付けを示すにあたって、共同体が経済的な目的と並んで社会的目的を追求するとして、単なる経済共同体を超えた共同体の位置付けを示し、また、当時まだいずれも共通市場の達成という目的に関連付けられていた一般的権限規定を、（同判示は直接的には男女同一賃金の問題を対象とするにすぎないが、）社会政策のための法行為の根拠規定と認めた。こうすることでECJは、共同体および共通市場の社会的な側面を承認したのであった[108]。

---

101) *Defrenne No 2*, para.8.
102) Ibid., para.9.
103) Ibid., para.10.
104) Ibid., at 457-458 参照。
105) Ibid., para.61.
106) Ibid., para.62.
107) Ibid., para.63.
108) B. Bercusson, *European Labour Law*, 2nd ed., pp.5-6; C. Barnard, in: Marc De Vos (ed.), *Europe-*

(iii) 以上のように個別立法と ECJ により共同体の社会的側面が承認されたことに対応して、この時期に発せられた社会政策領域の諸指令には、重要な特徴が見出される。例として再び労働関係の存続・終了に関連する諸指令（大量解雇に関する指令 75/129/EEC、事業譲渡の際の労働者の権利保護に関する指令 77/187/EEC、使用者の倒産時の労働者保護に関する指令 80/987/EEC）をとってみれば、これらの指令が、加盟国国内法の「接近」の方法に関連して、社会政策的目的を強調するものであったことが重要である。すなわち、規制格差を減少させるための接近は、社会政策の総則的規定たる当時の EEC 条約 117 条にいう「改善」の形で促進されなければならないとされていた[109]。それゆえに、現在でいえば EU 運営条約 153 条の社会政策立法の特徴である最低基準としての指令という手法が、ここで既に実際上看取される[110]。

社会政策上の指令立法が最低基準としての性格を有するということは、それが本来の意味での社会政策であることを示す重要な要素である。なぜなら、かかる手法の採用は、労働法の文脈でいえば、労働者に対する保護ということそれ自体に共同体が価値を認めるということを意味するからである[111]。社会政策領域での指令立法が最低基準として行われるということは、それが単に規制格差を問題にして行われる法制の接近なのではなくて、改善を伴うものでなければならない、ということを明確にしている。単に規制格差を問題にするのであれば、（上にも下にもという意味で）完全に統一的な労働法を目指せば済む。しかしその場合の問題というのは、比較的に高水準な社会法制を有する加盟国にとっては、水準の引き下げを伴うものとなりうることである[112]。最低基準としての指令は、一方では経済水準の低い国に過剰な要求をせず、他方で、そうし

---

an Union Internal Market and Labour Law: Friends or Foes?, Antwerp-Oxford-Portland 2009, p.19, 22; HSW/*Steinmeyer*, Handbuch, § 11 Rn.17 参照。なおその後、EEC 条約 119 条（現 EU 運営条約 157 条）が第一義的には社会政策的なものとして解釈されるようになったことを指摘するものとして、B. Bercusson, *European Labour Law*, 2nd ed., p.6 参照。

109) それぞれの指令の備考部（前文）を参照。
110) 指令 75/129/EEC の 5 条、指令 77/187/EEC の 7 条、指令 80/987/EEC の 9 条。
111) 後述する EEC 条約 118a 条での最低基準性の確認に関連して、C. Barnard, *EU Employment Law*, 4th ed., p.11 参照。
112) *Steinmeyer*, ZIAS 1989, S.208, 228 参照。

た水準の引き下げを防ぐ役割も有するのである[113]。

4. 権限上の限界
(i) 立法の停滞

以上のようにこの時期、政治的な意思が先導する形で、EEC 条約 100 条と 235 条をてこに、社会政策立法に進展がみられた。それに、ECJ による追加的な貢献もあった。このような進展がみられた 1974 年から 1980 年ころまでの時期は、「調和の黄金時代」や「ヨーロッパ労働法の開花期」などとも呼ばれる[114]。しかし、約 10 年の間に数えるばかりの指令しか立法されなかったことが、やはり目に付くであろう。これらの立法がなされた分野というのも、労働法の一部にすぎない[115]。さらに、とりわけ 80 年代に入ると、多くの立法提案が実現しないまま時が経つことになる[116]。

これにはそもそもの背景として、この時期の法的状況が指摘されなければならない。というのは、固有の立法権限を欠くなかで社会政策立法が頼らざるをえなかった 100 条と 235 条の両条には、共通して、手続として全会一致が定められていたことである。全会一致のもとでは、立法の成否は政治的状況に特に強く影響される。

そうした法的背景のもと、以下の経済的・政治的状況が社会政策行動計画の

---

113) Schwarze/*Rebhahn/Reiner*, EU, 3.Aufl., AEUV Art.153 Rn.75 参照。したがって、社会政策領域での法制の接近措置としては最も現実的な手法ともいえる (*Balze*, Die sozialpolitischen Kompetenzen der EU, S.73 参照)。なお、統一的な労働法を導入する必要性は、抵触法の統一によって低減される側面もある (Schwarze/*Rebhahn/Reiner*, EU, 3.Aufl., AEUV Art.151 Rn.5 参照)。

114) さしあたり、*Joussen*, ZIAS 2000, S.191, 202 参照。

115) C. Barnard, *EU Employment Law*, 4th ed., p.9 参照。

116) 複雑な構造を有する企業とりわけ多国籍企業における労働者への情報提供および意見聴取に関しての指令案 (Proposal for a Council directive on procedures for informing and consulting the employees of undertakings with complex structures, in particular transnational undertakings, COM (80) 423 final [83 年に修正提案：COM (83) 292 final])。また、非典型労働に関しての指令の諸提案がある (Proposal for a Council Directive on voluntary part-time work, COM (81) 775 final [82 年に修正提案 (COM (82) 830 final)], Proposal for a Council Directive concerning temporary work, COM (82) 155 final [84 年にタイトルの変更を伴って修正提案：Amendments to the proposal for a Council Directive concerning the supply of workers by temporary employment businesses and fixed-duration contracts of employment, COM (84) 159 final])。それぞれ、濱口・EU 労働法の形成 56 頁以下、および、134 頁以下に詳しい。

実現を阻んだ。まず、既に加盟国が9か国となっていたことは、全会一致のもとでの採択をより困難なものとしたであろう。次に、1970年代からの景気後退は、既に述べたとおり一面では社会政策的措置の必要性を各国に認識させたとされるものの、景気後退により生じた問題に各加盟国は個々に対応を進めようとしたともされる。また、共同体レベルでの社会政策を推進する要因の1つであったWerner計画が、まもなく（しかもほとんど何も実行されないまま）挫折したことも指摘される。しかし、とりわけ80年代に入ってからの停滞の原因として強調されるのは、1979年イギリスでのサッチャー保守党政権の誕生である。規制緩和の流れが新たな保護基準の創設を阻んだ中で、同政権はこの時期以降、新自由主義的な立場を強く主張する勢力として、共同体レベルでの社会政策の推進を妨げることとなる。

結局、社会政策行動計画自体は政治的意思表明として野心的なものとして評価できても、しかし共同体の法的枠組み内でのその実現可能性を顧みなかったために、まったく実行されないか、あるいはかなりの遅れを伴うものとなってしまったのである。

(ii) 競争政策的動機付けの必然性

このような社会政策的措置の採択そのものの困難とは別に、この時期に実際に採択された社会政策立法の、いまひとつの特徴も指摘されなければならない。すなわち、たしかにこれらの指令は社会政策的な目的を明確に掲げるものではあったが、他方で、各加盟国間の規制格差がもたらす共通市場の機能への影響を考慮することも明記されていたことである。したがってこれらの指令は、社会政策的目的と競争政策的目的という二重の目的を有するものであった。な

---

117) HSW/*Steinmeyer*, Handbuch, § 11 Rn.15参照。
118) HSW/*Steinmeyer*, Handbuch, § 9 Rn.370参照。
119) B. Bercusson, *European Labour Law*, 2nd ed., pp.120-121、C. Barnard, *EU Employment Law*, 4th ed., pp.9-10、*Thüsing*, EuArbR, 3.Aufl., § 1 Rn.28、濱口・EU労働法の形成13頁以下参照。
　　もっとも、この時期、イギリスでのサッチャー政権誕生後に、社会政策立法が全く実現されなかったわけではない。安全衛生、男女平等の分野では共同体立法がみられた。この点の説明としては、C. Barnard, cited above, p. 10（n. 40 thereof）を参照されたい。
120) Calliess/Ruffert/*Krebber*, EUV/AEUV, 5. Aufl., AEUV Art. 151 Rn. 3参照。
121) 大量解雇に関する指令75/129/EECを例にとりながら、この時期の接近措置の競争政策的な性格

おこうした二重の性格というのは、前述の Defrenne 第 2 事件の EEC 条約 119 条の理解にもみられた。

　注意されるべきなのは、むしろ、競争政策的な目的のもとに社会政策領域での立法を位置付けることの方が、法的には必然であったということである。というのも、これらの指令が EEC 条約 100 条や 235 条といった共通市場に関連付けられた権限条項を用いて発せられる以上、共通市場の形成・機能に資することの説明が求められたからである。

　以上のことから、当時のヨーロッパ社会政策の基盤の脆弱性を窺い知ることができる。まず、法的にいえば、この時期の社会政策領域での立法が社会政策的動機に基づくことが必然ではなかったということは、社会政策的動機からすれば導かれるはずの最低基準性の要請を、偶然的なものとしうる。次に、むしろ必然的なのは競争政策的な動機付けであったが、それが成功していないと評価される場合には、共同体法上の観点からいって、不明確な権限拡大への批判が生じうるからである。[122]

Ⅱ．市場統合の推進と本来の意味でのヨーロッパ労働法の要請

　以上のように当初の「ヨーロッパ労働法」というのは、競争政策的動機と社会政策的動機という 2 つの哲学に牽引されてきたものでありながら、しかし法的には競争政策的な性格付けを与えられざるをえないものであった。もし生活・労働条件の改善という目的に基づくものを本来の意味での「ヨーロッパ労働法」と呼びうるとすれば、そうしたものは、まだ確かには形成されていなかったのである。

　以下でみていくのは、その後「域内市場」というコンセプトのもとでより強力に市場統合が進められるなかで、本来の意味でのヨーロッパ労働法の形成が求められていく過程である。ここでは、既に明らかになっていた社会政策固有

を指摘するものとして、*Fuchs/Marhold*, EuArbR, 4. Aufl., S. 9 f. 参照。さらなる例を含む説明として、*Fuchs*, in: Schuster（Hrsg.）, Die Unternehmung im internationalen Wettbewerb, Berlin 1994, S. 37, 46 ff. 参照。

122）条約上の根拠が疑わしい社会政策立法は、その法的拘束力に疑問を生じさせるし、また、共同体の民主的正当性の観点からも問題である。批判的見解として、*Konzen*, in: Dörr/Dreher（Hrsg.）, Europa als Rechtsgemeinschaft, Baden-Baden 1997, S.53, 62 f. 参照。

の立法権限という課題に加えて、社会的基本権保障が課題として認識される。そしてかかる過程に表れているのは、ヨーロッパ労働法の形成が、域内市場形成との緊張関係を契機として要求されたということである。

1. 単一欧州議定書

社会政策立法が一般的権限条項に頼らざるをえず、それゆえに全会一致による制限を受けざるをえない状況は、条約改正による権限、立法手続の改革によってしか変えられなかった。そのような中、約30年にわたり改正の施されてこなかった EEC 条約が単一欧州議定書（Single European Act / Einheitliche Europäische Akte）によって初めて改正されることになる。単一欧州議定書は、1985年後半に取りまとめの作業が行われ、同年12月2・3日に開催されたルクセンブルクでの欧州首脳理事会会談において採択、翌1986年2月に締結され、1987年7月1日に発効した。しかし、この改正で市場統合はさらに進められるものの、社会政策統合には依然ブレーキがかかったままであったといえる。

(i) 単一欧州議定書は、端的にいって、共通市場の形成を「内部に国境のない域内市場」という新しいコンセプトのもとで、また1992年末を期限として、いま一度強力に推し進めようという意図のもと締結されたものであった（単一欧州議定書13条により挿入されたEEC条約8a条参照）。共通市場はもともと、60年代末までに達成されるはずのものであった。しかし実際には、それが部分的にしか達成されていないとの認識があった。すなわち、国境において行われる商品および人に対する検査や、商品・サービスに関し各国が設定する国内規制が、自由移動に対する実質的な障害、いわゆる非関税障壁として残ったのである。[123] 加えて、80年代の不景気の中、各国の保護主義的措置が特に顕著になり、加盟国および共同体に30年間近く改正されてこなかった基本条約の改正の必要性を認識させたといわれる。[124]

---

123) HSW/*Steinmeyer*, Handbuch, § 11 Rn.28、田中素香「EU 単一市場―統合以前と以後、そして現在の挑戦―」日本 EU 学会年報32号（2012年）29頁、34～35頁参照。
124) HSW/*Steinmeyer*, Handbuch, § 11 Rn.29 参照。また、後述の Completing the Internal Market: White Paper from the Commission to the European Council, COM (85) 310 final, paras.6-7 も参照。

特に改正の必要性があったのは、共同体の法行為手続である。とりわけ、(事実上)広く採用されていた全会一致原則の見直しが重要であった。南への拡大によって1981年に既に10か国（ギリシャ加盟——第一次南方拡大）、単一欧州議定書署名の1か月前には12か国（スペイン、ポルトガル加盟——第二次南方拡大）にまで加盟国数が増えていたところ、そのような状況下で共同体内の意思決定を円滑に行うには、こうした原則を見直す必要があることはいうまでもなく、加盟国間にもそうした認識ができていた。また、条約上明確には言及されていない環境保護などの分野で、当時 EEC 条約100条や235条のような一般的権限条項が用いられていたことが、問題であった。そうした不明確な権限拡大への批判を避けるために、それらの分野を明確に共同体の政策領域として条約上規定する必要があったのである。なお既述のとおり、こうした問題は社会政策にも共通するはずの問題であった。

(ⅱ) 単一欧州議定書による改正の方向性を決定付けたのは、欧州委員会による「域内市場完成に関する白書」であった。同白書は、1993年末までに単一市場を達成するために必要なプログラムを作成するよう、欧州首脳理事会が委員会に命じたことを受けたものである。欧州委員会の取り組みの特徴は、ローマ条約の根本的な変更を目指さない現実的な道、換言すれば、経済統合への集中を選択したことであった。

白書はまず、既述のとおり、共通市場の達成期限が過ぎた当時でも、非関税

---

125) 法的には拘束力のない、いわゆる「ルクセンブルクの妥協」（1966年）によって、加盟国が「非常に重要な利益」を主張した場合、条約上特定多数決が可能な場合でも、全会一致によることが合意されていた（Bergmann/*Piepenschneider*, Habdlexikon EU, 5.Aufl., S.659 ff. [Luxemburger Vereinbarung] 参照）。
126) HSW/*Steinmeyer*, Handbuch, § 11 Rn.36 参照。
127) 環境保護につき、Schwarze/*Käller*, EU, 3.Aufl., AEUV Art.191 Rn.1 参照。
128) HSW/*Steinmeyer*, Handbuch, § 11 Rn.34 参照。この点、中西・EU 法 99 頁以下も参照。
129) Completing the Internal Market: White Paper from the Commission to the European Council, COM（85）310 final.
130) それ以前の改正議論、政治統合も含めた統合を目指した欧州議会による改正案の挫折については、*Balze*, Die sozialpolitischen Kompetenzen der EU, S. 64 f. 参照。
131) COM（85）310 final, para.2.
132) COM（85）310 final, paras.1-3, 17 参照。また、HSW/*Steinmeyer*, Handbuch, § 11 Rn.29 参照。

障壁が域内取引の障害となっており、しかもそうした障害が景気後退に伴う各国の保護主義的態度により増幅されていることを指摘した[133]。そのうえで、具体的にとられるべき措置を便宜上物理的、技術的、税制上の障壁の除去という形で分類し、付属文書において非常に多岐にわたる個々の措置を、タイムテーブルとともに列挙した[134]。

(iii)　白書が経済統合に集中したということは、社会政策にとってはその発展可能性の後退を意味した[135]。具体的には後述するとして、ここでは白書における社会政策の位置付けを確認しておこう。

　白書は、総論部分において、まず域内市場の達成に必要な措置に集中するとしたうえで、次のように簡潔にしか社会政策領域に触れていない[136]。「多くの共同体の政策が、その機能に影響し、また同時にその完成によりもたらされる推進力により利益を得るという意味で、域内市場と緊密に結び付けられた形で存在している。このことは特に、運輸、社会、環境、および消費者保護政策にあてはまる。社会的側面に関していえば、……委員会は政府および労使との対話を行う」[137]。

　労使との対話の促進は、既に70年代の社会政策行動計画で謳われていたことであり、このことの言及自体にはさして新たな意義はない。むしろ全体として見出せる特徴は、70年代に社会政策行動計画にみられた哲学の変化の傾向に拘わらず、白書においては未だ、新自由主義的な構想が保たれているということである。具体的な法行為の提案においても、白書においては拘束力のある社会政策立法の提案が欠けていた[138]。

(iv)　社会政策を離れて、単一欧州議定書によって達成された重要な内容上の改正一般をみた場合、特に、全会一致原則の克服について触れておくことが有[139]

---

133) COM (85) 310 final, para.6.
134) COM (85) 310 final, para.10.
135) HSW/*Steinmeyer*, Handbuch, § 11 Rn.38 参照。
136) COM (85) 310 final, para.17.
137) COM (85) 310 final, para.20.
138) 以上、HSW/*Steinmeyer*, Handbuch, § 11 Rn.38 参照。
139) もっとも後述のように、社会政策は基本的にその例外とされた。

益である。同改正においては、新たに付加あるいは改正された権限条項の大半において、特定多数決が採用された。[140]

とりわけ域内市場政策にとって、また一般的立法権限として重要だったのは、単一欧州議定書18条により付加されたEEC条約100a条（今日のEU運営条約114条）である。同条は、域内市場の確立を謳った新設EEC条約8a条に触れながら、旧来の100条に対応して域内市場の確立および機能のための法制の接近措置を規定している。

新設100a条の重要性は、100条とは異なって、手続として特定多数決を採用している点にある。こうしたことの実務的な意義は、単一欧州議定書による条約改正後の共同体の活動の展開が、顕著に物語っている。すなわち、域内市場完成に関する白書に予定されていた282の措置のうち218にのぼる措置が、既に1992年7月までに採択されており[141]、また拘束力のある法行為の提案は300弱あったところ[142]、1992年8月の段階で法行為の90％以上が採択され、そのうち75％が国内法化されたといわれる。[143]

2. 社会政策固有の立法権限

そうした改正の中で、狭義の社会政策においては、118a条と118b条が付加された。[144] 118b条においては、それまでの「社会対話（social dialogue / sozialer Dialog）の実務を背景として、欧州委員会が労使間の対話の促進に努める旨が規定された。しかし同条は基本的に、とりわけいわゆるヴァル・ドゥシェス社会対話のようなこれまでの実務を確認するもので、この段階ではまだ、その[145]

---

140) ここで紹介するもののほかに、たとえば、単一欧州議定書16条3項により改正されたEEC条約59条第2段落、また、単一欧州議定書16条4項により改正されたEEC条約70条1項などがある。
141) 1992年7月欧州評議会意見による言及（OJ (92) C 287, p. 39, at 39）。
142) HSW/*Steinmeyer*, Handbuch, § 11 Rn.38参照。
143) *Oppermann/Classen*, NJW 1993, S. 5, 6参照。
144) また、狭義の社会政策を離れてみれば、単一欧州議定書22条によって、広義の社会政策に含めることのできる（Schwarze/*Rebhahn*/*Reiner*, EU, 3.Aufl., AEUV Art.151 Rn.4参照）経済的・社会的結合（Economic and Social Cohesion / Wirtschaftlicher und Sozialer Zusammenhalt）の編（EEC条約130a条以下）が設けられた。しかしこうした政策領域の妥協的性格について、*Heinze*, in: Leinemann (Hrsg.), Kasseler Handbuch zum Arbeitsrecht, Bd. 2, 2. Aufl., Neuwied-Kriftel 2000, S. 2681, Rn.5を参照されたい。
145) 非公式的な社会対話の展開経緯については、恒川・ソーシャルヨーロッパの建設138頁以下が詳

意義は限定的である[146]。むしろ単一欧州議定書による改正の中で社会政策にとって最も重要であったのは、118a 条によって、共同体史上初めて、社会政策固有の立法権限が付与されたことであった[147]。

(i) 安全衛生分野に限っての固有の立法権限付与

同条は1項において、安全衛生に関する労働環境の改善に尽力し、改善を伴う形での同分野での条件の調和が目的として設定されるべきことを定めている。そして2項において、当該目的のために最低基準としての指令を、特定多数決によって採択する権限が与えられている。つづく3項においては、より厳格な基準を加盟国が採用することが妨げられないことが規定され、ここでの法制の接近措置としての指令が最低基準であることが明確に確認されている[148]。

同条の意義は、とりわけ実務的には、特定多数決による指令立法が可能にされたことにある。全会一致手続のもとでのイギリスの拒否権を封じる手段となったのである[149]。安全衛生分野という意見の隔たりの比較的小さかった分野に（基本的に）[150]限られたものではあっても、同条に基づいて漸進的に共同体レベルでの労働法の形成が行われたことは、無視されるべきではないであろう[151]。もっとも、安全衛生分野での最低基準としての指令は、全会一致によっていたとはいえ、既述のとおり単一欧州議定書による基本条約改正前から、既にEEC 条約 100 条によって行われてきた[152]。もともとの意見の隔たりの小ささに

しい。ヴァル・ドゥシェス社会対話の背景や意義については、*Wallyn*, Soziales Europa 1/1988, S. 13, 20 も参照。

146) ヨーロッパ社会対話制度については、本章第2節で詳細に取り扱う。さしあたり、EEC 条約 118b 条の発生史・意義・限界について、*Balze*, Die sozialpolitischen Kompetenzen der EU, S.188 ff. を参照されたい。同様にプログラム的な性格にすぎないことを指摘するものとして、*Buchner*, RdA 1993, S. 193, 200 参照。

147) 同条の採択までの経緯については、*Balze*, Die sozialpolitischen Kompetenzen der EU, S.68 ff. 参照。

148) なお、より厳格あるいは有利な国内措置を妨げない旨の規定と、最低基準性の要求の重なり合いについて、Schwarze/*Rebhahn*/*Reiner*, EU, 3.Aufl., AEUV Art.153 Rn.69, 75 参照。

149) C. Barnard, *EU Employment Law*, 4th ed., p.11 参照。

150) 実際上、労働時間にまで対象を広げた点で問題があったことについては、濱口・EU 労働法の形成 114 頁以下参照。

151) 118a 条に基づく安全衛生分野の発展については、濱口・EU 労働法の形成 97 頁以下が詳しい。

152) この意味で、EEC 条約 118a 条が第二次法に前身を有していたと指摘するものとして、*Balze*, Die sozialpolitischen Kompetenzen der EU, S.74 参照。

鑑みれば、118a 条の意義もまた、限られた範囲内においてこれまでの実務に明確に法的根拠を与えたにとどまる、との評価も可能である。[153]

(ⅱ) 意義

しかしここで強調したいのは、同条のような社会政策固有の立法権限が基本条約上に明確に位置付けられることそれ自体の意義である。すなわち、社会政策的な動機それ自体に基礎付けられた権限条項がもたらされることが重要とみるべきである。

既述のとおり、当初の社会政策立法にみられたのは、社会政策的動機の萌芽の一方での、法的に必然的な競争政策的性格であった。当時他の分野と同じくEEC 条約 100 条に立法根拠を求めざるをえなかった安全衛生分野での立法をみても、そうした性格は共通している。[154] 対して、118a 条という社会政策固有の立法権限に依拠する限りにおいては、共通市場への必然的な関連付けが必要なくなる。専ら社会政策的な動機に基づく立法の可能性が与えられたのである。[155] たとえば 118a 条に基づいて立法された代表的な指令であるいわゆる安全衛生枠組み指令 89/391/EEC [156] には、たしかに、安全衛生に関する国内既定の格差が「安全衛生を犠牲にする競争」につながりうることが顧慮されており、[157] この点で未だ競争政策的な性格を指摘できるかもしれない。[158] しかし本指令に目立つのは、むしろ 118a 条に規定されているとおり、安全衛生に関する労働環境の改善そのものの強調である。[159]

こうした競争政策的な動機付けというくびきからの解放は、軽視されるべきではない。なぜなら、社会政策的な動機に基づいて社会政策領域での立法が行

---

153) HSW/*Steinmeyer*, Handbuch, § 11 Rn.39 参照。
154) 前掲の指令 77/576/EEC、指令 78/610/EEC、指令 80/1107/EEC それぞれの備考部（前文）参照。
155) *Birk*, RdA 1992, S. 68, 70ff.; *Joussen*, ZIAS 2000, S.191, 204 参照。
156) Council Directive 89/391/EEC of 12 June 1989 on the introduction of measures to encourage improvement in the safety and health of workers at work, OJ（89）L 183, p. 1. 本指令については、濱口・EU 労働法の形成 98 頁以下が詳しい。
157) 指令の備考部（前文）参照。
158) そうした評価を下すものとして、*Balze*, Die sozialpolitischen Kompetenzen der EU, S.200 参照。それでも、こうした考慮の重点は、「安全衛生を犠牲にする」ことへの懸念にあるように思われるが。
159) 指令の備考部（前文）参照。

われるということは、生活・労働条件の改善を目的として指令立法が行われるということであり、それにより、法制の接近のための指令が最低基準として発せられることが導かれるはずだからである。既に述べたように（本項 I 3(iii)）、指令の最低基準性は加盟国内水準の引き下げを防ぎつつ共通の労働法基準を定立するところに重要な役割があり、こうした手法というのは、労働者保護それ自体に共同体が価値を認めることによって採用されるものである。この最低基準としての指令という手法は、今日にいたるまでヨーロッパ労働法の重要な特徴となっている。

(iii) 限界

それでも、単一欧州議定書による社会政策領域への立法権限付与の限定性に鑑みれば、やはり同領域での統合プロセスに特別にブレーキがかかっていたことは否めない。このことは、一般的な権限条項として新たに付加された100a条をもう少し詳しくみてみることでも、明らかになる。

118a条のように固有の立法権限が限定されていたとすれば、100a条の社会政策にとって有した意味が問題になることは、想像に難くないだろう。なぜなら、前述のとおり実際上、限られた分野でとはいえ、既に一般的権限条項である100条（全会一致）を用いた社会政策立法が行われていたからである。[160]

この点、100a条は1項において特定多数決での立法権限を規定するが、参照されるべき条文がつづく2項である（「1項は、財政規定、人の自由移動、ならびに労働者の権利および利益に関する規定には適用しない」）。ここから明らかになるのは、EEC条約100条（現EU運営条約115条）に比べて、100a条（同114条）の適用範囲は狭いということである。

このような限定の背景はいうまでもなく、単一欧州議定書の交渉において、2項に掲げられる事項について特定多数決を導入すること、したがって全会一致という制限を取り除くことに、加盟国間で合意が形成できなかった点にある。[161]「労働者の権利および利益」に関しての事項が除外されたのは、社会政策

---

160) Balze, Die sozialpolitischen Kompetenzen der EU, S.133 参照。
161) Schwarze/*Herrnfeld*, EU, 3.Aufl., AEUV Art.114 Rn.18 参照。もっとも、労働者の自由移動の実現のために必要な措置（指令あるいは規則の制定）については、単一欧州議定書6条3項により改

固有の立法権限の範囲が、前期のとおり EEC 条約 118a 条のように極めて限定されてことと密接な関連を有している。特に、自国の反対にもかかわらず労働関係指令が発せられることを危惧したイギリスの意図があったことは明らかであった。

たしかに「労働者の権利および利益」という文言によって、どの程度社会政策に関わる権限が排除されているかには、解釈論上議論の余地がある。しかし結果としてみれば、実務上 100a 条が、社会政策分野での提案根拠として用いられてこなかったことが指摘される。少なくとも同項の存在が示すのは、社会政策領域がこの段階でも未だ、特にセンシティヴなものとして積極的な統合対象からは除外されていたということであろう。

3.「ソーシャル・ダンピング」への不安と「社会的側面」の要請

このように単一欧州議定書による基本条約改正が積極的な社会政策統合をもたらさなかった一方で、そこで推進されるべきとされた域内市場の創設というプロジェクトは、社会政策的措置の要請、あるいはいわゆる域内市場ないし共同体の「社会的側面」の要請を増大させることとなった。なぜなら、市場統合がさらに推し進められるという見込みに応じて、労働者にとっての負の効果へ

　正された EEC 条約 49 条に基づけば、特定多数決による採択が可能になっていた。

162) *Pipkorn/Bardenhewer-Rating/Taschner*, in: von der Groeben/Schwarze（Hrsg.), Kommentar zum EU-/EG-Vertrag, 6. Aufl., München 2003, EG Art. 95 Rn. 63 参照。一方では、いったいどの程度労働法によって経済・社会政策的な目的を実現しうるか、また、どの程度団結を含めた当事者の自治に労働関係の形成をゆだねることができるかという問題があり、他方で、社会保障財政のあり方、労働者のための社会保障網の形成にあたっての公的部門と使用者の義務のあり方の問題があるが、双方において、加盟国の法秩序のあり方は（今でもそうであるように）非常に異なっていたことが、背景として指摘される。

163) *Balze*, Die sozialpolitischen Kompetenzen der EU, S.122; B. Bercusson, *European Labour Law*, 2nd ed., p.123 参照。

164) この点、B.Bercusson, *European Labour Law*, 2nd ed., pp.123-124; *Pipkorn/Bardenhewer-Rating/Taschner*, in: von der Groeben/Schwarze（Hrsg.), Kommentar zum EU-/EG-Vertrag, 6. Aufl., München 2003, EG Art. 95 Rn. 61 ff.; Schwarze/*Herrnfeld*, EU, 3.Aufl., AEUV Art.114 Rn.21 参照。

165) B.Bercusson, *European Labour Law*, 2nd ed., p.124 参照。ただし、社会政策にとって意味のある指令が同条に基づいて立法されたとするものとして、*Balze*, Die sozialpolitischen Kompetenzen der EU, S.222 ff. 参照。もっとも、特定多数に基づく社会政策立法権限がその後の展開で拡大されていくに伴って、そうした一般的な権限に頼る必要がなくなっていったことには留意が必要である。

の不安が[166]、あるいは特に労働組合側において、域内市場が「ソーシャル・ダンピング」につながるのではないかという不安が強まったからである[167]。

(i) すなわちまず、域内市場の創設はより高い次元での国境を越えた競争をもたらすべきものであり、そうした競争においては、各国の労働法制の水準格差が企業にとっての競争条件の格差に大きく影響すると考えられたのである[168]。比較的低い社会法水準を有する加盟国の企業は、その面でいえば、市場シェアを得るうえで有利な立場に立つ。このような状況下にあっては、比較的高い水準の社会法制を有する加盟国の企業は、会社法や税法の場合と同じく、労働法を含めた社会法制のあり方が企業経営上有利と思われる地に生産を移転しようとすると危惧された[169]。そしてこのような行動は、域内市場法上は開業の自由によって保障されている権利であり、域内市場という基本コンセプトからすれば当然にもたらされるはずの帰結だったのである[170]。とりわけこうした事態を念頭に、今日でも用いられることのある表現、すなわち「ソーシャル・ダンピング」への危惧が表明されることになる[171]。

　むろん、学術的な文脈での「ダンピング」という用語使用の当否は問題であるし[172]、以上のような問題の単純化も適切とは思われない[173]。しかし否定しえな

---

166) C. Barnard, *EU Employment Law*, 4th ed., p.11 参照。
167) *von Maydell*, in: Ders. (Hrsg.), Soziale Rechte in der EG, Berlin 1990, S. 122, 136 参照。
168) HSW/*Steinmeyer*, Handbuch, § 11 Rn.43; *Steinmeyer*, ZIAS 1989, S.208, 222 参照。
169) *Däubler*, in: Ders., Sozialstaat EG?, S.35, 66 ff. 参照。それによって、協約からの逃避も行われうる。
170) HSW/*Steinmeyer*, Handbuch, § 11 Rn.45 参照。共通／域内市場の基本的コンセプトについては、序論Ⅱ3で確認した。
171) そうしたものとして、*Jacobi*, Die Mitbestimmung 1988, S. 609 , 610 f. 参照。当時の議論につき、*Däubler*, in: Ders., Sozialstaat EG?, S.35, 62 ff. 参照。他方、域内市場のもたらす積極的な効果を強調しつつ、労働組合側で行われていたの「ソーシャル・ダンピング」に焦点をあてた議論に批判的な論を展開したと理解できるものとして、*Busch*, Die Mitbestimmung 1988, S. 647, 649 ff. 参照。
172) 前掲注40) 参照。
173) とりわけ、企業の競争力は（個別的ではなくて全体的な）社会的コストを含めた様々な要因によって決まること、また、決定的なのは労働生産性に左右されるところの単位労働コストであるということが、指摘されるべきであろう (*Däubler*, in: Ders., Sozialstaat EG?, S.35, 62 f.; HSW/*Steinmeyer*, Handbuch, § 11 Rn.48; *Steinmeyer*, ZIAS 1989, S.208, 223 参照)。さらに、高水準国とされる国への影響のほかに、低水準国とされる国への影響の検討も忘れられるべきではない (*Däubler*, a.a.O., 63 f.; HSW/*Steinmeyer*, Handbuch, § 11 Rn.49 を参照されたい。この点、後発加盟国にとっての人の自由移動のチャンスとリスクを論じたものとして、*Davulis*, RdA 2012, S.258 が興味深い)。

第 1 節　EU 労働法の形成と域内市場　59

いのは、より強化された形での域内市場の創設によって、それが唯一の要素ではないとしても（また部門によってその重要性が異なるとしても）、社会的コストの格差・労働法の水準の違いが企業の決定に影響をあたえるであろうということであった。[174] そうとすれば、それが加盟国の社会法の水準や労働条件の切り下げ圧力となりうることも、[175] 否定はできない。この時期の背景としてさらに指摘すべきは、単一欧州議定書の発効までに共同体が既述の南方拡大を経験しており、域内での多様性が増していたことである。また、基本的に各国ごとに組織された労働組合が企業の国際的な動きに反対したところで、集団的労働法が国内的に編成されている以上、集団的な労働者利益の擁護にも限界があった。[176]

　こうした危惧を背景として、盛んに、域内市場あるいは共同体の「社会的側面」が要請されることになる。こうした要求において問題となっているのは、とりわけ労働者の地位を高める措置であり、共同体レベルでいえば、水準の改善を伴う法制の接近措置と、域内市場においても侵食されることのない堅固な労働者権利の確立を意味した。[177] 前者は、従前より課題として意識されていたことがこれまでの経緯から分かるであろうが、後者は、この時期以降に明確にヨーロッパ労働法の課題として意識されているようである。[178]

(ii)　そうした状況下、共同体機関の側では、欧州委員会が具体的な対応を表明することになる。[179] それが、委員会のワーキング・ペーパー「域内市場の社会的側面」である（マリーン報告ともいわれる）。[180] 同報告書は、そこで表明される

---

174) HSW/*Steinmeyer*, Handbuch, § 11 Rn.47 f. 参照。特定部門について、「ソーシャル・ダンピング」の危険を認めるものとして、*Däubler*, in: Ders., Sozialstaat EG?, S.35, 64 ff. 参照。
175) そのような懸念を表明したものとして、*Jacobi*, Die Mitbestimmung 1988, S. 609, 609 ff. 参照。
176) *von Maydell*, in: Ders. (Hrsg.), Soziale Rechte in der EG, Berlin 1990, S. 122, 135 参照。
177) *von Maydell*, in: Ders. (Hrsg.), Soziale Rechte in der EG, Berlin 1990, S. 122, 123 ff. 参照。また、後述のマリーン報告を参照。
178) L. Betten, in: L. Betten/D. M. Devitt (eds.), *The Protection of Fundamental Social Rights in the European Union*, the Hague 1996, p.3, at 4 参照。
179) 前史としては、*Däubler*, in: Ders., Sozialstaat EG?, S. 35, 41 ff.; HSW/*Steinmeyer*, Handbuch, § 11 Rn.50 ff. を参照されたい。
180) COM SEC (88) 1148 final.

基本的立場からした具体的提案に乏しいとも批判されるものの、後述の1989年共同体憲章につながる審議の呼び水となった点で重要であるので、以下にその要旨を紹介する。[181][182]

いわく、域内市場は成長を可能にし、結果、労働条件や雇用の見通し、要するにヨーロッパの人々の生活水準を向上させる。もし平均的なヨーロッパの人々の獲得する生活水準や社会的保護に問題があれば、域内市場は無意味なものとなる。何故なら、欧州首脳理事会が1988年6月にハノーバーで述べたように、まさに社会的進歩とすべての共同体内の市民に提供される利点こそが、域内市場の正当性だからである。したがって域内市場の社会的側面が、単一市場から生じる利益の最大化を補助するものでなければならない。社会的側面は、域内市場の完成に反するものでもなければ、それを遅滞させるものでもありえない。むしろ、単一市場へのヨーロッパの人々からの支持を得ようとするのならば、不可欠なものである。[183][184]

マリーン報告は、社会政策の果たすべき役割を強調した後、優先事項を定めたうえで、立法提案や既存立法の改正可能性にも触れながら、採用されるべき措置をまとめている。労働条件および労働関係に関して言及されたのは、明確な立法根拠が既に与えられていた安全衛生分野と、労働関係に関する基本情報の記載された書面での労働契約に対する労働者の権利、非典型雇用に関する共通の最低条件、企業に影響を与える重要な変更に際しての労働者に対する義務的な情報提供・協議であった。また、男女平等の領域でのさらなる措置の可能性、社会対話への言及も行われた。[185][186][187][188]

---

181) *Däubler*, in: Ders., Sozialstaat EG?, S. 35, 43 f. 参照。
182) 労働者の社会的基本権に関する1989年共同体憲章にいたるまでの経緯について、より詳しくは、恒川・ソーシャルヨーロッパの建設51頁以下、また、L. Betten, in: L. Betten/D. M. Devitt (eds.), *The Protection of Fundamental Social Rights in the European Union*, the Hague 1996, p.3, at 4-10; *von Maydell*, in: Ders. (Hrsg.), Soziale Rechte in der EG, Berlin 1990, S. 122, 136 ff. を参照されたい。
183) SN 2683/4/88. これは、首脳理事会として初めて、域内市場の社会的側面というテーマに明示的に触れたものとされる（HSW/*Steinmeyer*, Handbuch, § 11 Rn.52 参照。
184) 以上、報告書前文。
185) 報告書の第77段。
186) 報告書の第78段。
187) 報告書の第89段。
188) 報告書の第92段以下。

ここでの文脈で重要なのは、マリーン報告が、最後に「結論：共同体の社会的基盤（social foundation ／ sozialer Sockel)」と題して、次にように述べたことである。いわく、［域内市場の実現期限である］1992 年までに共同体の社会的基盤が築かれることが不可欠であり、それは、域内市場の社会的側面が、経済的側面と同時に達成されていることを示すものである[189]。［マリーン報告で言及された］措置の全ては、共同体の社会的基盤が基礎を置くべき不可欠な要素であり、またそれは、社会的権利に関する欧州憲章に具体化されうる[190]。

4. 労働者の社会的基本権に関する 1989 年共同体憲章

　その後 1988 年 11 月になって、「社会的基本権に関する欧州共同体憲章」の可能的内容についての検討が経済社会評議会に依頼され、同評議会を含め関連諸機関による意見表明がなされたあと、欧州委員会の準備草案・正式草案を経て、1989 年 12 月 8・9 日のストラスブールでの欧州首脳理事会において、「労働者の社会的基本権に関する 1989 年共同体憲章」が採択された（以下単に「1989 年共同体憲章」とする）[191]。もっとも、——後述する憲章の宣言的性格にもかかわらず——社会的な権利の存在を確認することに抵抗したイギリスが結局最後まで合意せず、1989 年共同体憲章はイギリスを除く当時の 11 か国によって可決されたものとして誕生した。

(i) 内容

　1989 年共同体憲章は、その前文において、狭義の社会政策の総則的規定である EEC 条約 117 条に触れ、改善が維持されつつその調和を可能にするため

---

189) 報告書の第 97 段。
190) 報告書の第 104 段。
191) 経緯について詳しくは、前掲注 182) の諸文献を参照されたい。本憲章については、Commission of the European Communities, Community Charter of the Fundamental Social Rights of Workers, Luxembourg 1990 に全文が公刊されている。また、全訳したものとして、恒川・ソーシャルヨーロッパの建設 216 頁以下を参照されたい。
　なお、同憲章は「（共同体）社会憲章」としても呼ばれるが、1961 年の欧州社会憲章との区別を考えるとミスリーディングなものである（Bergmann/*Margedant*, Handlexikon EU, 5.Aufl., S.449 [Gemeinschaftscharta der Sozialen Grundrechte] も参照）。

の、生活・労働条件の改善の必要性に言及することから始める[192]。そのうえで、単一の欧州市場の形成に際して、経済的側面に対するのと同じ重要性が社会的側面にも与えられなければならず、したがってバランスのとれた方法でそれが発展させられなければならないことに触れている(この点では、既出のハノーバーの欧州首脳理事会の結論と、マドリードの欧州首脳理事会の結論[193]が参照されている)[194]。そして、本憲章の目的が、一方では、加盟国、労使、そして共同体の行動により既に達成されている社会領域における進歩を確認すること[195]であり、他方では、単一欧州議定書の実施が共同体の社会的側面を顧慮せねばならず[196]、共同体の労働者の社会的権利の適切な発展水準を確保する必要があることを、「厳粛に宣言する」ことだとする[197]。また憲章の前文は、当時 EEC 条約上与えられていた権限条項に触れつつ、同憲章の実施が基本条約に定められる共同体の権限を拡張するものでないことを述べ[198]、また、補完性原則への言及がなされている[199]。

　その後、同憲章は具体的な原則として、大きく分けて 12 項目 (①自由移動、②雇用および賃金、③生活・労働条件の改善、④社会的保護、⑤団結の自由および協約交渉、⑥職業訓練、⑦男女の平等取扱い、⑧労働者への情報提供、意見聴取、および労働者参加、⑨職場における安全衛生、⑩児童・青少年保護、⑪高齢者、⑫障害者) のもとに、全 26 か条の規定を置く。続く「本憲章の実施」と題された章の内容として指摘されるべきは、次の 2 点である。本憲章の社会的基本権保障するのは加盟国の責任であること、しかし他方で、基本条約の権限内で、これら諸権利の効率的な実施のための法的措置の採択に関するイニシアティブを、可能な限り早期に欧州委員会がとることを求めること、である。

---

192) 前文第 1 段落。
193) SN 254/2/89. 欧州首脳理事会はその中で、「単一議定書の実施」と題したうちの 2 つ目の項目として「社会的側面」を設け、社会的側面の重要性、それと社会的基本権との関連性を示している (pp.7-8)。この点、*von Maydell*, in: Ders. (Hrsg.), Soziale Rechte in der EG, Berlin 1990, S. 122, 123 f. も参照されたい。
194) 前文第 2 段落。
195) この点、英語では 'consolidate'、ドイツ語では "festschreiben" という語があてられている。
196) 前文第 12 段落。
197) 前文第 13 段落。
198) 前文第 11 段落。
199) 前文第 15 段落。

(ii) 法的限界

　1989年共同体憲章の目的は、ここまで説明してきた経緯からも明らかなとおり、共同体の社会的側面を明確にすることであった。マリーン報告からの文脈でいえば、問題は、実際に1989年共同体憲章が、「共同体の社会的基盤」を具体化するものたりえたかどうかである。

　この点、根本的な限界はその法的性格である。というのも同憲章は、形式や文言、そしてその誕生の経緯からも、政治的宣言にとどまるものであり、それ自体として法的拘束力を生むものではない。憲章が、共同体の権限が拡張されるものでないことを念押しし、補完性原則へ言及し、憲章上の社会的基本権の保障が加盟国の責任であることを強調したことは、いずれもそうした意味で理解されよう。また、共同体法の枠外で、国際条約として締結されたものとも解されない。結局のところ、憲章は「厳粛に宣言」されたものにすぎない点で限界がある。

(iii) 政治的な意義と限界

　a)　しかしだからといって、1989年共同体憲章が社会政策の発展にとってなんらの可能性も有しなかったというわけではない。むしろ同憲章の意義は、政治的な面にあった。すなわち、憲章によれば、共同体レベルにおいては、欧州委員会の主導によって、憲章内の諸権利の効率的実施のための措置がとられることとされていた。そして、憲章前文において共同体の権限拡大を否定しつつなされた、現在与えられている権限への言及は、EEC条約118a条や100条を含んでおり、法的拘束力を生ずる措置も念頭に置かれていたといえる。この

---

200)　*von Maydell*, in: Ders. (Hrsg.), Soziale Rechte in der EG, Berlin 1990, S. 122, 123 参照。
201)　C. Barnard, *EU Employment Law*, 4th ed., p.12; Grabitz/Hilf/Nettesheim/*Langenfeld/Benecke*, Das Recht der EU, EL 43, 2011, AEUV Art.151 Rn.18; *Wlotzke*, NZA 1990, S. 417, 421 参照。
202)　*Wlotzke*, NZA 1990, S. 417, 421 参照。
203)　*Konzen*, in: Dörr/Dreher (Hrsg.), Europa als Rechtsgemeinschaft, Baden-Baden 1997, S.53, 59; *Wank*, RdA 1995, S.10, 11 参照。もっとも、1989年共同体憲章にまったく法的拘束力が無いとするのを適切でないとし、憲章を法的拘束力のある「評価規範」を規定するものと位置付ける見解もある (*Heinze*, in: Leinemann (Hrsg.), Kasseler Handbuch zum Arbeitsrecht, Bd.2, 2.Aufl., Neuwied-Kriftel 2000, S.2681, Rn.6)。少なくとも現行法上は、EU運営条約151条に参照されていることを理由に、解釈の際に考慮される可能性はある (Grabitz/Hilf/Nettesheim/*Langenfeld/Benecke*, Das Recht der EU, EL 43, 2011, AEUV Art.151 Rn.18。また既にそれ以前にあった発展について、*Wank*, a.a.O., 11 f. 参照)。

点、後の立法活動の指針となり、その成否が具体的な実行に委ねられていたという意味では、これもまた政治的宣言にとどまった前述の1974年社会政策行動計画に、1989年共同体憲章はその役割が似通っているといえる[204]。そして少なくとも欧州委員会に関していえば、当時既に社会政策の発展に意欲的であったから、十分なイニシアティブをとることが期待されていた[205]。

実際そうした欧州委員会の意欲は、既に共同体憲章の採択以前から顕わになっていた。それが、1989年11月29日付のコミュニケーションにて公表されている「労働者の社会的基本権に関する共同体憲章の実施にかかる行動計画」[206]である。同行動計画は、基本的に共同体憲章の具体的項目に対応するかたちで各章を設け、立法措置を含めた47の措置を計画していた。そのうち23が法的拘束力のある措置であり、指令と規則は合わせて20が予定されていた。それらの措置は、共同体憲章を実施するものであって、委員会が共同体レベルでの措置を緊要と考えたものである[207]。提案された立法措置の割合の面では、たしかに安全衛生分野のものが際立って多いが、他の多くの項目においても立法措置を含めた提案がなされている[208]。

b) しかしいずれにせよ、これらは共同体憲章のすべての内容を実現するものではなくて、その一部をカバーするものにとどまる[209]。委員会の行った限定は、共同体憲章で強調されている補完性原則に配慮したものである。それゆえ、加盟国レベルでの措置よりも共同体レベルの措置が効率的と考えられたものが対象とされており、立法措置については、域内市場の社会的側面の達成あるいは共同体の経済的・社会的結束に貢献するために必須と考えられるものに

---

204) B. Bercusson, *Modern Law Review*, Vol.53, 1990, p. 624, at 624-625; *Balze*, Die sozialpolitischen Kompetenzen der EU, S.195 参照。
205) 欧州委員会のイニシアティブに期待して、1989年共同体憲章に政治的意義を見出すものとして、*Wlotzke*, NZA 1990, S.417, 421 f. 参照。
206) COM (89) 568 final.
207) 行動計画の第2段落。
208) また、後に扱う越境的配置労働者指令（第3章第2節）のように、計画段階では「共同体措置」とだけされ、その種類が明示されなかったものの、実際には法的拘束力のある立法として実施されたものもある。
209) 1989年基本権憲章自体は労働基本権を含んでいるにもかかわらず、それが立法には反映されなかったこと、また、行動計画はたしかに労働法の重要部分に関するものであったものの、それが部分的なものにとどまることについて、C.Barnard, *EU Employment Law*, 4th ed., pp.13-14 参照。

限られている[210]。

c) それでは、当該行動計画の実現度はどの程度のものであったろうか。行動計画における提案のうち、その後のマーストリヒト条約発効が発効する 1993 年 11 月までに実際に立法措置が発せられたのは、安全衛生分野についての 118a 条に基づく指令が[211]10、共通市場との関連での法制の接近措置のための権限規定である 100 条に基づく指令が[212]2、そして労働者の自由移動に関す

---

210) 行動計画の第 3、6 段落。
211) Council Directive 91/382/EEC of 25 June 1991 amending Directive 83/477/EEC on the protection of workers from the risks related to exposure to asbestos at work（second individual Directive within the meaning of Article 8 of Directive 80/1107/EEC), OJ（91）L 206, p. 16; Council Directive 91/383/EEC of 25 June 1991 supplementing the measures to encourage improvements in the safety and health at work of workers with a fixed- duration employment relationship or a temporary employment relationship, OJ（91）L 206, p. 19; Council Directive 92/29/EEC of 31 March 1992 on the minimum safety and health requirements for improved medical treatment on board vessels, OJ（92）L 113, p. 19; Council Directive 92/57/EEC of 24 June 1992 on the implementation of minimum safety and health requirements at temporary or mobile construction sites（eighth individual Directive within the meaning of Article 16（1）of Directive 89/391/EEC), OJ（92）L 245, p. 6; Council Directive 92/58/EEC of 24 June 1992 on the minimum requirements for the provision of safety and/or health signs at work（ninth individual Directive within the meaning of Article 16（1）of Directive 89/391/EEC), OJ（92）L 245, p. 23; Council Directive 92/85/EEC of 19 October 1992 on the introduction of measures to encourage improvements in the safety and health at work of pregnant workers and workers who have recently given birth or are breastfeeding（tenth individual Directive within the meaning of Article 16（1）of Directive 89/391/EEC), OJ（92）L 348, p. 1; Council Directive 92/91/EEC of 3 November 1992 concerning the minimum requirements for improving the safety and health protection of workers in the mineral- extracting industries through drilling（eleventh individual Directive within the meaning of Article 16（1）of Directive 89/391/EEC), OJ L（92）348, p. 9; Council Directive 92/104/EEC of 3 December 1992 on the minimum requirements for improving the safety and health protection of workers in surface and underground mineral-extracting industries（twelfth individual Directive within the meaning of Article 16（1）of Directive 89/391/EEC), OJ L（92）404, p. 10; Council Directive 93/103/EC of 23 November 1993 concerning the minimum safety and health requirements for work on board fishing vessels（thirteenth individual Directive within the meaning of Article 16（1）of Directive 89/391/EEC), OJ（93）L 307, p. 1; Council Directive 93/104/EC of 23 November 1993 concerning certain aspects of the organization of working time, OJ（93）L 307, p. 18.
212) 使用者の労働者に対する労働契約または労働関係への適用条件についての情報提供義務に関する指令（Council Directive 91/533/EEC of 14 October 1991 on an employer's obligation to inform employees of the conditions applicable to the contract or employment relationship, OJ（91）L 288, p. 32）と、大量解雇についての指令（Council Directive 92/56/EEC of 24 June 1992 amending Directive 75/129/EEC on the approximation of the laws of the Member States relating to collective redundancies, OJ（92）L 245, p. 3) である。

る49条に基づく規則が1と[213]、あわせて13の立法となっている。

これをどのように評価すべきかについては、域内市場完成に関する白書（前述1(ii)）の実現度との対比が指標を与えてくれる。というのも、1989年共同体憲章の基本的考え方として、こうした経済政策に対する社会政策の同等性があり、双方のバランスの取れた発展が目指されていたからである。

結論からいえば、域内市場完成に関する白書の実行度合いに比べて、計画されていた社会政策の実現度は、失望的なものとして認識されざるをえなかった。やや前後するものの、当時こうした認識をはっきり示したのが、経済社会評議会の1992年7月2日の意見表明[214]である。いわく、欧州委員会は、予定されていた措置すべてについて適時に責任を果たした点において、称賛されうる。域内市場はそれ自体として目的なのではなくて、経済的進歩と社会的福利の双方をもたらすための手段なのであり、持続的な共同体の社会的市場モデルは、自由な企業活動と経済成長、社会的基本権、社会的コンセンサスおよび結束に同等に依拠するものでなければならない、ということについてはいまや明確な認識と支持がある。それゆえに欧州首脳理事会も、経済的側面と社会的側面に同等の重要性を与えるべきこと、そして両者がバランスのとれたかたちで発展させられるべきことを表明したのである[215]。しかしながら経済社会評議会が特に懸念しているのは、1989年共同体憲章および委員会の行動計画に基づく諸提案に関して、閣僚理事会の採択が緩慢なことである。憲章の目標と実際のその実施の間に矛盾があることは明らかである。域内市場に関する白書の実施として提案された282の措置のうち既に218の措置が採択されているのと非常に対照的に、行動計画に予定されている法的措置のうち、閣僚理事会はこれまでのところたった7つの指令しか採択していない。ほとんどの指令は、［安全衛生事項に関する］EEC条約118a条の特定多数決に基づくものであり、その他の提案に関する議論において、閣僚理事会の動きは極端に緩慢である[216]。（なお、

---

213) Council Regulation (EEC) No 2434/92 of 27 July 1992 amending Part II of Regulation (EEC) No 1612/68 on freedom of movement for workers within the Community, OJ (92) L 245, p. 1.

214) The Economic and Social Committee, Opinion on the 'First Report on the Application of the Community Charter of the Fundamental Rights of Workers', OJ (92) C 287, p.39.

215) 以上、意見1.3。

216) 以上、意見1.4。

同じ年の 12 月 15 日に、欧州議会も同様の批判を決議している。)[217]

　いうまでもなく、法的にいえば、こうした緩慢さのもっとも大きな要因は立法権限の限界にある[218]。安全衛生分野では大きな進展があったものの、これには、特定多数決に基づく 118a 条に依拠することができた事情がある[219]。他方、100 条による手続にかけられ全会一致に依拠せざるをえなかった他の分野では、たった 2 つの指令しか可決されなかったのであり、経済社会評議会と欧州議会により批判が加えられた後も、状況は変わらなかった[220]。1989 年共同体憲章に反対していたイギリスが、その実施のための行動計画に基づく立法提案に反対することは容易に想像でき、こうした帰結はある意味必然であったろう[221]。結局のところ、共同体の社会的側面の必要性に政治レベルで広く共通認識があったとはいっても、法的に拘束力のある措置を共同体レベルで発することについては、確かな合意ができていなかったといえる[222]。そうした政治的状況を前にして、この点でも 1974 年社会政策行動計画と同じように、社会政策領域における共同体の立法権限の脆弱さが顕わになったといえよう。

Ⅲ．小括

　以上のように、初期ヨーロッパ社会政策（労働法）の発展というのは、当初は専ら市場統合を円滑にするための競争政策的な動機から、したがってそれに従属するものとして展開し、そして徐々に、生活・労働条件の改善という社会政策的な動機から、市場統合政策に対して対等な地位を有する独自のものとして要求されたところに特徴付けられている。労働者保護そのものを目的とした本来の意味でのヨーロッパ労働法の発生には、当初みられた専ら競争政策的な

---

217) BT-Drs. 12/4179 に掲載されているものを参照。
218) HSW/*Steinmeyer*, Handbuch, §11 Rn.61 f. 参照。
219) そもそも、特定多数決が導入できたことの背景に加盟国間の意見の一致があったという事情も指摘すべきであろう。
220) 既述のように、経済社会評議会の批判後、マーストリヒト条約発効までに新たに採択されているのは、安全衛生分野の指令が 5 つ、労働者の自由移動に関する規則が 1 つである。
221) 1989 年共同体憲章はイギリスを除く形で宣言されたが、その実施のための法的措置は EEC 条約に基づくことが予定されていたため、イギリスを拘束するはずのものであった（C. Barnard, *EU Employment Law*, 4th ed., p.13 参照）。
222) HSW/*Steinmeyer*, Handbuch, §11 Rn.62 参照。

コンセプトからの脱却が必要であったということである。そしてこうした哲学の変化を促したのは、市場統合の負の側面への認識であった。

具体的に必要とされたのは、共同体への社会政策固有の立法権限の付与と、ヨーロッパレベルでの社会的基本権保障であった。前者は、改善を伴いながらの各国国内社会法の接近措置のために必要とされた。実務的にいえば全会一致からの脱却が大きな関心であったが、改善を伴うもの（最低基準）であることを確保するには、競争政策的動機に縛られずに、社会政策固有のものとして立法権限が付与されることが重要であった。後者においては、共同体の「社会的基盤」としての基本権保障が求められたのである。

もっとも、この2つの課題領域においては、法的にみれば、ほとんど何もなかったといいうるほど限られた進展しかみられなかったことも指摘されねばならない。社会政策固有の立法権限については、ただ唯一、EEC条約118a条が安全衛生分野に限ってそれを付与したにとどまる。市場統合という目的に関連付けられた一般的規定に頼らざるをえず、またそれゆえに全会一致手続に起因する政策促進の停滞の危険性に甘んじざるをえない状況は、同条以外の分野では変化しなかった。社会的基本権保障についていえば、こちらはまさに、直接的な共同体法上の進展が何もなかったといってよい。1989年共同体憲章のこの点での意義は、現在までの発展をみる限りで可能性として承認しうるとすれば、それが法解釈の際の考慮要素として登場することくらいである。

しかし本書の関心からしてまず注目されるべきは、単一欧州議定書によって市場統合がより強力に推し進められる時期、商品と生産要素の国境を越えた自由移動が保障される共通／域内市場の帰結として、（その表現の適切さには疑問が残るものの）「ソーシャル・ダンピング」という事態が懸念されていたことである。こうした市場統合の社会法にとっての負の側面、すなわち加盟国社会法制・労働条件への下方圧力に対処するため、共同体の社会的側面、本書の文脈で言い換えれば、ヨーロッパレベルでの最低基準としてのヨーロッパ労働法の形成が求められていた。

第2項　労働法統合の深化

以上みてきたように、労働者保護そのものを目的とする本来の意味でのヨー

ロッパ労働法形成の契機は、とりわけ自由移動の保障という形でもたらされる共通・域内市場における、加盟国社会法制・労働条件への下方圧力への懸念にあった。もっとも EEC 法の段階で、かかる意味でのヨーロッパ労働法の十分な形成が行われたわけでないことも、以上確認してきたところである。

現在につながるヨーロッパ労働法の基本枠組みの形成は、EU が創設されるマーストリヒト条約以降の発展を待たなければならなかった。本項では、この発展を概観し、次章以降の叙述の前提を補うこととする。それゆえ、次章以降に扱うラヴァル・カルテットの諸事件においては署名前または発効前のリスボン条約改正については、関連箇所にて必要な限り補足することとし[223]、本節での説明は簡単なものにとどめる。

I. EU 設立と社会政策協定

1. マーストリヒト条約による EU 設立

90 年代にはいると、欧州連合（EU）の創設によりヨーロッパ統合は——こうした名称の使用や、EEC から EC への名称変更のような表面的な点だけでなく——新たな段階に入る[224]。周知のとおり、1991 年 12 月に欧州首脳理事会会談において合意され、翌 1992 年 2 月 7 日に署名、当時の 12 か国での批准を待って 1993 年 11 月 1 日に発効したマーストリヒト条約により、EU が創設された[225]。単一欧州議定書によれば 1993 年 1 月 1 日には創設されているはずの域内市場の開始に合わせて[226]、今度はより広い政策領域での統合を目指したのである。

本条約は、機構的にはいわゆる三本柱構造を導入した。すなわち、EU のもとに、第一の柱として、既に合併条約（Merger Treaty / Fusionsvertrag）[227]によっ

---

223) とりわけ基本権保障の点での展開について、第 2 章第 2 節を参照されたい。
224) *Streinz*, EuR 10.Aufl., Rn.39.
225) この過程で、ドイツにおいて、著名なマーストリヒト判決が出されている。これについては、小場瀬琢磨「各国憲法から EC・EU 法秩序への立憲的諸原則の要請」中村＝須網・EU 判例集 32 頁参照。
226) もっとも、域内市場の創設もマーストリヒト条約の発効も、現実には遅れを伴っていた（Oppermann/Classen, NJW 1993, S.5, 6 f. 参照）。
227) 1965 年 4 月 8 日署名、1967 年 7 月 1 日発効。正式名称は「欧州諸共同体の共通の理事会および共通の委員会の導入のための条約」。

て「EC (s)」として一体化されていた3共同体をすえ（マーストリヒト版EU条約A条）、これに加え、共通外交・安保政策と、司法・内務協力という2つの柱を導入したのである。もっとも、この時点では後二者は（そして共通外交・安保政策についてはいまなお）超国家性を有するものではなくて、政府間協力としてのものにとどまる。「EC (s)」という呼称との関係ではやや分かりづらいことではあるが、同時に、EECは単数形の欧州共同体（the European Community、EC）に名称変更された（同G条(1)）。

マーストリヒト条約によるEC条約改正（以下、このバージョンのEC条約を旧EC条約とする）の内容的な核心は、1999年までの経済・通貨同盟の形成が共同体の任務として明記されたことであった。そして、こうした経済・通貨政策の進展に鑑みれば必要と考えられた、以下のような重要な内容の交渉・妥結も行われた。まず、諸種の個別政策に関して、共同体の権限が明確化された。特に、EEC条約235条のような一般的な権限条項に依拠した立法が行われており、権限に疑義のあった領域を、明確に共同体の権限に組み込んだのである。これらの領域には例えば、文化、公衆衛生、消費者保護などがある。

---

228) もっとも、欧州石炭鉄鋼共同体条約、欧州経済共同体条約、欧州原子力共同体条約それぞれが統合されたわけではなく、呼称上、そうした表現が用いられていた（the European Communities）。なお、議会と裁判所については、EEC設立時に「欧州所条約の共通の機関に関する協定」で、既に3共同体についての管轄を有していた。

229) Common Foreign and Security Policy / Gemeinsame Außen- und Sicherheitspolitik. これは、1970年からEECとは別枠で存在していたヨーロッパ政策協力（単一欧州議定書により「ヨーロッパ対外政策協力」として、国際条約として、しかし同じくEECとは別枠で位置付けられていた）に取って代わったものである（マーストリヒト版EU条約J1からJ11条）。

230) Cooperation in the Fields of Justice and Home Affairs / Zusammenarbeit in den Bereichen Justiz und Inneres. これは、マーストリヒト条約KからK9条までに規定され、共通外交・安保政策とは異なり明確な前身があったわけではない。それでも部分的に、それまで既にヨーロッパレベルで取り扱われていた諸事項を対象としている（Bleckmann/*Bleckmann/Ulrich Pieper*, EuR 6. Auf. Rn.133 f. 参照）。その代表例が、シェンゲン協定制度の対象事項である、国境管理や移民政策などである。

231) こうした名称変更は、共同体が単なる経済共同体から政治統合へと歩を進めていることを明確にするためのものである（*Streinz*, EuR, 10.Aufl., Rn.44、中西・EU法7頁参照）。

232) C.Baranard, EU Eumployment Law, 4th ed., pp.18-19; Dauses/*Müller-Graf*, EU-WiR, 31. EL, 2012, A.I. Rn.32; *Streinz*, EuR, 10.Aufl., Rn.46 参照。

233) *Streinz*, EuR, 10.Aufl., Rn.37 参照。

234) もっとも、明確に規定されることによって、部分的にはこれまでよりも権限が限定される場合もあれば、広げられた場合もある（*Streinz*, EuR 10.Aufl., Rn.45 参照）。

他方、このように共同体の活動領域すなわち統合の範囲が広がるにつれて、共同体の隠れた権限拡張への加盟国の懸念が生じた。それゆえマーストリヒト条約では、そうした懸念を解消するための諸原則が、第一次法上に明確化された[235]。すなわち、個別的権限付与の原則、補完性原則、そして比例相当性原則である[236]。また、忘れられてはならないのが、欧州議会の重要な権限強化、すなわち共同決定（Mitentscheidung）手続（旧EC条約189b条――現在の通常立法手続）の導入である。これにより欧州議会は、事実上の共同立法者となった[237]。もっとも社会政策固有の領域でこれが適用されるにいたるのは、まだ先のことである。

2. 社会政策領域についての改正議論

そのような流れの中で、社会政策領域での更なる発展、特に特定多数決に基づく立法の適用範囲の拡大も目指された。その背景の1つはいうまでもなく、全会一致原則のもと（多くの場合イギリスによって）社会政策立法の発展が阻害されていたことである[238]。また、1989年共同体憲章の実施のためには、疑義の生じうる一般的な権限条項に頼るのではなくて、社会政策固有の立法権限が拡大される必要もあった[239]。さらに、EEC時代のWerner計画のときと同じく、経済・通貨同盟の形成の影響を、社会政策の強化によって吸収しようという意図もあった[240]。いずれも、EEC時代と同様の背景である[241]。

こうした背景のもと、社会政策領域での共同体の権限拡大・強化を目指す条約改正案が、3度にわたり策定されることになる[242]。そこでもともと目指され

---

235) Schwarze/*Lienbacher*, EU, 3.Aufl., EUV Art.5, Rn.3、庄司・新EU法基礎篇28頁以下、中西・EU法8頁以下参照。
236) マーストリヒト条約G条（5）により挿入された旧EC条約3b条。
237) もっとも、単一欧州議定書により導入されていた協力co-operation / Zusammenarbeit手続の適用範囲も広く残されていた。欧州議会の地位確立のためにはその除去、共同決定手続の拡大が課題と認識されていたことについては、Schwarze/*Schoo*, EU-Kommentar, 2.Aufl., Baden-Baden 2009, EGV Art.251 Rn.1 ff. 参照。
238) HSW/*Steinmeyer*, Handbuch, §11 Rn.65 f.; *Schuster*, EuZW 1992, S. 178, 179参照。
239) *Schuster*, EuZW 1992, S. 178, 179参照。
240) *Schuster*, EuZW 1992, S. 178, 179参照。
241) 第1項を参照されたい。
242) この3つの改正案については、*Schuster*, EuZW 1992, S. 178, 179 f.; *Wank*, RdA 1995, S. 10, 12参照。また、恒川・ソーシャルヨーロッパ119頁以下が詳しい。

ていたのは、安全衛生分野だけでなく、共同体に社会政策領域への広い立法権限を与え、しかもそれを特定多数決で可能にすることであった。特定多数決による立法権限の付与が目指されていた分野としては、具体的には、「労働条件」、労働者への情報提供および意見聴取、男女の機会平等、ならびに統合という諸項目が予定されていた。そのほか、全会一致手続が予定されているものの、社会保障などの分野においても、明確に権限条項を設けることが規定されていた。また、欧州委員会が立法提案を行うにあたって、義務的に労使と協議することが予定されていた点も、注目される。

しかし当然予想されたことながら、そのような社会政策領域での共同体の権限拡大には、イギリスが断固として反対した。実際の改正案においては、全会一致手続の適用範囲が広く捉えられる可能性があり[243)]、また、通貨同盟からのオプト・アウトの点で既に譲歩が存したにもかかわらず[244)]、それでも社会政策領域においてイギリスが反対を貫いたのには、同領域での共同体の権限拡大への不信感があった。その背景には、例えば労働時間に関する指令立法にかかる当時の状況や[245)]、権限が拡大される分野に含まれていた「労働条件」というあいまいな項目であった[246)]。結局、この点では基本条約改正については合意が達成されず、下記の社会政策議定書・協定による「2つの共同体」の形成で妥協が図られた[247)]。

---

243) したがって、イギリスに広く拒否権を与え得た（Wank, RdA 1995, S.10, 12 参照）。
244) これと引き換えに、社会政策領域ではイギリスから譲歩を引き出せるであろうという期待があったことについては、Schuster, EuZW 1992, S.178, 180 参照。
245) 労働時間指令をめぐる共同体の疑義ある権限拡大と、それに対するイギリスの反対に関しては、濱口・EU 労働法の形成 114 頁以下が詳しい。
246) Schuster, EuZW 1992, S.178, 180 参照。
247) もっとも、狭義の社会政策に限らず広くみてみれば、マーストリヒト条約によって、社会政策領域に関係のある基本条約改正がなかったわけではない。まず、従来 EEC 条約 2 条でも「生活水準の向上」というように社会政策とのつながりは見出されえたが、共同体の任務を表す旧 EC 条約 2 条（マーストリヒト条約 G.2 条による改正）には、「持続的かつインフレなき経済成長……、高水準の雇用および社会的保護、生活水準および生活の質の向上、経済的・社会的結束、ならびに加盟国間の連帯」が目的とされることとなった。とりわけ失業率の改善は、当時の経済状況からして重要な課題であった（C.Barnard, EU Eumployment Law, 4th ed., pp.14-15 参照）。また、2 条の目的を受けて共同体の活動領域（同 3 条［マーストリヒト条約 G.3 条による改正］）には、「欧州社会基金による社会政策」（同条(i)）、「経済的・社会的結束の強化」（同 (j)）、そして「質の高い一般・職業的教育への貢献」（同 (p)）が具体化された。それに対応して、欧州社会基金に関する規定の変

3. 社会政策議定書・協定

基本条約改正による狭義の社会政策領域での権限付与は、上記のとおりイギリスの強固な反対姿勢によって、ついぞ達成されなかった。そこで、マーストリヒトでの欧州首脳理事会会談で、会談を失敗に終わらせることを避けるために最後の最後になされたのが、ある妥協的合意であった[248]。すなわち、他の11か国が合意できた新たな社会政策規定からの、イギリスの「オプト・アウト」であった。

厳密にいえば、EC 条約と名前を変えても、EEC 条約の「社会政策」の編の第1章「社会的規定」(117 から 122 条) の内容を、変更を加えずそのままに残す一方で[249] (したがって、従来からの条項には、イギリスは引き続き拘束される)、イギリスを含む12の加盟国は、EC 条約とは別に「社会政策に関する議定書」を可決した。同議定書は、イギリスを除く11か国が同議定書に付属するものとしての「社会政策に関する協定」を取り結び、イギリスを除く形での社会政策の発展を可能にするものであった[250]。

(i) 内容

まず社会政策議定書は、この新たな社会政策統合の枠組み的側面を規定している。すなわち、「1989年共同体憲章に規定されている道を進み続けること」を目的として設定し（議定書前文——なお、協定も同じく前文で同憲章の実施に触れている）、本議定書を旧EC条約に付属させ（議定書第3項）、イギリスは関与しないが（同第2項）、本議定書に付属する社会政策協定の実施のために基本条

更（旧 EC 条約 123〜125 条 [マーストリヒト条約 G.34、G.35 条による改正]）、職業訓練の領域での共同体権限の形成（同 126, 127 条 [マーストリヒト条約 G.36 条による追加]）は、基本条約改正という形で達成されている。なお、後者の権限形成に鑑みて、従来の EEC 条約第 3 部第 3 編「社会政策」の見出しは、旧 EC 条約第 3 部第 8 編に「社会政策、教育、職業訓練および青年」に変更されている（マーストリヒト条約 G.32 条による改正）。また、労働法に関する（後述の社会政策議定書を除く）議定書および宣言として、旧 EC 条約 119 条に関する議定書（2 番目の議定書）と、経済社会評議会に関する宣言（19 番目の宣言）がある。

248) *Balze*, Die sozialpolitischen Kompetenzen der EU, S.252; HSW/*Steinmeyer*, Handbuch, §11 Rn.67; *Schuster*, EuZW 1992, S.178, 180 参照。
249) ただし、旧 EC 条約 118a 条には、協力手続が 189c 条に規定されたこととの関係で、文言のわずかな変更が加えられている。
250) *Coen*, EuZW 1995, S. 50, 50 f.; *Wank*, RdA 1995, S.10, 13 参照。

約上の機関、手続、仕組みを利用することができることを定めていた（同第1項）。

それを受け、社会政策協定はより具体的な規定を置いているが、これは基本的に前述の条約改正案の内容を引き継ぐものであった[251]。協定1条は、EEC条約117条に対応する目的規定であったが、その内容はより詳細かつ拡大されたものであった[252]（「共同体および加盟国は、雇用の促進、生活・労働条件の改善、適切な社会的保護、労使の対話、持続的な高水準の雇用のための人的資源開発、そして排除との闘いを、その目的とする。この目的のため、共同体と加盟国は、特に契約的関係における個別国家における慣行の多様性、ならびに、共同体経済の競争性を維持する必要性を顧慮した措置を講ずるものとする」）。これまでのEEC条約117条と異なって、ここに加盟国と同時に明確に「共同体が」「措置を講ずる」とされていることは、社会政策領域での共同体立法の展開を大幅に制限してきたこれまでの権限体系とは、社会政策協定の基本的発想が異なることを表しているともいえる[253]。もっとも、協定2条は明確に「加盟国の活動の支援および補完」という点に共同体の任務をおいており、――下記に述べるような権限の範囲の広範さを考慮したとしても――その点では加盟国に一義的に権限があるという発想は、否定できない[254]。

社会政策協定とこれまでの共同体社会政策との間の重要な内容的相違は、特に次の2点にある[255]。まず、上記の総則的規定に既に看取できるように、「（イギリスを除く加盟国による）共同体」立法を行える分野が、多くの労働法の中心的分野に拡大された点である。次に、共同体立法において、労使の役割が強化されたことである。後者については第2節において詳論するので、ここでは、前者すなわち社会政策固有の立法権限の拡大について説明しよう。

---

251) *Schuster*, EuZW 1992, S.178, 180 参照。
252) Bleckmann/*Coen*, EuR, 6.Aufl., Rn.2563 参照。
253) *Wank*, RdA 1995, S.10, 18 参照。もっとも、条文上には「加盟国は」としかされていなかったEEC条約117条のもとでも、欧州司法裁判所は、同条によって共同体の権限が排除されているとは解しておらず、むしろ同条の体系的位置付けによって共同体の社会政策的措置を基礎付けていた（Grabitz/Hilf/Nettesheim/*Langenfeld/Benecke*, Das Recht der EU, EL 43, 2011, Art.151 Rn.32 参照）。この点に関するDefrenne第2事件先決裁定の判示については、前述第1項Ⅰの3(ii)参照。
254) *Buchner*, RdA 1993, S.193, 196 参照。また、現行法についても、Calliess/Ruffert/*Krebber*, EUV/AEUV, 5. Aufl., AEUV Art. 153 Rn. 3 参照。
255) *Wank*, RdA 1995, S.10, 13 f. 参照。

(ii) 権限拡大

　権限拡大の具体的な範囲は、協定2条により明らかになる。まず、念願であった特定多数決による立法が、既に認められてきた安全衛生分野に加え、「労働条件」、労働者への情報提供および意見聴取、男女の労働市場における機会均等および職場での平等取扱い、ならびに労働市場から排除された者の統合にまで拡大された（1項および2項）。ここでの立法は、EEC条約118a条と同じく、最低基準としての指令であり、また、旧EC条約189c条（EEC条約時は149条2項）の協力手続による特定多数決であり、経済・社会評議会への意見聴取を経て行われるものである。

　項目として注目されたのは、「労働条件」という一般規定的な様相を呈する項目が挿入されたことであった。協定上も、これまでの共同体法における用語法上も、確かな具体化基準が提供されていなかったため、こうした規定は、補完性原則による制限に服しうるものの、社会政策領域における一般的権限条項として機能しえたのである。

　もっとも特定多数決による立法の範囲には、制限もあることが明らかにされ

---

256) 法制の接近措置における最低基準性の意義については、前述第1項Iの3(iii)参照。

257) むろんこれ以外にも、項目として重要であった、あるいは、解釈問題を引き起こす項目はあった。
　　労働者への情報提供および意見聴取という項目が、後述の全会一致が求められる「共同決定を含む労働者・使用者利益の代表および集団的擁護」の分野（協定2条3項）との区別の問題を生じることについては、*Wank*, RdA 1995, S.10, 19; *Weiss*, in: Däubler/Bobke/Kehrmann (Hrsg.), FS Gnade, Köln 1992, S.583, 587 f.参照。現行のリスボン体制下でもこの問題は共通するが、この点は基本的には次のように解されている（Calliess/Ruffert/*Krebber*, EUV/AEUV, 5. Aufl., AEUV Art. 153 Rn. 26; Schwarze/*Rebhahn*/Reiner, EU, 3. Aufl., AEUV Art. 153 Rn. 49参照）。すなわち、「情報提供」および「意見聴取」というのは、使用者側の決定の自由を制限するものではなくて、それを遅らせるものにすぎない。したがって、それを超える関与については、「労働者・使用者利益の代表および集団的擁護」の項目に分類され、それには例えば、使用者の特定の措置への労働者代表の同意要件が属する。
　　なお男女平等の分野では、全会一致によるものではあったものの、既に早い段階から複数の指令が発せられていたことについては、前掲注98）および濱口・EU労働法の形成 179頁以下参照。

258) 社会政策協定に関しては、補完性原則の適用有無につき議論があった（この点については、参考文献も含め *Konzen*, EuZW 1995, S. 39, 44 参照）。もっとも、後述のアムステルダム条約による社会政策の基本条約への組み込みによって、補完性原則の適用は明確にされる（*Steinmeyer*, RdA 2001, S.10, 12 参照）。

259) *Buchner*, RdA 1993, S.193, 196; *Wank*, RdA 1995, S.10, 19; *Weiss*, in: Däubler/Bobke/Kehrmann (Hrsg.), FS Gnade, Köln 1992, S.583, 587参照。こうした問題は、現行法でも共通する（Schwarze/*Rebhahn*/Reiner, EU, 3.Aufl., AEUV Art.153 Rn.38 参照）。

ている。まず、2条1項および2項の規定を受けた3項は、「しかしながら」として、全会一致が求められる分野を列挙している。すなわち、労働者の社会保障および社会的保護、解雇からの労働者保護、共同決定を含む労働者・使用者利益の代表および集団的擁護[260]、共同体内領域内に合法的に滞在する第三国国民の雇用条件、ならびに雇用促進および雇用創造のための財政負担（ただし社会基金の規定に影響は与えない）である。これらの分野においては、欧州議会および経済・社会評議会への意見聴取を経た上で（したがって2項とは異なり、欧州議会との協力手続が求められているわけではない）、全会一致による手続が行われなければならない。しかしながら全会一致を定めた同項自体も、社会政策統合の進展とみることができる。何故なら、解雇からの保護や集団的利益擁護といった、これまで明確に権限が与えられてこなかった労働法の中心的分野に、明示的に（11か国からなる）共同体による規律権限が与えられたからである[261]。

また、全会一致による立法すら許されない、共同体の権限が排除される分野も明示されている。すなわち、賃金、団結権、スト権またはロックアウト権の分野においては、社会政策協定2条は適用されないことが明記され、したがって共同体の社会政策固有の立法権限は排除された（6項）。これらの分野の排除は、そのまま現在まで維持されている（EU運営条約153条5項）。しかし、共同体法レベルで労使に与えられつつある役割に鑑みて、こうした集団的労働法領域の重要な部分を排除しておくことが持続可能かどうかに、疑問を呈する見解があったことには注意が払われるべきであろう[262]。

4. 成果と懸念

現在の（狭義の）EU社会政策すなわちEU運営条約第3部第10編の基本的構造は、マーストリヒト条約時の社会政策議定書・協定に由来する[263]。このよ

---

260) この項目には、とりわけ事業所レベルでの共同決定と企業共同決定が属することが認められる（Calliess/Ruffert/*Krebber*, EUV/AEUV, 5. Aufl., AEUV Art. 153 Rn. 20; Schwarze/*Rebhahn/Reiner*, EU, 3. Aufl., AEUV Art. 153 Rn. 52 参照。「情報提供」および「意見聴取」との区別については前掲注257）参照）。後述の権限排除との関係で協約法が含まれうるかについて見解の相違があることについては、後掲注358）参照。
261) *Wank*, RdA 1995, S.10, 18 参照。
262) Steinmeiyer, RdA 2001, S.10, 17 f.
263) Calliess/Ruffert/*Krebber*, EUV/AEUV 5. Aufl., AEUV Art. 151 Rn. 4; Schwarze/*Rebhahn/Rei-*

うに、次期（アムステルダム条約改正後）の素地を形成したという意味で、社会政策議定書・協定はヨーロッパ社会政策の発展に大きく寄与した。また内容的にも、「労働条件」について特定多数による立法を可能にする規定にみられるように、社会政策領域での権限を大幅に拡大しうるものであったことが注目されるべきであろう。

このように社会政策領域に大きな進展をもたらした社会政策議定書・協定であったが、イギリスの「オプト・アウト」を認めるという妥協は、社会政策領域においてヨーロッパに2つの「共同体」を形成することとなった[264]。すなわち、EC条約により権限が与えられたイギリスを含む共同体と、社会政策議定書・協定により権限が与えられたイギリスを除く共同体である。このことは、マーストリヒト条約体制下で、社会政策協定の法的性質、EC条約117条以下の体系と社会政策協定の体系との関係など、様々な議論を巻き起こした[265]。

しかしいうまでもなく、欧州統合の観点から特に問題であったのは、発展度合いの異なる2つの共同体が存在したということそれ自体であった。社会政策協定の枠組みで社会政策が発展すればするほど、イギリスの当該枠組みへの参加は困難になり、社会政策領域での統合が困難になったであろう。それゆえ、社会政策協定上可能な措置を講ずることについては、その後だいぶ慎重な態度がとられたことも指摘される[266]。また、こうした前例は他の分野においても離脱者を生じさせかねない[267]。

Ⅱ．基本条約への社会政策協定の組み込みと継承

このような「二股のヨーロッパ社会政策」に終止符を打ったのが、アムステ

---

ner, EU 3. Aufl., AEUV Art. 151 Rn. 2 f. 参照。目的規定たる151条について社会政策協定1条との対応を確認するものとして、Grabitz/Hilf/Nettesheim/*Langenfeld/Benecke*, Das Recht der EU, EL 43, 2011, AEUV Art. 151, Rn. 1 参照。
264) HSW/*Steinmeyer*, Handbuch, §11 Rn.68 参照。
265) 当時の議論につき、Bleckmann/*Coen*, EuR, 6.Aufl., Rn.2575 ff.; *Schuster*, EuZW 1992, S.178, 181 ff.; *Wank*, RdA 1995, S.10, 14 ff. 参照。もっとも、実際にECJが社会政策協定に関わる法律問題の判断を迫られる前に、アムステルダム条約改正によってこうした問題は解決された（*Steinmeyer*, RdA 2001, S.10, 13 参照）。
266) *Steinmeyer*, RdA 2001, S.10, 13.
267) HSW/*Steinmeyer*, Handbuch, §11 Rn.70 参照。

ルダム条約による基本条約改正であった。その特徴は、社会政策協定の内容をほぼそのまま基本条約の中に取り込んだところにある。そしてその後、いくつかの変更点を伴いながらも、それがヨーロッパ社会政策の基本構造として引き継がれ、現在に至っている。

1. アムステルダム条約
(i) 改正背景

　実はマーストリヒト条約締結時、時間に押され全ての事項について交渉を取りまとめることができなかったため、条約上にＮ条２項が設けられていた。[268]同項は、1996年にさらに条約改正を検討するための加盟国政府代表者会議が召集されることを規定しており、1996年3月29日にトリノで開かれた欧州首脳理事会会議のなかで、その加盟国政府代表者会議が開催された。その後1997年6月15、16日のアムステルダムでの欧州首脳理事会において合意され、1997年10月2日に署名に至った（その後、当時の全15か国の批准をまって発効したのは、1999年5月1日）。[269]

　特に東方拡大に備えるため、民主的正当性、透明性、そして効率性を強化するとともに、いくつかの活動領域において明示的な権限付与が行われる必要があった。[270]もっともこうした機構改革や明示的権限拡大の必要性というのは、これまでの条約改正にも共通することである。

　対して、（広義の）社会政策の領域については当時、アムステルダム条約改正に特別な背景が存した。政治的に大きな関心を集めていたのは、共同体内域内での高い失業率であった。この問題に取り組むため、新たな権限領域の形成が目指された。[271]しかしもう１つの懸案は、（狭義の）社会政策領域における、前述の社会政策議定書・協定のような「２つの共同体」の問題であった。[272]こ

---

268) Grabitz/Hilf/*Vedder/Folz*, Das Recht der EU, EL 14, 1999, EUV Art. 48 Rn. 41 参照。
269) この間の経緯については、Grabitz/Hilf/*Vedder/Folz*, Das Recht der EU, EL 14, 1999, EUV Art. 48 Rn.41 ff. を参照されたい。
270) Bergmann/*Hrbek*, Handlexikon EU, 5. Aufl., S. 52 [Amsterdamer Vertrag]; *Hilf/Pache*, NJW 1998, S. 705, 705; *Steinmeyer*, RdA 2001, S. 10, 10 参照。
271) *Hilf/Pache*, NJW 1998, S. 705, 708; *Steinmeyer*, RdA 2001, S. 10, 12 参照。
272) *Steinmeyer*, RdA 2001, S. 10, 11 参照。

の点は、これまで社会政策統合にかたくなに抵抗してきたイギリスにおいて保守党を破って労働党政権が誕生したことで、解決に向かうことになる。[273]

(ⅱ) 一般的改正内容

　形式的に見れば、アムステルダム条約改正後の基本条約は、まさに「様変わり」している。というのも、ようやく大掛かりな条文番号の再割当が行われたからである（アムステルダム条約12条および付則参照――以下、アムステルダム改正後のEC条約については、本改正に基づき新たに割り振られた条文番号により表記する）。それ以前は、単一欧州議定書の改正から一貫して、新条文の挿入には枝記号が使用されてきた。その結果、マーストリヒト条約改正にいたって、たとえば、EC条約「130y」条という条文番号まで生み出されていた。しかし内容的な改正をみると、アムステルダム条約は基本的にマーストリヒト体制のさらなる改善を目指したものであり、同条約による改正に比べれば小幅なものにとどまったことが指摘される。[274]

　それでも、アムステルダム条約改正がまったく取るに足りないものであったわけではない。[275] とりわけ、社会政策領域にとっても意味を有しうるものとされたのは、欧州議会に関する改革である。[276] 欧州議会は、アムステルダム条約による権限強化が著しく、それゆえに「アムステルダム条約改正における勝者」とまでいわれた。[277] 具体的には、欧州議会の共同体の活動への関与形態が、その権限を強化する形で整理されたことが重要であった。すなわち、これまで約20にわたる異なる関与形態があったところ、それが原則的に意見聴取（Anhörung）、承認（Zustimmung）、共同決定（Mitentscheidung）の3つに絞られ、

---

273) HSW/*Steinmeyer*, Handbuch, §11 Rn. 71、濱口・EU労働法の形成19頁参照。
274) *Hilf/Pache*, NJW 1998, S.705, 705; *Steinmeyer*, RdA 2001, S. 10, 10 参照。
275) 大きく分けて、「自由、安全、および司法の領域」という目的概念の導入、EUの第二の柱である共通外交・安保政策における機構的な改革、EU諸機関の改革、多段階統合（abgestufte Integration, differenzierte Integration）の一般的許容（アムステルダム条約1条12項、2条5項――アムステルダム版EU条約第7編「強化された協力に関する規定」および同EC条約11条）、「市民に近い」政策領域での規律の強化といった5つの点で重要な改正が行われた（Bergmann/*Hrbek*, Handlexikon EU 5. Aufl., S. 52 [Amsterdamer Vertrag], 53 f.; *Hilf/Pache*, NJW 1998, S. 705, 706 ff. 参照）。
276) *Steinmeyer*, RdA 2001, S. 10, 11 参照。
277) *Hilf/Pache*, NJW 1998, S. 705, 710; *Steinmeyer*, RdA 2001, S. 10, 11 参照。

そのうち共同決定（アムステルダム版EC条約251条）の適用範囲が大幅に拡大された[278]。新たに共同決定が適用される領域には、これまで意見聴取の手続が適用されていた社会政策も含まれていた（この点は後述(iii) b)）。

(iii) 社会政策協定の組み込み

アムステルダム条約改正の社会政策にとっての最も大きな意義は、端的にいって、「二股のヨーロッパ社会政策」に終止符が打たれ、再び、しかも強化された形での「統一的基礎に基づくヨーロッパ社会政策」が形成されたことであった[279]。すなわち、イギリスを除く（この間に加盟国が増え）14か国にのみ適用されていた社会政策協定の内容が、EC条約に組み込まれたことである（アムステルダム条約2条22項――EC条約136条以下）。社会政策議定書・協定は、これに伴い破棄された（アムステルダム条約2条58項）。内容的には大幅な進展であった社会政策協定の規律が、さらに一部に発展的変更が加えられたうえで、基本条約上に明確に規定され、イギリスを含めた当時の全15か国に共同体法として適用されることとなった。換言すれば、社会政策協定が「共同体法化」されたのである。この点こそ、社会政策にとってのアムステルダム条約改正の重要な成果である[280]。

---

278) *Hilf/Pache*, NJW 1998, S. 705, 710 参照。
279) Grabitz/Hilf/Nettesheim/*Langenfeld/Benecke*, Das Recht der EU, EL 43, 2011, Art.151 AEUV Rn.19; また、*Joussen*, ZIAS 2000, S.191, 207; Schwarze/*Rebhahn/Reiner*, EU, 3.Aufl., Art.151 AEUV Rn.3; *Steinmeyer*, RdA 2001, S. 10, 13 も参照。
280) *Joussen*, ZIAS 2000, S.191, 207 参照。アムステルダム条約改正のヨーロッパ労働法にとっての意義として強く認識されているのも、この点である（例として、*Thüsing*, EuArbR, 3.Aufl., §1 Rn.29 参照）。

なお、広義の社会政策でみてみれば、既述のような域内での高い失業率への取り組みのため、（広義の）社会政策の新たな領域が形成された。すなわち、「高い雇用水準」を目的としたうえで（アムステルダム条約1条5項、2条2項――アムステルダム版EU条約2条、同EC条約2条）、その達成のために、独自の政策領域としての「雇用」（アムステルダム条約2条19項――EC条約第3部8編）を創設したことである。新たなEC条約125条によれば、「加盟国および共同体は、EU条約2条および本条約2条に規定される目的を達成するため、この編に従い、調整された雇用戦略の発展に、そして特に、労働者の資格、訓練、および適応能力、ならびに経済的変化の要請への対応能力を有する労働市場の促進に、努力する」。もっとも、この領域での権限は未だ一義的に加盟国に残されることが強調され、したがって共同体の活動は、それを前提としたものにとどまった（*Hilf/Pache*, NJW 1998, S.705, 708; *Joussen*, ZIAS 2000, S.191, 211; *Steinmeyer*, RdA 2001, S. 10, 21 参照。具体的に共同体独自の活動として予定されているのは、年次報告書の作成およびそれを基にした共同体域

以下では、これらの点に加え、社会政策協定の内容との対比において変更があった部分を概観する。

　a)　EC 条約 136 条
　本条は狭義の社会政策の目的規定であり、基本的に、社会政策協定 1 条の内容を引き写し、旧 EC 条約 117 条第 2 文を EC 条約 136 条 3 文として残したものである。発展的変更といえるのが、1961 年欧州社会憲章および 1989 年共同体憲章に規定される社会的基本権に「留意する（having in mind / eingedenk）」ことの加筆である（第 1 文）。[281]
　もっとも、この 1961 年欧州社会憲章と 1989 年共同体憲章への言及は、（今日でも）これらの憲章がそれ自体として直接適用可能なことを示すものではないと解されている。[282] ただし、共同体機関の活動、特に欧州司法裁判所による法解釈の際に、同憲章が援用される余地はある。[283] いずれにせよ、社会政策協

内での雇用状況についての検証および結論の採択（EC 条約 128 条 1 項、5 項）、採択された結論に基づくガイドラインの作成（同 2 項――このガイドラインは、加盟国により「考慮される」）、加盟国におけるガイドラインに鑑みた雇用政策の実施状況の検証および必要な場合の勧告の採択（同 4 項）、ならびに、「加盟国の法律および規則の調和を含まない」ものとしてのインセンティブ措置（EC 条約 129 条）にとどまった）。ここでの目的達成への貢献および雇用戦略の調整はしたがって、「加盟国が」行うものとされ（EC 条約 126 条参照）、共同体が加盟国間の協力を奨励、あるいは加盟国の行動を援助もしくは（必要な場合に）補完する際についてでさえ、加盟国の権限を顧慮することが強調された（127 条 1 項）。結論としていえば、政治的な効果、また、雇用政策の共同体法上の位置付けを明確にしうる点は無視されるべきでないにしても（Joussen, ZIAS 2000, S.191, 211; Steinmeyer, RdA 2001, S. 10, 21 f. 参照）、この新たな編は、法的にみれば意義に限界がある。
　またこれも広義の社会政策の視点からみてみると、マーストリヒト版での旧 EC 条約第 3 部 8 編（「社会政策、教育、職業訓練および青年」）は、アムステルダム版では第 3 部 11 編「社会政策、一般的職業訓練および青年」と、再び見出しを変えている。

281) また、社会政策協定 1 条第 1 文では抜けていたが、旧 EC 条約 117 条にはあった、「生活・労働条件の改善」という目的の後に付け加えられていた「それら諸条件の接近を可能にする」という文言が、136 条第 1 文には復活している。ただ、この点の背景事情については研究が及ばなかったため、今後の課題としたい。

282) Schwarze/Rebhahn/Reiner, EU, 3.Aufl., AEUV Art.151 Rn.12; Steinmeyer, RdA 2001, S. 10, 12 参照。

283) Schwarze/Rebhahn/Reiner, EU, 3.Aufl., AEUV Art.151 Rn.12; Steinmeyer, RdA 2001, S. 10, 12 参照。もっとも 1989 年共同体憲章については、同条における参照が行われる以前から、解釈の補助として用いられるべき旨を欧州司法裁判所が判示していたことについて、Wank, RdA 1995, S.10, 11 f. 参照。

定と EC 条約 136 条との間では、その内容自体に実質的かつ劇的な変化があったわけではない。

　b) 　EC 条約 137 条

本条は権限条項であり、これも基本的に、社会政策協定 2 条の内容を引き継いでいる。

　1 項は、特定多数で指令を立法できる分野を列挙している（2 項も参照）。これは、社会政策協定 2 条 1 項（および 2 項）に対応している。この点社会政策協定の内容からの重要な進展を、立法手続において見出すことができる。すなわち、欧州議会の関与の強化である。旧 EC 条約 118a 条にしても社会政策協定 2 条 2 項にしても、これまでは欧州議会の関与の仕方としては協力手続が予定されていた（旧 EC 条約 189c 条）。それが、前述したような全体的な欧州議会の権限強化の流れの中で、社会政策分野での指令立法においても共同決定手続が適用されることとなったのである（EC 条約 137 条 2 項、251 条）。他方、掲げられている分野の項目は社会政策協定と変わらない。

　ところで 1 項の分野についての指令立法とは別に、2 項第 3 段落（現 EU 運営条約 153 条 2 項 (a) に対応）には、社会的排除との闘いのために[284]、加盟国の「協力促進」措置（measures designed to encourage cooperation between Member States / Förderung der Zusammenarbeit der Mitgliedstaaten）を採択できることが規定された。社会的排除というテーマは、これまで、同分野を共同体の重要政策と位置付ける欧州委員会と、それに反対する加盟国との間に軋轢をもたらしてきた分野であった[285]。しかしアムステルダム条約にいたって、指令の立法権限は与えられないものの、社会的排除との闘いという政策分野での新たな権限が与えられたのである。もっとも、こうした措置の意義は未だに不明確である[286]。

---

284) 後述（2(i)）のとおり、ニース条約で対象が拡大される。

285) *Langer*, in: Bergmann/Lenz (Hrsg.), Der Amsterdamer Vertrag, Köln 1998, S.93, Rn.24; *Steinmeyer*, RdA 2001, S. 10, 15 f. 参照。こうした対立は、イギリスによる欧州委員会を相手取った訴訟にまで発展していた（ECJ judgment of 12.5.1998, Case C-106/96 [*United Kingdom v Commission*] ECLI:EU:C:1998:218; Case C-239/96 [United Kingdom v Commission], application: OJ (96) C 269, p. 13)。

286) Calliess/Ruffert/*Krebber*, EUV/AEUV, 5.Aufl., AEUV Art.153 Rn.37; Grabitz/Hilf/Nettesheim/*Benecke*, Das Recht der EU, EL43, 2011, AEUV Art.153 Rn.4 参照。

次に EC 条約 137 条 3 項は、1 項に掲げられる特定多数で指令を立法できる分野に対して、全会一致に服する分野を列挙する（社会政策協定 2 条 3 項に対応）。同項のほか、労使による指令の実施を規定する 137 条 4 項（社会政策協定 2 条 4 項に対応）、指令の最低基準性を確認する同 5 項（同 5 項に対応）、共同体権限の排除される分野を定める同 6 項（同 6 項に対応）についても、社会政策協定からの表現上の変化はみられない。マーストリヒト版 EU 条約に基づく体制においても、最低基準性については既に述べたとおり新しいものではなくなっていたし、労使による指令の実施という可能性も、既に以前から認められていたとされる。[287]

c) EC 条約 138 条、139 条

労使の立法手続における役割を定める社会政策協定 3 条および 4 項は、条文番号の変化を除き、そのまま EC 条約 138 条、139 条に引き写された。

d) 140 条

社会政策協定 5 条に対応する EC 条約 140 条は、欧州委員会に対して、社会政策領域において加盟国の協力を促進するために、諸種の措置を講ずることを認める規定である。もっとも本規定は決して新たなものではなくて、その内容の大部分を旧 EC 条約 118 条から引き継いでいるにすぎない。

e) 141 条

EC 条約 137 条における立法手続とならんで、アムステルダム条約で重要な改正が、男女の同一賃金に関する EC 条約 141 条に行われている。本規定は、旧 EC 条約 119 条からも、さらにそれよりも発展していた社会政策協定 6 条からも、進展をみせている。すなわち、新たな EC 条約 141 条 3 項が、雇用・労働分野における男女の平等取扱いおよび機会均等を実現するための措置に、法的基礎を与えたのである（社会政策協定 6 条 3 項は、これに伴い EC 条約 141 条では 4 項に移動）。ここでは明確に、賃金事項だけに限られず一般に雇用・労働分野での男女の平等取扱いに権限を拡張している。したがって、EC 条約 141 条は

---
[287] *Steinmeyer*, RdA 2001, S. 10, 21 参照。

ここにいたって、賃金問題に限られた男女の平等取扱原則規定から、一般に労働分野における男女の平等（のための共同体権限を含む）規定へと性格を変えた。[288]

この点、たしかに既に以前から男女平等の領域においては、旧EC条約100条や235条を用いた立法が行われてきた。[289]しかし、こうした一般的権限規定に頼らざるを得ない状況、さらには、主に裁判所が判例によって発展させてきた平等取扱い分野の状況を変え、基本条約上に共同体の男女平等に向けた措置の基礎を創設したことの意義は、強調されるべきであろう。[290]こうした共同体の男女平等の実現に向けた意思は、アムステルダム条約改正により付け加えられたEC条約3条2項（現EU運営条約8条）にも看取できる。

(iv) 意義

アムステルダム条約は、社会政策協定を若干の重要な内容的変更を加えて基本条約に組み込んだものであり、少なくとも狭義の社会政策にとっての同条約改正の意義は、基本的にはそれにとどまるといってよい。

しかしこの組み込み自体が、社会政策協定の内容を引き継ぐ統一的な共同体の社会政策が形成されたこと、とりわけ、（全加盟国からなる）共同体の社会政策領域での権限拡大を意味した。このことの重要性は、決して、特定多数での指令立法が可能な範囲の拡大に尽きるものではない。安全衛生分野を除き、これまで（全加盟国からなる）共同体は、旧EC条約100条や235条といった経済的目的に方向付けられた権限条項に頼ることによって、社会政策立法を、純粋に社会政策的な理由ではなく、経済的な目的によって根拠付けることを余儀

---

288) Calliess/Ruffert/*Krebber*, EUV/AEUV, 5. Aufl., AEUV Art. 157 Rn. 1 参照。
289) この点については、第1項参照。
290) *Joussen*, ZIAS 2000, S.191, 210; *Steinmeyer*, RdA 2001, S. 10, 17 参照。
　　なお、社会政策特有の権限ではないものの、EC条約141条（現EU運営条約157条）がカバーできない範囲についての立法にとって根拠条文となりうるものとして、EC条約13条が新たに創設された。もっとも本規定には、141条や国籍差別金禁止を定める18条等、他の規定を優先する形での補完性が指摘される（Calliess/Ruffert/*Epiney*, EUV/AEUV 5. Aufl., AEUV Art. 19 Rn. 1 ff.、特にRn. 3; *Steinmeyer*, RdA 2001, S. 10, 22参照）。手続も、全会一致を予定する（対応する規定である現在のEU運営条約19条でも、基本的に同じ）。したがって、その立法根拠としての登場場面は必然的に限られてくる。それでも、これまでにいくつかの指令が立法されており（指令の概観については、Calliess/Ruffert/*Epiney*, EUV/AEUV 5. Aufl., AEUV Art. 19 Rn. 10 ff. 参照）、それらは労働法領域にも適用のあるものである。

なくされてきた。しかしアムステルダム条約によってようやく、社会政策領域の広い範囲において、明確に社会政策的に動機付けられた立法を行えるようになったのである。これにより、独自のヨーロッパ統合の領域としての社会政策の形成が、大きく進展したといってよい。[291]

かかる観点からみれば、何故アムステルダム条約改正がヨーロッパ社会政策（労働法）にとって重要な意味を有するもの、あるいはその発展の新たな段階として認識されるのかが[292]、理解されるであろう。こうした大きな進展は、共同体の社会政策を阻害する状況が改善され、社会政策の独自性が経済政策との等価性を有する形で明らかにされている、との評価までもたらしたのである。[293]もっともそうした評価の当否が、まさに現在問われているわけであるが（序論参照）。

2. ニース条約とリスボン条約

アムステルダム条約による改正後は、ニース条約とリスボン条約によって基本条約の改正が行われている。しかしいずれも、少なくとも狭義の社会政策にとって根本的な変化をもたらすものではなかった。広い視点でみれば、リスボン条約改正における基本権保障についての展開がヨーロッパ労働法に与える影響の検討が必要であるが、この点は、本書の中心的考察対象であるラヴァル・カルテットに影響を与えたわけではないので、いわばその後日譚として、第2章第2節において詳述することとしたい[294]。本章で焦点を当てている狭義の社

---

291) EC条約137条に関連してこうした指摘を行うものとして、*Steinmeyer*, RdA 2001, S. 10, 16 参照。また、136条第1段落（現EU運営条約151条第1段落）について同旨の指摘を行うものとして、Calliess/Ruffert/*Krebber*, EUV/AEUV, 5. Aufl., AEUV Art. 151 Rn. 7 参照。

292) Grabitz/Hilf/Nettesheim/*Langenfeld/Benecke*, Das Recht der EU, EL 43, 2011, AEUV Art.151, Rn.10; *Schulte*, in: Kaelble/Schmid (Hrsg.), Das europäische Sozialmodell, Berlin 2004, S. 75, 87 f.

293) *Joussen*, ZIAS 2000, S.191, 192 f., 206 f. und 212 参照。また、*Steinmeyer*, RdA 2001, S. 10, 22 も参照。

294) そのうちEU基本権憲章は、ニース条約が採択される欧州首脳理事会の際に（2000年12月7日）採択された（OJ (2000) C 364, p. 1）ものが、2004年の改正を経て、2007年12月12日にストラスブールにて、それに技術的変更を加える形で採択されたものである（OJ 2007 C 303, p. 1）。したがって基本権保障の発展を詳細にみようとすれば、リスボン条約以前の展開も無視できない。EU基本権憲章の前史については、B. Bercusson, *European Labour Law*, 2nd ed., pp. 198-205; Calliess/Ruffert/*Kingreen*, EUV/AEUV, 5. Aufl., EUV Art. 6 Rn. 9 ff.; Grabitz/Hilf/Nettesheim/*Mayer*, Das Recht der EU, EL 41, 2010, nach EUV Art. 6 Rn. 32 ff.; Streinz/*Streinz*, EUV/AEUV 3. Aufl., Vor

会政策にとって、ニース、リスボンの2条約の改正は、アムステルダム条約が社会政策協定を取り込むことによって形成されたヨーロッパ労働法の枠組みを、わずかばかりの変更を伴うだけで、そのまま継承するものであったといえる。

(i) ニース条約改正

既述のとおりアムステルダム条約改正には、予測された東方拡大に備える目的があった。しかしこの際に全ての事項について合意が達成されたわけではなく、欧州委員会の改革、閣僚理事会での票数配分といった機構改革の面で課題が積み残された。[295]そのため2000年2月14日には再度の条約改正にむけた政府間会議が開始され、同年12月7～11日のニースでの欧州首脳理事会会談において合意され、翌2001年2月26日に署名された（発効は2003年2月1日）。

一般的にみて、ニース条約においては、機構改革を超える内容には乏しいものがある。[296]社会政策にとっても、ニース条約は実質的な変化をもたらしはしなかった。たしかにニース条約では、EC条約137条（現EU運営条約153条）、139条（同155条）、144条（同160条）に改正が施された。しかし、社会政策協定やアムステルダム条約が今日の（狭義の）EU社会政策の骨格を作り出したこととの比較でいえば、ニース条約は表現上、あるいは条文整理的な性格の変更をもたらしたにすぎないといえる。[297]以下、個々の条文の改正内容について、もう少し踏み込んで確認しておこう。

a) EC条約137条

本条には、一見したところ大きな変更がある。すなわち、これまでは137条

　GR-Charta Rn. 1 ff. を参照されたい。
　もっともEU基本権憲章自体は欧州議会、理事会、委員会により共同で「厳粛に宣言」(OJ (2000) C 364, p. 5) されたものであるため、リスボン条約改正に至るまでは、基本的に法的拘束力のないものとみざるをえないものであった（この点、Grabitz/Hilf/Nettesheim/*Mayer*, Das Recht der EU, EL 41, 2010, nach EUV Art.6 Rn.35 ff. 参照）。

295) Bergmann/*Hrbek*, Handlexikon EU, 5.Aufl., S.723 [Nizza-Vertrag]; *Streinz*, EuR, 10.Aufl., Rn.53 f. 参照。
296) *Streinz*, EuR, 10.Aufl., Rn.55 参照。
297) Schwarze/*Rebhahn/Reiner*, EU, 3.Aufl., AEUV Art.151 Rn.3 も、基本的に変更をもたらさなかったと述べるだけで終わり、その他の文献においても、ニース条約改正の社会政策にとっての意義については触れられないことが多い。

1項（および2項）によって特定多数による指令採択の権限を与えられる分野が、3項において全会一致による指令採択の権限を与えられる分野が、そして2項第3段落において社会的排除の領域での加盟国間の協力促進措置の権限が、それぞれ規定されていた。新たな137条は、これを1項に共同体が加盟国を援助および補完すべき分野をすべて列挙し、2項で具体的に採りうる措置、その手続をまとめる形に変えた（現在のEU運営条約153条1項および2項に引き継がれている）。しかし基本的には、これにより、特定多数決および全会一致により指令を採択することができる権限に変更が加えられたわけではない。

たしかに、新たな137条2項によれば、閣僚理事会は原則的に全会一致が適用されるべき事項に関し、特定多数決の手続が適用されることを決定できることとされており（ただし、社会保障および社会的保護を除く）、これにより多数決による決定の拡大へ一歩前進したとも評価できるかもしれない。しかし、この特定多数手続の拡大には全会一致が求められており、どこまで意義を有するものかは明確でない。

また、新たな137条においては、ニース条約による社会政策への内容的な変更として指摘しうる点も2つある。まず、権限領域のリストへの「社会的排除」（EC条約137条（j））および「社会保護制度の近代化」（同（k））の追加である。しかしこれら2つの領域については、指令立法権限が与えられたわけではない。次に、これまで社会的排除の分野に限られていた、加盟国間の協力促進措置（EC条約137条2項（a）——現EU運営条約153条2項（a））の、1項に掲げられる全ての分野への拡大である。しかしながら既に述べたとおり、こうした協力促進措置自体がどの程度意義を有するのかが不明確な以上、ここでの分野拡大の意義もまた不明確といわざるをえないだろう。

加えて、これまで社会政策領域で採られる措置の最低基準性を確認していた5項が4項に移動し、同項第1ダッシュに加盟国の社会保障システムの根本原則の決定権限に影響すべきでないことと、その財政的均衡を著しく損なってはならないことが付け加えられた。しかしこれについても、宣言としての意味を

---

298) HSW/*Steinmeyer*, Handbuch, §12 Rn.82 参照。
299) この点をニース条約による社会政策への実質的変更点として指摘するものとして、C.Barnard, *EU Employment Law*, 4th Ed., p.26; HSW/*Steinmeyer*, Handbuch, §12 Rn.81 f. 参照。

超える意義があるのかは不明確である[300]。

b）EC 条約 139 条

本条への変更は、137 条の規定構造の変更に伴って、139 条 2 項第 2 段落の表現が変更されたにとどまる。

c）EC 条約 144 条

対して、144 条に加えられた変更は、たしかに、単なる表現上の変更にはとどまらないものである。これまで旧 EC 条約 121 条、アムステルダム版 EC 条約 144 条に対しては実務上ほとんど意義を有しなかったとの評価が下されてきたが[301]、こうした旧規定とは異なって、新たな 144 条は、閣僚理事会に社会的保護評議会（Social Protection Committee / Ausschuss für Sozialschutz）の設立を可能にした。もっとも、同評議会の権限自体が結局特定分野での助言機能に限られているため[302]、その点で意義は限定される。

(ii) リスボン条約改正

最期に、直近の基本条約改正に簡単に触れておこう。すなわち、ニース条約による改正から間もなく開始された「欧州憲法条約」の試みがとん挫し、それに代わって――しかし実質的には多くの内容をそのまま引き継いで――リスボンでの欧州首脳会議（2007 年 10 月 18・19 日）において採択された、リスボン条約（「改革条約（Reform Treaty / Reformvertrag）」）である（同年 12 月 13 日署名）[303]。

一般的な改正内容に若干だけ触れておけば、EC 条約が EU 運営条約と名称

---

300) この点、HSW/*Steinmeyer*, Handbuch, § 12 Rn.83 f. 参照。

301) この点については、Calliess/Ruffert/*Krebber*, EUV/AUEV, 5.Aufl., AEUV Art.160 Rn.1; Grabitz/Hilf/Nettesheim/*Langenfeld/Benecke*, Das Recht der EU, EL 43, 2011, AEUV Art.160 Rn.1; HSW/*Steinmeiyer*, Handbuch § 12 Rn.91 参照。

302) Calliess/Ruffert/*Krebber*, EUV/AUEV, 5.Aufl., AEUV Art.160 Rn.2; Grabitz/Hilf/Nettesheim/*Langenfeld/Benecke*, Das Recht der EU, EL 43, 2011, AEUV Art.160 Rn.2 参照。

303) こうした経緯について、また、リスボン条約改正の概要については、庄司克宏「EU 憲法の放棄と『改革条約』案」世界 769 号（2007 年）25 頁、同「リスボン条約（EU）の概要と評価」慶應法学 10 号（2008 年）195 頁を参照されたい。また、とりわけ「立憲主義」という観点から権限関係を整序したものとして、中西優美子「リスボン条約」海外事情 56 巻 4 号（2008 年）21 頁も参照されたい。

を変えて EC の EU への吸収的解消がなされ、また、当時の残り2本の柱（共通外交・安保政策と、アムステルダム条約改正において残っていた警察・刑事司法協力）も含めて、いわゆる三本柱構造が解消された。要するに、EU への一本化が行われたのである。これ以降、基本条約は EU 条約と EU 運営条約いうことになったが、両者は同等の法的価値を有するものである（EU 条約1条第3段落）。機構改革として主として権限の強化がなされたのは、欧州首脳理事会と欧州議会であった。欧州議会については、共同決定手続の範囲が拡大し「通常立法手続」となり、また、新たな拒否権の付与（例えば EU 運営条約19条）がなされ、さらに、委員会議長選出への関与（EU 条約17条7項）が規定されるなどした。最後に、EU への明示的な法人格付与（EU 条約47条）にも触れておく必要があろう。これらのことだけみても、リスボン条約は、（少なくとも形式的には）大きな改革であったことが分かる。[304]

それではリスボン条約改正は、狭義の社会政策に対しては何をもたらしたのであろうか。結論からいえば、ほぼ皆無である。狭義の社会政策の規定をみた場合、リスボン条約は、これまでの規定を基本的にそのまま引き継いでおり、その直接的影響はほとんどないといわれている。[305]

たしかに、リスボン条約改正において社会政策領域に唯一新設された条文として、EU 運営条約152条（EU における労使の役割の承認）がある。[306] 本条は、もともとは欧州憲法条約において民主主義原理の一環として、連合の全政策領域に関係するものとして導入が予定されていたものであるが、リスボン条約においては社会政策の編に（したがってより限定的な意味を有するものとして）組み込まれた。[307] 本条の意義は、これまで事実上あるいは条約の個別規定（たとえ

---

304) もっとも、簡素化・効率化・分権化・民主化というそれぞれの課題において、欧州憲法条約と比べてリスボン条約が見劣ることも指摘されている（庄司克宏「リスボン条約（EU）の概要と評価」慶應法学10号（2008年）195頁、250～251頁）。
305) C. Barnard, *EU Employment Law*, 4th ed., p.27 参照。また、Calliess/Ruffert/*Krebber*, EUV/AEUV, 5. Aufl., AEUV Art. 151 Rn. 4 f.; Schwarze/*Rebhahn/Reiner*, EU, 3. Aufl., AEUV Art. 151 Rn. 3 も参照。
306) このほかヨーロッパ社会対話制度についての細かな文言の追加について、後掲注319）および後掲注335）を参照されたい。
307) Grabitz/Hilf/Nettesheim/*Benecke*, Das Recht der EU, EL 43, 2011, AEUV Art.152 Rn.1; Schwarze/*Rebhahn/Reiner*, EU, 3.Aufl., AEUV Art.152 Rn.1 参照。もっとも、両条約の同位性に鑑みれば、EU 条約ではなくて EU 運営条約に規定されたこと自体によって、その価値が減じられたわけでは

ば旧 EC 条約 118b 条）によって社会対話が推進されてきたところ、基本条約上に明確に、労使の役割、社会対話の意義の承認を謳ったところに見出せる[308]。しかしながら、その法的性格としては、プログラム規定的な性格が指摘される[309]。すなわち、本条は主観的な権利を基礎付けるものでもなければ、連合に何かしらの権限を付与するものでもないとされているのである。この点、本条が権限付与条項たり得ないかどうかについては、疑問も呈されている[310]。しかし、本条がたとえば立法権限の付与に貢献しうるとしても、それは（旧 EC 条約 235 条に対応する）EU 運営条約 352 条 1 項という一般的な権限付与条項に依拠してのことである。したがっていずれにしても、社会政策領域での基本的権限体系に変化がないことは明らかである[311]。

ない（P. Syrpis, *ILJ*, Vol.37, No.3, 2008, p.219, at 227）。
　民主主義原理と社会対話の関係性を論じるものとして、B. Bercusson, *European Labour Law*, 2.ed., pp.563-606 を参照されたい。また、議会の役割に対する制限が労使の関与によって正当化ないし埋め合わされるという想定を批判するものとして、Calliess/Ruffert/*Krebber*, EUV/AUEV, 5.Aufl., AEUV Art.152 Rn.3 f. を参照されたい。

308) この点、C. Barnard, *EU Employment Law*, 4th ed., pp.712-713; Schwarze/*Rebhahn*/*Reiner*, EU 3.Aufl., AEUV Art.152 Rn.3 参照。
309) Calliess/Ruffert/*Krebber*, EUV/AEUV, 5.Aufl., AEUV Art.152 Rn.1; Grabitz/Hilf/Nettesheim/*Benecke*, Das Recht der EU, EL 43, 2011, AEUV Art.152 Rn.1 参照。
310) Schwarze/*Rebhahn*/*Reiner*, EU, 3.Aufl., AEUV Art.152 Rn.3 参照。
311) この点、P. Syrpis, *ILJ*, Vol.37, No.3, 2008, p.219, at 227 も参照。

第 2 節　EU 集団的労働法の特徴

　これまでの検討をまとめれば、概要次のようになる。EU 労働法の発展は、共通／域内市場創設による「ソーシャル・ダンピング」への不安を背景として、独自の領域としての社会政策、換言すれば最低基準としての統一的労働法が、漸進的に形成された過程といえる。競争政策的なコンセプトから生まれた EU 労働法は、政治的な意思と欧州司法裁判所（ECJ）に支えられて、労働者保護それ自体を目的とした本来の意味での EU 労働法へと進化してきた。その 1 つの到達点といえるのが、マーストリヒト条約改正に際してイギリスを除く形で締結された社会政策協定であった。そして社会政策協定がアムステルダム条約によって EC 条約に組み込まれ、これにより社会政策の独自性が経済政策との等価性を有する形で明らかにされたとの評価までされた。以来、EU 労働法ないし狭義の社会政策は、わずかばかりの変更を除き現在までほぼそのままの形を維持している。このような発展の「停滞」は、逆側からみれば、EU における労働法統合が既に一定の水準を達成していることの証といえるのかもしれない。

　しかし、基本条約を一瞥するだけでも、かかる評価は早計なものであることが判明する。というのも、EU 運営条約 153 条 5 項においては、賃金・団結権・スト権・ロックアウト権に関して連合の権限を排除する規定が置かれており、これにより、特に集団的労働法の中心的領域について統合が否定されているからである。

　もっとも、ヨーロッパレベルでの集団的労働法形成が、徹頭徹尾否定されてきたわけではない。現行法の骨格を形作った社会政策協定ができる前、既に EEC 当時から議論はあったのであり、本書で触れたところでいえば、1972 年パリでの欧州首脳理事会会談、そしてその後の 1974 年の社会政策行動計画によって、経済・社会政策決定への労使の参加および企業・事業所生活における労働者の参加の増大が要求されていたし、1989 年共同体憲章では、関連する基本権が謳われている（2 条、12 条、13 条、17 条、18 条参照）。また、例えばドイツにおいて、国内法に対応する 3 領域でのヨーロッパ集団的労働法形成の必要性が指摘されていた。すなわち、事業所共同決定、企業共同決定、そして労

働協約制度である[312]。

実際に、EU集団的労働法と呼ぶべきものが形成されてきたことも確かな事実である。まず、事業所共同決定と企業共同決定については、諸指令が制定され、一定の発展がみられた[313]。また、リスボン条約改正において、狭義の社会政策領域で唯一新設された条項、すなわちEU運営条約152条によれば、連合は、「連合レベルでの労使の役割を承認および促進し」、また、「労使の自治を考慮」しつつ「社会対話を促進する」するものとされている。これ自体は既述のとおり連合の権限体系に変化をもたらすものではないが、重要なのは、ここに謳われているとおり、EUはこれまでヨーロッパレベルでの「社会対話」に規範設定上の役割を与えてきたことである（EU運営条約154条、155条）。要す

---

312) *Steinmeyer*, ZIAS 1989, S. 208, 228. なお、ドイツにおいては、集団的労働法を協約自治、事業所共同決定、企業共同決定の3領域に分けるのが一般的である。この点、ドイツ集団的労働法を概説するものとして、ロルフ・ヴァンク（拙訳）「ドイツにおける集団的労働法」日独労働法協会会報13号（2013年）77頁、80頁以下参照。

313) まず、欧州事業所協議会である。これは、1994年の指令 Council Directive 94/45/EC of 22 September 1994 on the establishment of a European Works Council or a procedure in Community-scale undertakings and Community-scale groups of undertakings for the purposes of informing and consulting employees, OJ (94) L 254, p. 64 により規定され、現在では2009年の指令 Directive 2009/38/EC of the European Parliament and of the Council of 6 May 2009 on the establishment of a European Works Council or a procedure in Community-scale undertakings and Community-scale groups of undertakings for the purposes of informing and consulting employees, OJ (2009) L 122, p. 28 がそれに置き換わっている。

また、労働者に対する情報提供および意見聴取に関する一般的枠組みとして、Directive 2002/14/EC of the European Parliament and of the Council of 11 March 2002 establishing a general framework for informing and consulting employees in the European Community - Joint declaration of the European Parliament, the Council and the Commission on employee representation, OJ (2002) L 80, p. 29) が制定されている。

次に、欧州会社における労働者参加である。これは、欧州会社法に関する規則（Council Regulation (EC) No 2157/2001 on the Statute for a European company (SE), OJ (2001) L 294, p. 1) とともに欧州会社法（European Company Statute）を構成する欧州会社労働者参加指令（Council Directive 2001/86/EC of 8 October 2001 supplementing the Statute for a European company with regard to the involvement of employees, OJ (2001) L 294, p. 22) により規律されている。

その後、この欧州会社法と同様に労働者参加を規律するものとして、欧州協同組合法に関する規則（Council Regulation (EC) No 1435/2003 of 22 July 2003 on the Statute for a European Cooperative Society (SCE), OJ (2003) L 207, p. 1) とともに、欧州協同組合労働者参加指令（Council Directive 2003/72/EC of 22 July 2003 supplementing the Statute for a European Cooperative Society with regard to the involvement of employees, OJ (2003) L 207, p. 25) が制定された。

るに、EU 法においては、これまで、事業所共同決定、企業共同決定、そしてヨーロッパ社会対話制度という3つの領域において、EU 集団的労働法というべきものが形成されてきたのである。

それでは、これらはドイツ国内法でいうような集団的労働法の3領域に対応したものと考えてよいであろうか。特に先に言及した EU 運営条約 153 条 5 項との関係では、ヨーロッパ社会対話制度が、国内法上集団的労働法の中心領域と捉えられてきたもの（ドイツでいえば「協約自治」[314]）に対応するものかどうかが疑問となる。本節では、結論として両者が異質なものであることを明らかにし、もって、EU 労働法の特質を確認しておきたい。かかる特質を理解しておくことが、ラヴァル・カルテットの背景理解に資すると思われるからである。

第 1 項　ヨーロッパ社会対話制度

そこでまず、前提として、ヨーロッパ社会対話制度の内容を詳しく確認しておきたい。

Ⅰ．社会対話概念

そもそも、「社会対話（social dialogue / Sozialer Dialog）」とは何を意味しているのであろうか。労働者と使用者の利益代表が法規範の形成において担いうる役割は様々あるが、その1つの表現となりうるのがこの社会対話概念である。そしてこの概念は、わが国では「労使対話」と訳されることもあるが、必ずしも適切でない。なぜなら、そうした表現が示すよりも多様なものだからである。すなわち、少なくとも EU 法の文脈においてこの概念が用いられる場合、①労使間の対話（二者間対話）に加えて、② EU 諸機関を含めた、あるいは EU 諸機関が労使と対話を行うという意味での、三者間対話も含意されるからである。[315]

---

314) なお、詳しくは後述するが、本書はドイツ国内法上の協約自治概念のみを念頭に置いているわけではないことには注意されたい。

315) 一般的説明として、B. Bercusson, *European Labour Law*, 2nd ed., p.521; Bergmann/*Kalb*, Handlexikon EU, 5.Aufl., S.859 [Sozialer Dialog]; *Piazolo*, Der Soziale Dialog nach dem Abkommen über die Sozialpolitik und dem Vertrag von Amsterdam, Frankfurt a.M. 1999, S.21 参照。狭い意味での EU 法上の社会対話制度（現 EU 運営条約 154、155 条）について二者間対話と三者間対話が存在することについては後述。これもまた後に確認するように、この現行のヨーロッパ社会対話制度においては、全体としてコーポラティズム・モデルという労使間で完結しないところに特徴付けら

後者の意味を広く捉えれば、共同体法上のその先駆け的な例として、経済社会評議会への労働者・使用者代表の組み込み（EEC 条約 193 条、現 EU 運営条約 300 条 2 項参照）を挙げることができる。結局のところ社会対話とは、あらゆる形態の労使および他の関係機関との間での接触であって、社会的問題を内容とするものと定義付けることもできる。

しかし EU 法上の制度としては、本書は、EU 運営条約 154 条および 155 条に規定される制度に焦点を当てる。上記のとおり「社会対話」という概念は多義的だが、現行一次法上社会対話という表現で明確に位置付けられるのはこれらの条文であり、両規定による制度は「公式的社会対話（förmlicher sozialer Dialog）」とも呼ばれる。本書で「ヨーロッパ社会対話制度」とする場合、こうした制度を意味する。

ここでこのような狭い意味での EU 法上の社会対話制度に着目するのには、理由がある。というのも、後述のとおり当該制度上労使に対して「協定（agreement / Vereinbarung）」の締結可能性が認められており、一見して、最も労使の集団的かつ自治的な規範形成（ドイツでいうところの「協約自治」）を示唆するように思われるからである。

Ⅱ．制度内容

現行のヨーロッパ社会対話制度は、基本条約条項の発展としては、単一欧州議定書により挿入された EEC 条約 118b 条に淵源を有するが、同条がプログラム的性格のものにとどまるものであったことは既述のとおりである（第 1 節第 1 項Ⅱの 2）。それが現行ヨーロッパ社会対話制度のような法的枠組みに発展

　れており、その限りでも「労使対話」の訳語は適切とは思われない。この点、対比的に渡辺章「労使関係と『社会的対話』について」日本労働法学会誌 124 号（2014 年）3、4 頁を参照されたい。
316) Bergmann/*Kalb*, a.a.O.; *Piazolo*, a.a.O. 参照。この制度が抱えていた限界について、恒川・ソーシャルヨーロッパの建設 139 頁参照。さらにさかのぼってみれば、欧州石炭鉄鋼共同体の「最高執行機関（the High Authority / die Hohe Behörde）」（現在の欧州委員会の前身）において与えられていた労使代表の役割（この点については、B.Bercusson, *European Labour Law*, 2nd ed., p.104、欧州石炭鉄鋼共同体条約 18 条参照）を含めることも可能である（同旨と思われるものとして、Schwarze/*Rebhahn/Reiner*, EU, 3. Aufl., AEUV Art.152 Rn.2 参照）。
317) Calliess/Ruffert/*Krebber*, EUV/AEUV, 5. Aufl., AEUV Art. 154 Rn. 1.
318) 公式的・非公式的社会対話の区別について、Calliess/Ruffert/*Krebber*, EUV/AEUV, 5. Aufl., AEUV Art. 154 Rn. 2 f. 参照。

するまでには、社会政策協定まで時間を要した。この制度が、現行のリスボン条約体制まで引き継がれている[319]。

1. 三者間対話（意見聴取義務）

現行のヨーロッパ社会対話制度には、2つの側面がある[320]。まず、労使と共同体機関である欧州委員会の間での対話（三者間対話）である。これはとりわけ、EU運営条約154条2項および3項（当初は社会政策協定3条2項および3項）に、委員会の意見聴取義務という形で具体化されている。

すなわち、欧州委員会が社会政策領域での提案を行う場合[321]、欧州委員会は、二段階での意見聴取義務を負う。第一に、提案に先立って、連合の措置の可能的方向性について、労使への意見聴取を行う（2項）。そのうえで、連合レベルでの措置を望ましいと欧州委員会が考える場合には、欧州委員会は、今度は提案の内容について労使に意見聴取するものとされ、労使は、意見あるいは勧告を提出することができる（3項）。義務としては意見聴取にとどまるが、手続の瑕疵を避けるためには適切に行われなければならず[322]、社会政策領域での立法における労使の関与を前進させるものであったといえよう。

---

319) リスボン条約による1つの変更点については、後掲注335) 参照。加えて、155条2項において欧州議会への情報提供が定められた。もっとも後者についていえば、欧州委員会は以前から欧州議会に意見聴取を行うことに積極的であった（COM (93) 600 final, para. 35 参照）。

320) Calliess/Ruffert/*Krebber*, EUV/AEUV, 5. Aufl., AEUV Art. 154 Rn. 2; Schwarze/*Rebhahn*, EU, 3. Aufl., AEUV Art. 154 Rn. 1, Art. 155 Rn. 1; Streinz/*Eichenhofer*, EUV/AEUV, 3. Aufl., AEUV Art. 152 Rn. 2 参照。

321) 条文上「提案」としかされておらず「立法提案」などの限定は付されていない。しかし「提案を行う前に」という文言の解釈としては、意見聴取義務が生じるのは、欧州委員会が社会政策領域においてイニシアティブ権をもって提案を行うことまでしかできない場合であり、逆にいえば欧州委員会だけで決定することができることについては意見聴取が求められない（Calliess/Ruffert/*Krebber*, EUV/AEUV, 5. Aufl., AEUV Art. 154 Rn. 27; Schwarze/*Rebhahn*, EU, 3. Aufl., AEUV Art.154 Rn.4 参照）。このように意見聴取義務は実際のところ、立法手続を念頭においているものと思われる（同旨 Calliess/Ruffert/*Krebber*, a.a.O.）。

322) 社会政策協定も現行法も、意見聴取が行われなかった場合の法的効果を明示していない。しかし既に社会政策協定の当時に、手続の瑕疵を生じさせるとしていたものとして、*Wank*, RdA 1995, S.10, 19 参照。現行法の議論として、Schwarze/*Rebhahn*, EU, 3. Aufl., AEUV Art.154 Rn.10 参照。

2. 二者間対話（労使間協定）

ヨーロッパ社会対話制度の2つ目の側面は、労使間の対話という意味での二者間対話である。その促進は既にEEC条約118b条により規定されていたことは前述したが、①同条は、そうした労使対話が「契約的関係（relations based on agreement / vertragliche Beziehungen）」に帰結しうることを認めていた。現行法も、対応する規定を維持している（EU運営上約155条1項。なお、対話促進については154条1項）。②現行制度の基本を形成した社会政策協定の革新的な点は、この労使間対話を立法手続に組み入れたことであった。以下この2点について、若干詳細に内容を確認しよう。

まず、労使間協定そのものについてである。EU運営条約155条1項によれば、労使は連合レベルでの対話によって、「協定（agreement / Vereinbarung）」を含む契約関係を結ぶことができる。まずもって問題になるのは、当該協定の法的効力である。とりわけ、これがドイツでいうような「労働協約」、すなわち直接には締結当事者ではない個々の労働者の契約関係を規律する規範的効力を有するものかが問題となる。少なくともEU法上は、そうした規範的効力あるいは第三者効が認められるとは解されない。[323] その限りでいえば、つまり155条1項の枠内でいえば、この労使間協定は任意に締結され、任意に履行されるものにすぎない。また重要なのは、こうした労使協定を結ぶための交渉あるいは締結そのものを求めるための圧力として、争議行為を用いることができないとも解されていることである。[324] このような協定の交渉・締結・実施の任意性

---

323) 規範的効力の承認には明確な法的指示（Anordnung）が必要であるところ、条約上そうしたものはなく、また、そうした規律を設けることも許容されていないとするものとして、Calliess/Ruffert/*Krebber*, EUV/AEUV, 5. Aufl., Art. 155 Rn. 16 がある。EU法において労働協約法の立法が可能かどうかについては異論もあるが（後掲注358）参照）、これを承認する見解においても、社会政策協定の制度を基本条約に引き継いだアムステルダム条約附属の宣言27号にも触れながら、EU運営条約155条が加盟国にもEU（ないし機関）にもここでの労使協定の実施を義務付けておらず、したがって1項は規範的効力の根拠とならないとされている（Schwarze/*Rebhahn*, EU, 3. Aufl., Art.155 Rn.10）。また、155条1項の協定が2項に従って実施されるべきものであり、それゆえ必然的にそれ自体に規範的効力は与えられていないとするものとして、Streinz/*Eichenhofer*, EUV/AEUV, 3. Aufl., AEUV Art. 155 Rn. 2、同旨 Däubler/*Schiek*, TVG, 4. Aufl., Einl. Rn. 871 参照。社会政策協定の際に規範的効力を否定していたものとして、*Buchner*, RdA 1993, S.193, 200; *Wank*, RdA 1995, S.10, 20; *Weiss*, in: Däubler/Bobke/Kehrmann (Hrsg.), FS Gnade, Köln 1992, S.583, 593 がある。むろん加盟国法に従えば話は別であるが、その場合の問題については後述する。

324) 現行ヨーロッパ社会対話制度の枠組み内においては争議行為が許容されないとするものとして、

というのは、155条1項それ自体の意義の限定性を表している。

このように労使間協定そのものに強い効力がないとすれば、それでは、この労使間協定の意義はどこにあるのか、ということが疑問になろう。この点、ヨーロッパ社会対話制度における労使間協定の意義は、立法手続への労使対話の組み込みにみるべきものと思われる。

前提として条文を確認しておけば、EU運営条約155条2項前段は、EUレベルで締結された協定が、①「労使および加盟国に固有の手続および慣行にしたがって実施される」か、あるいは、②社会政策固有の立法権限が与えられている「153条に含まれる事項については、締結当事者の共同の申請により、欧州委員会の提案に基づく閣僚理事会の決定（decision / Beschluß）により実施される」ものであることを規定している。要するに、労使間協定の実施方法として大きく分けて2つのルートが用意されたわけである。このうち前者のオプションは合意の統一的な拘束力をもたらしうるものかどうかという点で問題があり、とりわけ後者のオプション（閣僚理事会の決定）による実施が重要である[325]。そしてこのオプションに、「立法手続」への労使対話の組み込みを見出すことができるのである。

しかしこのオプションをもって「立法手続」への労使対話の組み込みと位置付けるには、ここでの閣僚理事会の「決定」の意味が問題となる。この点、そもそも社会政策協定において同制度が導入されたとき既に、この用語は共同体の法行為の分類を表す当時の旧EC条約189条における「決定（decision / Entscheidung）[326]」とは同一でないと解されるべきものであった。まず形式的にいって、例えば英語版をみれば両条は'decision'で表現が一致するものの、他方で、例えばドイツ語版をみれば"Beschluß"と"Entscheidung"という表現の違いがあったことに注意されなければならない。また実質的にいっても、法行

Calliess/Ruffert/*Krebber*, EUV/AEUV, 5. Aufl., AEUV Art. 155 Rn. 8 参照。
325) *Lenze*, NZS 1996, S. 313, 316 f. 参照。ヨーロッパレベルでの労使間協定の国内的な実施（本文①のオプション）が、加盟国および国内労使の裁量ならびに国内法のあり方に広範に委ねられていることについては、Calliess/Ruffert/*Krebber*, EUV/AEUV, 5. Aufl., AEUV Art. 155 Rn. 20 ff. 参照。また、本文②のオプションが最も重要とするものとして、Schwarze/*Rebhahn*, EU, 3. Aufl., AEUV Art.155 Rn.1 参照。
326) この旧EC条約189条に対応する現在の規定が、EU運営条約288条であるが、ここでは「決定」にあてられているドイツ語が"Beschluss"に変化している。その意味については後掲注327）参照。

為の分類としての「決定」としての理解は避けられるべきであった。それは、個別事案に限って拘束力を有する法行為となりうるものであって、その場合、ヨーロッパレベルでの労使間協定を共同体内で統一的に拘束力を有する規範とするものではなくなってしまうからである[327]。したがって社会政策協定における「決定」、またそれを引き継ぐ現EU運営条約155条2項前段における「決定」もまた、法行為の分類としての「決定」(のうち名宛人の限定されたもの) よりも広い意味で解される[328]。そうすると少なくとも、指令立法手続を規定している153条への参照がなされていることからしても、指令立法が行われることは条文の趣旨であるはずである[329]。これまでのところ、ヨーロッパレベルでの複数の労使間協定が、指令によって共同体法・連合法に転換されている[330]。

---

327) Wank, RdA 1995, S.10, 20 参照。同旨のものとして、Calliess/Ruffert/*Krebber*, EUV/AEUV, 5. Aufl., AEUV Art. 155 Rn. 29 参照。もっとも、ドイツ語版の条約上の法行為分類としての「決定」の表現は、"Entscheidung" から "Beschluss" に変更されており、名宛人の特定のない決定も、リスボン条約改正によって現在ではEU運営条約288条において明文で認められている (Streinz/Schroeder, EUV/AEUV, 3. Aufl., AEUV Art. 288 Rn. 117 f、中西・EU法117頁参照)。

328) 以上、C. Barnard, *EU Employment Law*, 4th ed., pp.76-77 も参照。

329) Schwarze/*Rebhahn*, EU, 3. Aufl., AEUV Art.155 Rn.5 参照。この点、明確に規則も含まれるとする見解として、Calliess/Ruffert/*Krebber*, EUV/AEUV, 5. Aufl., AEUV Art. 155 Rn. 29 参照。

330) Council Directive 96/34/EC of 3 June 1996 on the framework agreement on parental leave concluded by UNICE, CEEP and the ETUC, OJ (96) L 145, p. 4; Council Directive 97/81/EC of 15 December 1997 concerning the Framework Agreement on part-time work concluded by UNICE, CEEP and the ETUC, OJ (98) L 14, p. 9; Council Directive 1999/63/EC of 21 June 1999 concerning the Agreement on the organisation of working time of seafarers concluded by the European Community Shipowners' Association (ECSA) and the Federation of Transport Workers' Unions in the European Union (FST), OJ (99) L 167, p. 33; Council Directive 1999/70/EC of 28 June 1999 concerning the framework agreement on fixed-term work concluded by ETUC, UNICE and CEEP, OJ (99) L 175, p. 43; Council Directive 2000/79/EC of 27 November 2000 concerning the European Agreement on the Organisation of Working Time of Mobile Workers in Civil Aviation concluded by the Association of European Airlines (AEA), the European Transport Workers' Federation (ETF), the European Cockpit Association (ECA), the European Regions Airline Association (ERA) and the International Air Carrier Association (IACA), OJ (2000) L 302, p. 57; Council Directive 2005/47/EC of 18 July 2005 on the Agreement between the Community of European Railways (CER) and the European Transport Workers' Federation (ETF) on certain aspects of the working conditions of mobile workers engaged in interoperable cross-border services in the railway sector, OJ (2005) L 195, p. 15; Council Directive 2009/13/EC of 16 February 2009 implementing the Agreement concluded by the European Community Shipowners' Associations (ECSA) and the European Transport Workers' Federation (ETF) on the Maritime Labour Convention, 2006, and amending Directive 1999/63/EC, OJ (2009) L 124, p. 30; Council Directive

以上のように、ヨーロッパ社会対話制度というのは、立法過程における労使の役割を強化するものである。とりわけ労使対話（二者間対話）に立法内容形成を可能にしたことは、そうした観点から画期的といえる。

第2項　補助線：交渉制自治モデル

指摘するまでもないながら、多くの欧州各国において労使の利益代表、とりわけ労働組合と使用者（団体）との間での自治的な規範形成は、労働関係の規律に重要な役割を果たしてきたといわれるし、また加盟国内労働法上、こうした集団的かつ自治的な規範形成が一定の役割を果たすものとして位置付けられている。そうすると、EU法が労使間協定によって規範設定を行わせているのは、それをいわばヨーロッパレベルに引き写しただけの、当然の成り行きであって、EU法もまた、労使の自治的な規範形成に重要な位置付けを与えているの

2010/18/EU of 8 March 2010 implementing the revised Framework Agreement on parental leave concluded by BUSINESSEUROPE, UEAPME, CEEP and ETUC and repealing Directive 96/34/EC, OJ（2010）L 68, p. 13（これにより指令 96/34/EC は廃止）; Council Directive 2010/32/EU of 10 May 2010 implementing the Framework Agreement on prevention from sharp injuries in the hospital and healthcare sector concluded by HOSPEEM and EPSU, OJ（2010）L 134, p. 66; Council Directive 2014/112/EU of 19 December 2014 implementing the European Agreement concerning certain aspects of the organisation of working time in inland waterway transport, concluded by the European Barge Union（EBU）, the European Skippers Organisation（ESO）and the European Transport Workers' Federation（ETF）, OJ（2014）L 367, p. 86.

331）もっともその課題について、濱口桂一郎「EU労働法政策の形成過程」日本労働研究雑誌 590 号（2009年）11 頁以下を参照されたい。

ついでに指摘しておけば、労使間協定を閣僚理事会の決定により実施しようとする場合、「153 条に含まれる事項」という限定は同条 5 項の権限排除も含むものと解されている（*Fuchs/Marhold*, EuArbR, 4. Aufl., S. 338 参照）。したがって例えば、根幹的な労働条件である賃金については、閣僚理事会決定による実施対象たる協定とはなりえない。

332）ヨーロッパ各国における「協約自治」の制度を横断的に概観する比較的近年の研究として、*Rebhahn*, EuZA 2010, S. 62 を参照されたい。そこで前提とされているのは、「全ての加盟国において、労働者のための集団的契約が存在し、また、少なくとも自身の労働条件に関しての団体行動が許容されている」（S. 62）という事実である。また、近年わが国で発行された個別国の労働協約システムに関する詳細な研究報告書として、山本陽大『現代先進諸国の労働協約システム―ドイツ・フランスの産業別協約―（第 1 巻ドイツ編）』（労働政策研究・研修機構、2013 年）、細川良・同（第 2 巻フランス編）、西村純『スウェーデンの労使関係―協約分析を中心に―』（労働政策研究・研修機構、2014 年）がある。もっとも、いわゆる中東欧諸国においては、労働組合の、またそれゆえに労働協約の果たす役割の低さが指摘される（*Davulis*, RdA 2012, S. 258, 259）。

であろう、と理解できるようにも思える。[333)]

しかし、ヨーロッパ社会対話制度を、労使間の自治的な規範形成として伝統的な国内法体系に照らして理解することは、正確でない。以下にみていくように、ヨーロッパ社会対話制度はむしろコーポラティズム的な立法システムであり、EU 集団的労働法には長らく「協約自治」あるいは「交渉制自治モデル」と名付けられるべき法制度が欠けていたのである。かかる EU 集団的労働法の特殊性を理解しておくことは、後に確認するラヴァル・カルテットの背景、とりわけ、自治的な集団的規範形成に配慮のない ECJ の態度の背景を理解するのに資するように思われる。[334)]

I. 三者間プロセスとしてのヨーロッパ社会対話制度

まず留意されなければならないのは、ヨーロッパ社会対話制度という集団的規範形成システムの三者間プロセスとしての特徴である。EU 運営条約 154 条 2 項および 3 項に意見聴取義務という形で規定されている三者間対話については詳述するまでもないにしても、155 条の二者間対話（労使間対話）については、もう少し詳しい説明を要しよう。

そもそもこうした労使間対話は、まず入り口部分において、基本的に委員会のイニシアティブのもとで行われることが想定されている。すなわち、社会政策領域での提案を委員会が行う際の労使への意見聴取義務を定めた 154 条には、その 4 項において次のように定められている（「2 項および 3 項にいう意見聴取に際して、労使は欧州委員会に対して、155 条に規定される手続の開始を望むことを通知できる」）。[335)] したがってここで予定されているのは、欧州委員会のイニシアティブで開始された手続を、労使間の対話に移行することである。もっとも、

---

333) 濱口・EU 労働法の形成 18 頁は、ヨーロッパ社会対話を「EU 労働協約法の誕生と呼びうる」とする（同 28 頁以下も参照）。
334) なお、本節で示す見解は、網谷龍介「オルド自由主義の呪縛？―EU 社会労働政策における集団と個人―」EUIJ-Kyushu Review, Issue I, 2011, 123 頁以下の論考に着想を得て、それをさらに発展させようとしたものである。
335) なお、社会政策協定 3 条 4 項においては、「2 項および 3 項にいう意見聴取」ではなく「そのような意見聴取」としか規定されておらず、それが二段階ある意見聴取のうち後者のみを指していると も解されえたが（Lenze, NZS 1996, S.313, 316 参照）、リスボン条約改正において、現在の文言に改正され、いずれの段階でも二者間対話への以降が可能なことが明らかにされた。

こうした欧州委員会のイニシアティブに関係なくヨーロッパレベルでの労使が155条1項にいう対話・協定の締結を行いうるともされる。[336)]

しかし次に指摘されねばならないのは、この協定内容の実現方法、いわば出口の問題である。すなわち、まずここでの労使間協定というのは、EU法上、いわゆる規範的効力を有するものではない（既述）。したがってその効果的な実施のためには、あくまでEU運営条約155条2項に定められた方法、とりわけ閣僚理事会による決定に頼らざるをえない。しかもこの閣僚理事会決定による実施というのも、労使が合意しさえすれば自動的・義務的にもたらされるものではない。[337)] 出口において第三者の助けを借りなければいけないとすれば、交渉も当該第三者の意向を意識せざるをえないであろう。

また、協定の締結およびそのための対話を、争議行為によって強制することができないと解されていることは既に述べた。

したがって、ヨーロッパ社会対話制度は自治的な規範形成そのものの保障というより、むしろ連合の立法過程に労使を組み込むことが狙いであるといえる。[338)] たしかに155条1項の手続は概念的に二者間対話と位置付けることができるが、全体の手続を踏まえてみれば、とりわけ委員会と労使との対話の一環と位置付けることができるのであり、そして労使間協定は、閣僚理事会の決定を通じて実現されることが重要である。このように現行ヨーロッパ社会対話制度は、政労使三者間のプロセスに特徴付けられているのである。[339)]

---

336) Calliess/Ruffert/*Krebber*, EUV/AEUV, 5. Aufl., AEUV Art. 155 Rn. 1; Grabitz/Hilf/Nettesheim/*Benecke*, Das Recht der EU, EL 43, 2011, AEUV Art.155 Rn.1; Schwarze/*Rebhahn*, EU, 3. Aufl., AEUV Art.155 Rn.2, 6 参照。もっとも社会政策協定の当時否定的見解を示していたものとして、*Lenze*, NZS 1996, S.313, 317 参照。

337) Schwarze/*Rebhahn*, EU, 3. Aufl., AEUV Art.155 Rn.6 参照。

338) EU基本権憲章28条における意味での「団体交渉」とも解されていない（Calliess/Ruffert/*Krebber*, EUV/AEUV, 5. Aufl., EU-GRCharta Art. 28 Rn. 6; Schwarze/*Rebhahn*, EU, 3.Aufl., AEUV Art.155 Rn.11 参照）。

339) 共同体法における社会対話の三者間プロセス（tripartite process）としての特徴を指摘するものとして、B. Bercusson, *European Labour Law*, 2nd ed., pp.146-164、二者間対話が結局のところ第三者の助けを借りなければ意味をなさないことを指摘するものとして、Streinz/*Eichenhofer*, EUV/AEUV, 3. Aufl., AEUV Art. 152 Rn. 2 参照。

II. コーポラティズム・モデルと協約自治モデル（Schiek 教授の見解）

そして、このような現行ヨーロッパ社会対話制度の三者間のプロセスとしての性格は、しばしば「コーポラティズム」という表現で表される[340]。「コーポラティズム」は、一般的な意味としては、「国家が職能代表や利益組織を同調・協調させて政策を決定・執行すること」（広辞苑第7版）、「政府の経済政策の決定や執行の過程に企業や労働組合を参加させる考え方や運動」（大辞林第3版）、「政策決定に企業や労組などの団体を参加させるシステム」（デジタル大辞泉）などと定義付けられる。しかしここで重要なのは、ヨーロッパ社会対話制度にコーポラティズム的性格が指摘される際に、それに対置されることがあるのが、「協約自治」概念だということである[341]。

ここでは、ヨーロッパレベルでの集団的協定（Kollektivvereinbarung）を検討する前提として、加盟国法の比較法的考察から（理念型としての）協約自治モデルとコーポラティズム・モデルを区別する、Dagmar Schiek 教授の見解に着目したい[342]。

教授によれば、両者の区別は、原則的には自治的なものとして構想される労働関係の規律への、国家の影響の度合いを出発点としている[343]。理念型としての協約自治モデルにおいては、使用者ないし使用者団体と労働組合が自治的に基準を合意し、当該基準が個々の労働契約に内容的に影響する。当該モデルにおいてはこの際、国家官庁はいかなる形でも関与しないし、影響を与えることも試みない。このモデルでは、集団的協定の私的自治的な性格、また集団的組織の国家からの相対的な距離が伴う。また、協定への拘束有無が組織への帰属をメルクマールとするところにも特徴がある。協定が構成員の労働契約に関して有しうる効力は、法理論的な問題となる[344]。

---

340) 二者間対話にそうした性格を指摘するものとして、Schwarze/*Rebhahn*, EU, 3. Aufl., AEUV Art. 155 Rn. 3、三者間対話にそうした指摘をするものとして、Streinz/*Eichenhofer*, EUV/AEUV, 3. Aufl., AEUV Art. 152 Rn. 3 参照。
341) ここで紹介する Dagmar Schiek 教授の見解のほか、たとえば、*Kocher*, Juridikum 4/2010, S. 465, 467 ff. 参照。
342) Däubler/*Schiek*, TVG, 4. Aufl., Einl. 809 ff. 参照。
343) A.a.O., Rn.693.
344) 以上、a.a.O., Rn.694.

他方理念型としてのコーポラティズム・モデルにおいては、専ら政府あるいは国家官庁のイニシアティブによるというのではなくても、積極的なその関与のもとで、労働組合と使用者団体が労働市場および雇用条件の規律を協議し取り決める。当該規律を自治的に実施することはできない。こうした協議においては、特定の労働組合と使用者団体にのみ代表性が認められる。その取決めは国家法に転換され、それゆえ拘束力を発するため、協定それ自体の法的効力は問題とならない[345]。

Schiek教授はこうした区別の後で、こうしたモデルが理念型としてはめったに存在しないとしつつも、EUレベルにおいてはこれまでのところコーポラティズム・モデルが優勢であることを指摘する[346]。

Ⅲ．私見：交渉制自治モデルという視点

このように、労使による規範設定のモデルは、労働組合と使用者（団体）という同じ主体によるものであっても、それをさらに細分化することが可能である。本書では、Schiek教授のいう「協約自治モデル」を基礎として、それを若干アレンジあるいは敷衍して、集団的規範形成の「交渉制自治モデル」という概念を設定しておきたい。このような分類の視点をもってEU集団的労働法をみてみれば、その特質がよく理解されるであろう。

なお、「協約自治」ではなくて「交渉制自治」とするのは、単に、ドイツ語の"Tarifautonomie（協約自治）"との混同を避け、本書ではドイツのモデルだけを念頭に置いているわけではないことを示すためである[347]。

---

345) 以上、a.a.O., Rn.695.
346) A.a.O., Rn.696. もっとも教授は、現行ヨーロッパ社会対話制度のもとでも、EU運営条約155条2項を柔軟に解することで、自治的な実施の可能性を探っている（a.a.O., Rn. 790 ff.）。この点では、D. Schiek, in: M. Rönnmar (ed.), *EU Indeustrial Relations v. National Industrial Relations*, The Netherlands 2008, p. 83, at 93-102 も参照。
347) もっとも、Schiek教授もまたドイツモデルを相対化して複数の国々のモデルを比較した論述をしており、そこでの"Tarifautonomie"はドイツのそれを指しているものではない。その意味で、以下の私見は、なお同教授の見解の延長線上にあるといってよい。
　　また、本書が「協約自治」に替わって「交渉制」という表現を用いたのは、産業民主主義の三つの類型（交渉制・代表制・ステークホルダー）を提唱する毛塚勝利教授の見解に着想を得ている（毛塚勝利「日本における労働者代表制度の整備とその方法」経営民主主義63号（2016年）8頁以下参照。また、同「産業民主主義のあらたな姿を求めて」ビジネス・レーバー・トレンド2012年12月

1.「交渉制自治モデル」

　まず上記の Schiek 教授の区別に加えて、交渉制自治モデルの重要なメルクマールとしては、とりわけ争議行為という強制手段を背景とした、労使の力関係に特徴付けられた規範形成システムであるかどうかが重要である[348]。国家に頼らず、その反面として国家の影響力なく、労使がそれぞれの要求を貫徹できる状況は、少なくとも労働側に集団的な圧力手段を承認し、双方の力関係の均衡を保つことが必要だからである。したがって法制度としては、——基本権という形かは別として——争議権が求められる。

　また、この点を踏まえて Schiek 教授の見解をもう少し敷衍すれば、規範的効力の有無それ自体は、必ずしも決定的な要素ではないといえる。根本的なのはむしろ、こうした競争制限的な協定の存在を法的に承認することであって、規範的効力の有無というのは、労働協約の貫徹にどの程度国家が助成を行うかという、(めったに理念型としては存在しないとされる) 協約自治のグラデーションの問題であろう。むしろ、こうした助成が強まっていけば、その点では、自治というよりはコーポラティズム的な性格を指摘できる[349]。労働協約の履行というのは、必ずしも法定された効力に頼る必要はなく、究極的には、争議行為を背景とした労使の力関係によって担保される[350]。

号 19 頁以下、同「日本における『共同決定制』の必要性と可能性」経営民主主義 48 号（2011 年）8 頁以下、同「企業統治と労使関係システム」石田眞・大塚直編『労働と環境』（日本評論社、2008 年）47 頁以下も参照）。

348) ヨーロッパ社会対話において力の均衡による団体交渉システムが欠如・排除されており、むしろ三者間プロセスが特徴であることを指摘するものとして、B.Bercusson, *European Labour Law*, 2nd ed., pp.148-149 参照。

349) Schiek 教授は、協約の労働関係に対する効力を法定しているかどうかで、ボランタリー・モデルと法定モデルを区別しているが（Däubler/*Schiek*, TVG, 4. Aufl., Einl. Rn. 815）、前者に属するイギリスのように協約を紳士協定としかしない法制度が (a.a.O., Rn. 816)、むしろそこに見出される国家の影響のなさゆえに「協約自治原則に従ったもの」と位置付けられ (a.a.O., Rn. 818)、他方でドイツのように協約の法的拘束力を法定するようなモデル (a.a.O., Rn.817) は、このようなモデルでも「集団的関係の自治が守られうる」とされている (a.a.O., Rn. 818)。同箇所 (Rn. 818) の冒頭で「より協約自治に特徴付けられたモデル」と「よりコーポラティズムに特徴付けられたモデル」の区別を行っていることから、ボランタリー・モデルよりも法定モデルの方が国家の影響がある点でコーポラティズム的な要素が強いとみていることがうかがえる。

350) このように理解すると、イギリスのように協約を紳士協定としかせず、したがってその実施が使用者に対する労組の力関係に依っている法制度は（この点、A.C.L. Davies, *EuZA* 2010, p. 37, at 38 参照）、強く交渉制自治／協約自治に特徴付けられているといえる。

したがって、本書での「交渉制自治」とは、次のように定義付けることができる。すなわち、労使が集団的に、国家からの干渉を受けることなく労働条件に影響を及ぼすことができることであって、その手段として両者の間での協定の締結が、また、少なくとも労働側において争議行為による圧力行使が認められるもの、である。[351]「交渉制自治モデル」の法制度とは、こうした可能性を保障あるいは場合により助成する法制度のことをいい、様々な形態がありうる。[352]

2．ヨーロッパ社会対話制度の位置付け

この「交渉制自治モデル」という視点からみると、ヨーロッパ社会対話制度は、やはりコーポラティズム・モデルとしての性格が強く、「労働協約法」や「協約自治」といった概念で捉えられるべきものではないことが理解されよう。

---

[351] ヨーロッパの各国を視野に入れた「協約自治（Tarifautonomie）」あるいは「労使自治原則（principle of autonomy of the social partners）」の定義例としては、次のようなものがある。「協約自治（Tarifautonomie）」とは、「労働者組織が、使用者組織もしくは個別企業とともに、他からの影響を受けることなく、多数の労働者の労働条件に効果的に影響を及ぼすことが可能なこと」であり、必然的に、「少なくとも労働者において、団体行動によって圧力を行使する可能性」を伴う（Rebhahn, EuZA 2010, S. 62, 62）、「労使自治原則（principle of autonomy of the social partners）」とは、「労使が国家的干渉なく交渉し労働協約（collective agreement）を締結する権利」であり、「団結の自由と争議権がこの自治を強化する」（M. Rönnmar, *CYELS*, Vol. 10, 2008, p.493, at 497）。

[352] 2つの意味において、交渉制自治／協約自治モデルの法制度には多様性がありうる。

まず、理念型としての協約自治モデルということを Schiek 教授が強調していたことから分かるように、ある実際の交渉制自治モデルの法制度には、とりわけ国家の関与度合いにおいて、その濃淡がありうる。例えば協約の第三者効については、国家が最大限関与せず、したがって紳士協定としかされないイギリス（A.C.L. Davies, *EuZA* 2010, p. 37, at 38 参照）、規範的効力は法定されるが一般的拘束力宣言制度を有しないスウェーデン（M. Rönnmar, *CYELS*, Vol. 10, 2008, p.493, at 497-498、北欧諸国の制度概要をまとめたものとして、*Evju*, EuZA 2010, S. 48, 52 f. 参照）、規範的効力も一般的拘束力も法定されるドイツ（ロルフ・ヴァンク（拙訳）「ドイツにおける集団的労働法」日独労働法協会会報13号（2013年）77頁、80頁以下参照）、同じく規範的効力も一般的拘束力制度もあるが、ドイツとは異なって規範的効力が締結当事者である使用者におけるすべての労働契約に、したがって組織されていない労働者に対しても及ぶフランス（*Le Friant*, EuZA 2010, S. 23, 28 参照。さらにフランスにおいては、一般的拘束力制度が大きな役割を果たしており、また履行確保において国家当局の関与が強いなど、国家の影響が強い。これらの点を含め、細川良『現代先進諸国の労働協約システム―ドイツ・フランスの産業別協約―（第2巻フランス編）』（労働政策研究・研修機構、2013年）20頁以下参照）というように、多様性がある。

次に、その制度設計のあり方としては、基本権の定立・解釈による制度（争議法の例としてドイツ）もありうるが、個別立法およびその解釈による規律もありえようし（例えばイギリス）、わが国のようにその組み合わせも考えられる。

Schiek 教授の指摘に加えて、「交渉制自治モデル」という概念のもとで重視した争議行為も、現行ヨーロッパ社会対話制度の枠組み内では想定されていない。

3.「聖域」としての交渉制自治モデル

以上のように EU 法上にはコーポラティズム・モデルの制度すなわちヨーロッパ社会対話制度が構築されているわけであるが、実はその過程では、労使の自治的な規範形成システムも目指されてきた[353]。にもかかわらず、そうした制度は、明文規定をみる限り長らく形成されてこなかった[354]。この背景には、団結をめぐるテーマの「センシティヴ」な性質が[355]、あるいは、そのあまりの多様さが[356]、指摘できるかもしれない。あるいは、ただ労働法の中心領域についての主権を失いたくないという加盟国の意図があったにすぎないのかもしれない[357]。

いずれにせよ、各国のこの領域での統合への消極姿勢を端的に表すのが、社会政策協定の当時から一貫して維持されている、賃金・団結権・スト権・ロックアウト権に関しての連合の権限の排除といえる（社会政策協定2条6項に始まり、現在では EU 運営条約 153 条5項に引き継がれている）。当該規定ゆえに協約法を整備する連合の権限が否定されているかどうかについては、学説上見解の相違があるものの[358]、それでも交渉制自治ないし協約自治にとって重要な要素

---

353) 歴史につき、Däubler/*Schiek*, TVG, 4. Aufl., Einl. Rn.819 ff. 参照。
354) むろん、基本権保障という観点からいえば、リスボン条約改正で労働基本権保障が明確にされたし、Viking 事件および Laval 事件で、またその後 Commission v Germany 事件にて、欧州司法裁判所は、争議権や団体交渉権を EU 法上承認している（詳しくは第2章参照）。しかし、これらの展開が、「基本権」として「争議権」や「団体交渉権」を正しく位置付けたものかどうかに疑問が残り、したがってこれらの展開をもって交渉制自治モデルの法制度が形成されたといえるかは、不明確である。
355) この点、*Kocher*, Juridikum 4/2010, S. 465, 467 参照。
356) Däubler/*Schiek*, TVG, 4. Aufl., Einl. Rn.818 参照。
357) *Steinmeyer*, RdA 2001, S. 10, 17 f. 参照。
358) EU 運営条約 153 条1項（f）に協約法を含める見解として、Schwarze/*Rebhahn/Reiner*, EU, 3. Aufl., AEUV Art.153 Rn.53; 排除する見解として、Calliess/Ruffert/*Krebber*, EUV/AEUV, 5. Aufl., AEUV Art. 153 Rn. 12 参照。前者においては、EU 運営条約 153 条の他の規定との関係で5項を狭く解すべきとの ECJ 解釈（Judgment of 10.6.2010, C-395/08 [*IPNS*] ECLI:EU:C:2010:329, para.35）に従うことが（Schwarze/*Rebhahn/Reiner*, a.a.O., Rn.63）、後者においては、153 条の体系的な解釈において5項による権限の排除を出発点とすることが（Calliess/Ruffert/*Krebber*, a.a.O., Rn. 7）、前提となっている。

の大部分が排除されていることには疑いない。そもそも共同体法レベルでの団結権保障それ自体が認められるかどうかの段階で、争いがあった。

ところが、当該条項をめぐって問題になるのは、こうした権限排除ないし遮断効が、153条以外の一次法上の規定にも及ぶかである。そもそも153条5項は、「本条の規定」が掲げられている事項に適用されないとしているにすぎず、同項による遮断効が基本条約上の他の規定に及ぶかは不明確である。例えば、EU運営条約115条や352条のような一般的立法権限となりうる規定が同項により排除されているかには、解釈の余地がある。この解釈問題自体にはここでは細かく立ち入らない。しかし少なくとも確認されるべきは、ヨーロッパ労働法の枠組み内では協約自治モデル形成を抑制して、したがって加盟国に権限を残す（統合を回避する）ことをしても、他方で、他の政策領域の観点から協約自治の領域が同じくいわば「聖域」扱いされるかどうかは、別の問題だということである。

この点、ラヴァル・カルテットが明らかにしたのは、団結・団体交渉・争議による労使の自治的な規範形成の領域も、自由移動原則にとっては「聖域」ではないということであった（詳細については第2章）。結果、EU域内市場法（自由移動原則）による各国労働法の浸食ともいうべき現象が起きている。

---

359) ヨーロッパ労働法の基本体系 (labour constitution / Arbeitsverfassung) という観点から、EU運営条約153条5項のような集団的労働法の大きな部分での権限排除に批判的なものとして、Schwarze/*Rebhahn*/*Reiner*, EU, 3.Aufl., AEUV Art.153 63 (i.V.m. Art.151 Rn.9, 27, Art.153 Rn.23) がある。また、早くからこうした規定の持続可能性を疑問視していたものとして、*Steinmeyer*, RdA 2001, S. 10, 17 f. 参照。

360) さしあたり、*Fuchs*/*Marhold*, EuArbR, 4. Aufl., 2010, S. 456 f. 参照。もっとも、Viking事件先決裁定以前のECJ判例に既に団結権保障の動きをみるものとして、*Bayreuther*, EuZA 2008, S.395, 399 (i.V.m. Fn. 13); Opinion of AG Jacobs, Case C-67/96 [*Albany*], Joined Cases C-115 to 117/97 [*Brentjens'*] and Case C-219/97 [*Drijvende Bokken*], delivered on 28.1.1999, ECR (1999) I-5754, para.139 参照。

361) 遮断効が及ばない可能性を認めるものとして、Schwarze/*Rebhahn*/*Reiner*, EU, 3. Aufl., AEUV Art. 153 Rn. 23, 63; 遮断効を及ぼすべきとする見解として、*Thüsing*/*Traut*, RdA 2012, S. 65, 68 参照。もっとも、域内市場に関連しての性格が強いものである限りにおいて、遮断効を及ぼさない見解も目立つ（例えば、Grabitz/Hilf/Nettesheim/*Benecke*, Das Recht der EU, EL 43, 2011, AEUV Art. 153 Rn. 101; *Schubert*, Der Vorschlag der EU-Kommission für eine Monti-II-Verordnung, Saarbrücken 2012, S. 21)。

第3節　域内市場法と労働法の交錯

　しかしそもそも、域内市場法と各国労働法との間には、どのような法的接点があるのであろうか。本節では、次章以降の検討のための最後の前提作業として、次の2つの考察を行っておきたい。まず、自由移動原則がどのようにして社会政策領域に適用されうるようになったのかの解明である。他方で、域内市場法と各国労働法とが交錯する場面において、ECJが両者の関係をどのように調整しようとしてきたかの考察である。この点では、当初ECJが労働法規範への配慮を見せていたことが確認でき、ラヴァル・カルテットにおけるECJの態度と比較すると興味深いものである。

第1項　自由移動原則とその射程

　実は、域内市場法なかんずく自由移動原則が労働法領域に規律を及ぼしうるということ自体は、かなり早い段階（EEC時代）から既にその萌芽がみてとれる。それには、自由移動原則の側での変化が大きな影響を有した。そして90年代末には、実際に自由移動原則規定が適用される事案が登場してくる。

Ⅰ．どの自由移動原則が問題か

　ところで、労働法領域においてEUの「自由移動原則」というと、真っ先に思い浮かべられるのは労働者の自由移動であろう。しかし、ここで念のため確認しておくが、本書の文脈で問題になるのは、そのような労働法の一部ともいえる自由移動ではなく、いわばその外側にある自由移動原則である。

1．労働者の自由移動の位置付け

　現在の用語法に従えば域内市場法に属し、またその中核的原則である自由移動（基本的自由）の一角を占める労働者の自由移動（EEC条約48条［現EU運営条約45条］）は、たしかに当初から、加盟国の社会法制との法的なレベルでの衝突を生じうるものであった[362]。

362）社会保障法制の属地的な限界付けが人の自由移動に反する可能性について論じたものとして、*von*

もっともそれは、ラヴァル・カルテット、あるいは初期から繰り返し用いられる「ソーシャル・ダンピング」という批判の背景にあるような各国社会法制の水準格差というよりは、各加盟国法自体の差別的な性格を問題とするものであった。少なくとも当初、労働者の自由移動の本質的な内容は、とりわけ外人法のような、労働者が他の加盟国での職業活動を開始・遂行することを制限する、国籍に基づく差別の禁止だったのである。[363]

　このような意味での労働者の自由移動は、EU の歴史において最も古い労働者の権利であり、[364] また、（何がしかの意味において）ヨーロッパ労働法の一部とみなされてきた。[365]

2. 企業の自由保障としての自由移動原則

　労働法と域内市場法のより問題をはらんだ交錯を生じるのは、むしろ他の自由移動原則である。とりわけフヴァル・カルテットにみられるように、企業の自由な経済活動を保障する、開業の自由（現 EU 運営条約 49 条）とサービス提供の自由（同 56 条）が重要性を有する。

　とりわけサービス提供の自由についていえば、これが労働法領域に影響を及ぼしうることが早い段階から明らかになっていた。このことは、一時的な労働者の（域内での）越境的な配置に対して、当該労働者の配置先国法の適用ができるかどうかが争われた事案において、ECJ が明らかにしてきたものである。要するに、国内労働法制が国際的なサービス貿易にとって、違法な障壁とみな

Maydell, in: Ders. (Hrsg.), Soziale Rechte in der EG, Berlin 1990, S. 122, 133 ff. 参照。また、とりわけ労働者の自由移動と失業給付の関係について、*Steinmeyer*, ZIAS 1989, S. 208, 225 f. 参照。

363) *Fuchs/Marhold*, EuArbR, 4. Aufl., S. 6; *Wohlfarth/Everling/Glaesner/Sprung*, EWG, Vorb. Vor Art.48 Rn.3 f. 参照。また、*Schlachter*, ZESAR 2011, S.156, 156 も参照。なお、この時期の欧州司法裁判所の判例としては、直接差別の例として、ECJ judgment of 12.12.1974, Case 36/74 [*Walrave*] ECLI:EU:C:1974:140、また間接差別の例として、ECJ judgment of 12.2.1974, Case 152/73 [*Sotgiu*] ECLI:EU:C:1974:13（間接差別的解釈を示した部分は para. 11）; ECJ judgment of 10.3.1993, Case C-111/91 [*Commission v Luxembourg*] ECLI:EU:C:1993:92（同 para. 9）がある。

364) C. Barnard, *EU Employment Law*, 4th ed., p.188 参照。

365) それぞれに異なる「ヨーロッパ労働法」のコンセプトのもとでも、労働者の自由移動はほぼ一貫してその一領域とされている（概念の多様性の概観を示すものとして、B. Bercusson, *European Labour Law*, 2nd ed., pp.78-87 参照）。もっとも既述（前述第 1 章第 1 節第 1 項 I の 1 (ii)）のとおり、一義的には経済政策的な目的に特徴付けられていることには、留意されなければならない。

される可能性があったということである。

　もっともその詳細は後述（第3章第1節第3項I）することとし、ここでは、以上のように、問題となるのが、労働法学者が「自由移動」と聞いてすぐに思い浮かべるであろう労働者の自由移動よりも、サービス提供の自由や開業の自由といった、企業が享受する自由であるということを指摘するにとどめておく。

Ⅱ. 自由移動原則の射程の拡大

　自由移動原則の労働法に対する影響可能性を大幅に広げたのは、先に述べたとおり、自由移動原則の側での変化であった。すなわち、2つの意味でのその射程の拡大である。

1. 国籍差別禁止から市場参入制限禁止への拡大

(i) そもそも自由移動原則一般において本来求められていたのは、差別の禁止（non-discrimination approach / Diskriminierungsverbot）であって、加盟国の企業や国民が、国籍に基づく直接・間接的差別によって域内での越境的取引に制限を課されることがないということであったのである[366]。例えばサービス提供の自由に関して、今日でも条文上、それが看取できる（「サービス提供者は、サービスを提供するため、サービス提供が行われる加盟国において、当該国が自国民に課すのと同じ条件で、一時的に自己の活動を行うことができる」（EU運営条約57条3文））。

　ECJも、こうした条文の文言に忠実に、初期の段階では差別禁止として自由移動原則を把握していた。上記のような事案でいえば、1981年のWebb事件先決裁定が、EEC条約59条（現EU運営条約56条）の意味するところを「国籍あるいはサービス提供が行われるべき地ではない他の加盟国に所在するという状況に基づくサービス提供者に対する差別の全廃の要請[367]」に見出していた。

---

366) Streinz, EuR, 10.Aufl., Rn.823。サービス提供の自由に関して、Dauses/*Roth*, EU-WiR, EL17, E.I. Rn.158 ff. 参照。もっとも、これらの文献では直接的・間接的という表現での区別が行われているわけではないことには留意されたい。それでも、そうした表現での区別を行う論者もいる（C. Barnard, in: Marc De Vos (ed.), *European Union Internal Market and Labour Law: Friends or Foes?*, Antwerp-Oxford-Portland 2009, p.19, at 22-23）。本書での説明に関する限り、詳細な検討は割愛する。
367) ECJ judgment of 17.12.1981, Case 279/80 [*Webb*] ECLI:EU:C:1981:314, para. 14.

こうした差別禁止アプローチのもとでは、要件としてあくまで差別が求められ、労働法と自由移動原則との間の衝突可能性、換言すれば労働法がEU法違反の貿易障壁とみなされる可能性は、限定的なものに過ぎなかった。というのも、「ソーシャル・ダンピング」という批判からも分かるように、労働法領域では、海外の企業に異なる基準を当てはめるというよりは、国内の水準遵守を求めることが多く、少なくとも表面上は平等に扱っているからである[368]。この点では、労働法と域内市場法というのは基本的に「隔たれた世界」であったともいえる[369]。

(ii)　しかし今日の視点からみて事態を一変させるインパクトを有したのが、欧州司法裁判所が、自由移動原則の理解として差別禁止だけでなく、いわゆる（市場参入）制限禁止のアプローチ（restriction approach / Beschränkungsverbot）を導入したことである。

　このアプローチは、サービス提供の自由に関しては1991年のSäger事件先決裁定によって採用が明確にされている（「たとえ国内のサービス提供者と他の加盟国のサービス提供者の区別なく適用されるものであっても、他の加盟国に所在し、そこで合法的に同様のサービスを提供しているサービス提供者の活動を禁止し、またはそうでなくても妨げるような、全ての制限の廃止」が求められている）[370]。これは、差別が認定できなければ自由移動原則違反が成立しないのであれば、自由移動原則はその実効性を失うとの認識に基づいており、現在では（それぞれの自由移動原則の特性の区別なく[371]）自由移動原則一般にこのアプローチが採用[372]

---

[368] もっとも、Webb事件のように二重負担が生じるような場合に差別的な効果が問題とはなるが、Webb事件においても、一定の条件下で、母国において既に事業許可を得ている派遣企業への労働者の配置先国での追加的な事業許可取得義務の認められる余地が残された（Webb, para.21 参照）。

[369] C. Barnard, in: Marc De Vos (ed.), *European Union Internal Market and Labour Law: Friends or Foes?*, Antwerp-Oxford-Portland 2009, p.19, at 22-23 参照。

[370] ECJ judgment of 25.7.1991, C-76/90 [*Säger*] ECLI:EU:C:1991:331, para. 12.

[371] *Streinz*, EuR, 10.Aufl., Rn.830 参照。

[372] サービス提供の自由が場合により物品の自由移動に類似するものであり（*Streinz*, EuR, 10.Aufl., Rn.809:「製品の自由移動（Produktverkehrsfreiheiten）」）、実質的にも人の自由移動に分類される労働者の移動や開業とは異なることに鑑みれば、制限禁止アプローチは前者にのみ導入されるべきとも考えられるが（C. Barnard, in: Marc De Vos (ed.), *European Union Internal Market and Labour Law: Friends or Foes?*, Antwerp-Oxford-Portland 2009, p.19, at 24 参照）、欧州司法裁判所は

されている。[373]

こうした認識から分かるように、制限禁止アプローチのもとでは、直接・間接の差別という要件を必要としなくなった点で、自由移動原則の射程が大幅に広げられている。必要とされるのは単に制限性であり、まさに「こじつけ的な主張」[374]を可能にする。

ただそのかわり、差別の正当化よりも制限の正当化の方が、より柔軟に認められる。というのも、差別禁止アプローチのもとでは、条文上明文で認められている理由による正当化が必要となるところ、制限禁止アプローチのもとでは、かかる理由に加えて、判例により承認されてきた正当化事由による正当化の可能性が与えられているからである。[375]すなわち、「公益上の強行的な理由」に基づく正当化である。ただし、サービス提供の自由に関していえば、この公益は、サービス提供者の母国において既に守られているものであってはならない。また、正当化事由がある場合でも、制限は目的との関係で比例相当性を有するものでなければならない。[376]

2. 私人間効力の承認

労働法、とりわけ団結の領域にとっては、さらに、EEC 時代に既に認められていた、自由移動原則のいわゆる水平的直接効（ドイツでは第三者効と表現されることが多い。以下では私人間効力とする。）に重要なインプリケーションがあった。

まず 1963 年に Van Gend en Loos 事件[377]において、物品の自由移動について、国内裁判所で保障される個人の権利を基礎付ける直接効が承認されていた。[378]

　そうした考慮を行っていない。
373) C. Barnard, in: Marc De Vos (ed.), *European Union Internal Market and Labour Law: Friends or Foes?*, Antwerp-Oxford-Portland 2009, p.19, at 23-25; *Streinz*, EuR, 10.Aufl., Rn.827 ff. 参照。また、C. Barnard, *The Substantive Law of the EU*, Oxford 2013, pp.102-108, 249-270 も参照されたい。
374) C. Barnard, ibid., at 25.
375) *Streinz*, EuR, 10.Aufl., Rn.836 f., 848 ff. 参照。
376) 以上については、*Säger*, para. 15; *Krebber*, Jahrbuch Junger Zivilrechtswissenschaftler 1997 [Europäisierung des Privatrechts], 1998, S.129, 145 参照。
377) ECJ judgment of 5.2.1963, Case 26/62 [*Van Gend en Loos*] ECLI:EU:C:1963:1.
378) この点については、序論 II の 2 も参照されたい。

これを基礎として、現在までに全ての自由移動原則に主観的権利性が与えられるにいたっている[379]。そしてさらに、現在までに、少なくともサービス提供の自由を含めた人の自由移動規定については、いわゆる水平的直接効の可能性、すなわち当該権利が私人間においても効力を有しうることが認められてきた[380]。したがって、自由移動原則に拘束されるのは、必ずしも国家当局だけではないということになる。

　そして既にEEC時代から、労働者の自由移動とサービスの自由移動に関連して、どのような場合にそれが私人を拘束するのかについての、1つの基準が表明されていた。それが、1974年Walrave事件、1976年Donà/Mantero事件、1995年Bosman事件それぞれの欧州司法裁判所先決裁定である。その後は、2000年にAngonese事件の先決裁定が出されている。それらによれば、労働およびサービス提供を集団的に規整する場合には、私人であってもこれらの自由移動原則に拘束される[381]。

　むろん、それぞれの事案で問題となった規整団体というのが性格を異にするのであって、また、開業の自由についても上記判示の射程が及ぶかは不明確であったということには、注意が必要である。しかしそれでも、こうした私人間効力に関する判示が労働法領域にとって有しうる意味というのは、——現在の視点からみてとはいえ——容易に想像ができる。すなわち、そうした集団的規整に労働協約が、また、そうした規整を目指す主体に労働組合が、それぞれあてはまりうるということである。

379）Dauses/*Müller-Graff*, EU-WiR, EL 31, 2012, A.I. Rn.129 参照。
380）Streinnz, EuR, 9.Aufl., 2012, Rn.850 参照。
381）ECJ judgment of 12.12.1974, Case 36/74 [*Walrave*] ECLI:EU:C:1974:140, paras.17-19（労働者の自由移動、サービス提供の自由）、ECJ judgment of 14.7.1976, Case 13/76 [*Donà/Mantero*] ECLI:EU:C:1976:115, paras. 17-18（労働者の自由移動、サービス提供の自由）、ECJ judgment of 15.12.1995, Case C-415/93 [*Bosman*] ECLI:EU:C:1995:463, paras. 81-84（労働者の自由移動）、ECJ judgment of 6.6.2000, Case C-281/98 [*Angonese*] ECLI:EU:C:2000:296, paras. 31-32（労働者の自由移動）参照。
　もっとも前二者について、これらは拡張された形での垂直的直接効を示したと位置付けることもできたことの指摘として、C. Barnard, *EU Employment Law*, 4th ed., p.157参照。同論者によれば、労働者の自由移動について水平的直接効がはっきりと認められたのは、Angonese事件先決裁定においてである（*Angonese*, paras. 33-36 が参照されている）。

第2項　当初のECJ判例にみる労働法領域への配慮

以上みてきたように、企業の国際的な経済活動を保障するものとしてサービス提供の自由や開業の自由が存在し、それが、労働法領域にも適用されることが、かなり早くから明らかになりつつあった。

それはとりわけサービス提供の自由についての判例に顕著であったが、具体的にそこで問題となっていたのは、労働者の越境的かつ一時的な他国への配置が行われる場合（請負や派遣）に、配置先国法の適用が可能かどうかということであった。ここでは、配置先加盟国が、企業による「サービス提供」として他の加盟国から労働者が入ってくるに際して、自国の社会法規定の遵守を求めることができるかどうか、ということが関心となっている。

また、同じような文脈で、すなわち外国企業に対して自国の社会法の順守を強制できるかという文脈で、自由移動原則と同じ域内市場法に属するヨーロッパ競争法と、労働協約との間の緊張関係も、既に90年代末に顕わになっていた。

しかし、このような労働法と域内市場法との間の緊張関係の解決を託された当時のECJ判例で目立ったのは、各国の労働法規範の労働者保護目的や多様性への配慮であり(Ⅰ)、あるいは、両者の衝突を回避する努力であった(Ⅱ)。

Ⅰ. 「労働者保護」の公益性の承認

前者の例として、市場参入制限禁止アプローチが採用された以降の、具体的な事案をいくつか確認しておきたい。

1. Arblade事件先決裁定（1999年）[382]

本件は、2つのフランス企業（およびその経営者）が、ベルギーでのグラニュー糖貯蔵庫の建設工事に最長で1年間労働者を配置（to deploy / entsenden）していたところ、ベルギー当局より従業員に関する各種書類の提出を求められ、それに従わなかったことからベルギー国内で起訴された、それぞれの国内刑事事件に係る先決裁定事案である。フランス企業は、自身はフランス法を遵守しており、ベルギー当局の求めはサービス提供の自由規定に反するとして、ベルギー

---

382) ECJ judgment of 23.11.1999, Joined Cases C-369/96 and C-376/96 [*Arblade*] ECLI:EU:C:1999:575.

当局の求めに従わなかったものである。国内裁判所が ECJ に先決裁定を求めたのは、ECJ のまとめによれば[383]、以下のことであった。すなわち、自国で一時的に仕事を遂行する他の加盟国の企業に対して、特に公序立法という形で、協約上の最低賃金や基金への分担金支払い義務、そして各種の書類作成・保持義務を課すことは、当該企業がその所在国で同様の義務を負っている場合には、現 EU 運営条約 56 条および 57 条によって排除されているか、ということである。ECJ は、次のような判示をしている。

> 「問題となっている規定がベルギー法においては公序立法であるという分類……に関していえば、そのような用語は、関係する加盟国における政治的、社会的、または経済的な秩序を守るために、当該加盟国領域内に存在する全ての個人および全ての法律関係によるその遵守が求められるほどに重要（crucial / entscheidend）である国内規定に妥当するものと解されなければならない」。〔Para. 30.〕
> 「国内規定が公序立法であると分類されているという事実は、それらの規定が基本条約上の規定の遵守を免れるということを意味するものではない……。そのような国内立法の基礎をなす動機（consideration / Motiv）は、基本条約上明文で規定される共同体内の自由に対する例外としてのみ、または、場合によっては、公益上の強行的な（overriding / zwingend）理由としてのみ、共同体法上考慮に入れられうるものである」。〔Para. 31.〕
> 現 EU 運営条約 56 条は、「他の加盟国に所在するサービス提供者に対する国籍に基づくあらゆる差別を排除することだけでなく、たとえ国内のサービス提供者と他の加盟国のサービス提供者の区別なく適用されるものであっても、他の加盟国に所在し、そこで合法的に同様のサービスを提供しているサービス提供者の活動を禁止し、妨げ、またはより有利でなくすような、全ての制限の廃止も求めている」。〔Para. 33.〕
> 「基本条約上の基本原則の1つとしてのサービス提供の自由は、公益上の強行的な理由により正当化され、受入れ国領域内で活動する全ての個人および企業に適用される規定によってのみ、そのような利益がサービス提供者が所在加盟国

---

383) Ibid., para.27.

内で服する規定によって守られていない場合に限り、制限されうる」。〔Para. 34.〕

「他の加盟国に所在するサービス提供者への国内規定の適用は、その追求目的の達成を確保するために適切なものでなければならず、また、その達成に必要なものを超えてはならない」。〔Para. 35.〕

「当裁判所により認められた公益上の強行的な理由には、労働者保護が含まれ……、特に建設産業における労働者の社会的保護が含まれる」。〔Para. 36.〕

「共同体法は、加盟国に対して、その最低賃金に関する立法またはこれに関して労使により結ばれた労働協約を、その領域内で就労する全ての個人に対して、それが一時的なものにすぎない場合にも、使用者がいずれの国に所在するかにかかわりなく、適用することを禁じていない」。〔Para. 41.〕

「しかしながら、問題となっている規定の違反に際して他の加盟国に所在する使用者を刑事訴追することを正当化するには、それらの規定は……十分に精密（precise / genau）かつアクセスが容易な（accessible / zugänglich）ものでなければならない」。〔Para. 43.〕

2. Mazzoleni 事件先決裁定（2001 年）[384]

本件もまたベルギーでの刑事事件における先決裁定付託事案である。国内事件は、フランス企業がベルギー国内労働協約上の最賃を遵守しなかったことに対する刑事手続である。当該国内協約は民間保安サービス業におけるもので、職種や資格等によって労働者を9つの分類に分け、それぞれの分類に最賃等を設定するものであった。当該国内協約上の規定によれば、当該国内協約はベルギーで活動を行う限り、本拠が外国にある企業に対しても適用されるべきものであった。ベルギー法上の公序立法とされるベルギー労働協約法によれば、強行的な労働協約の不遵守は犯罪行為となる。そのような状況下、1996年1月1日から1997年7月14日の間に、フランス企業である ISA 社が、ベルギーのショッピングモールにおいて 13 人の労働者を就労させた（何人かはフランスでも就労）が、ベルギー当局の検査の結果、協約最賃を下回る賃金しか支払っていなかったことが判明したため、同社およびその経営者が起訴されたものである。企業側は、労働者が部分的にしかベルギーでは働かず、他国でも働くこと

---
384) ECJ judgment of 15.3.2001, Case C-165/98 [*Mazzoleni*] ECLI:EU:C:2001:162.

がありえたこと、また、たしかにフランスの最賃はベルギーのそれに比べれば低いが、フランス法上の税制や福利保護を含め労働者の全体的な地位を考慮に入れるべきであることなどをもって争った。ECJ は、次のような判断をしている。

> 現 EU 運営条約 56 条は「他の加盟国に所在するサービス提供者に対する国籍に基づくあらゆる差別を排除することだけでなく、たとえ国内のサービス提供者と他の加盟国のサービス提供者の区別なく適用されるものであっても、他の加盟国に所在し、そこで合法的に同様のサービスを提供しているサービス提供者の活動を禁止し、妨げ、またはより魅力的でなくすような、全ての制限の廃止も求めている」。〔Para. 22.〕
>
> 「特に、加盟国は、その領域内でのサービス提供に、開業に求められる全ての条件を遵守させ、それによって、まさにサービス提供の自由を保障するということが目的である条約規定の実際上の有効性を完全に奪うことはできない」。〔Para. 23.〕
>
> 「この点に関していえば、サービス提供者に対する受入れ国国内規定の適用は、それが支出ならびに追加的な行政的および経済的な負担を伴うものである限りにおいて、サービス提供を止めさせ、妨げ、またはより魅力的でなくすものである」。〔Para. 24.〕
>
> 「基本条約上の基本原則の 1 つとしてのサービス提供の自由は、公益上の強行的な理由により正当化され、受入れ国領域内で活動する全ての個人および企業に適用される規定によってのみ、そのような利益がサービス提供者が所在加盟国内で服する規定によって守られていない場合に限り、制限されうる」。〔Para. 25.〕
>
> 「他の加盟国に所在するサービス提供者への国内規定の適用は、それの追求する目的の達成を確保するために適切なものでなければならず、また、その達成に必要なものを超えてはならない」。〔Para. 26.〕
>
> 「当裁判所により認められた公益上の強行的な理由には、労働者保護が含まれる」。〔Para. 27.〕
>
> 「本訴で問題となっているような最低賃金に関するより具体的な国内規定に関しては、当裁判所の判例から次のことが明らかである。すなわち、共同体法は、

加盟国に対して、その最低賃金に関する立法またはこれに関して労使により結ばれた労働協約を、その領域内で就労する全ての個人に対して、それが一時的なものにすぎない場合にも、使用者がいずれの国に所在するかにかかわりなく、拡張する（to extend / erstrecken）ことを禁じていない」。「したがって、最低賃金を保障する加盟国の立法または労働協約の規定は、原則的に、いずれの国に使用者が所在するかにかかわりなく、当該国領域内でサービスを提供する使用者に対して適用されうる」。〔Paras. 28-29.〕

「しかしながら、そのような規定の適用が、追及される目的──すなわち関係する労働者の保護──にとって必要でも相当でない場合がありうる」。〔Para. 30.〕

Arblade事件のような諸先例と異なり、「本件は、国境付近の地域に所在し、その何人かの被用者は当該企業のサービス提供のためにパートタイムでかつ短期間、当該企業の所在国でない加盟国における近接領域でその仕事の一部を遂行することを求められうる、そのような企業に関するものである。」「さらに、フランスで定められる最低賃金はベルギーの規定に定められるそれよりも低いが、ISAは全体の状況が考慮されるべきであることを主張する。すなわち、報酬だけでなく、租税の影響や社会保障分担金を考慮に入れるべきであると主張しているのである。」ISAは、その点で労働者はフランス法に服す場合とベルギー法に服す場合で同じ状況に置かれると主張する。〔Paras. 31-33.〕

「もしもこのようなことがあてはまるのであれば、たとえ最低賃金を課す受入れ国の規定が労働者保護という正当な目的を有することが認められるべきであったとしても、当該国内の当局はそれを他の加盟国内の近接領域に所在するサービス提供者に適用する前に、当該規定の適用が関係する労働者の保護という目的にとって必要かつ相当なものであるかどうかを検討しなければならない」。〔Para. 34.〕

そうした判断は、本件においては、本訴の係属するベルギー国内裁判所がなすべきことである。〔Para. 40.〕

3. Finalarte事件先決裁定（2001年）[385]

本件は、ドイツの休暇基金（paid leave fund / Urlaubskasse）と9つの労働者

---

385) ECJ judgment of 25.10.2001, Joined Cases C-49, C-50, C-52-54 and C-68-71/98 [*Finalarte*]

配置企業との間での、ドイツ国内での9つの訴訟に係る先決裁定付託事案である。配置企業のうち8つはポルトガル企業であり、1つはイギリス企業であったが、いずれも建設工事のために労働者をドイツに配置していた。9つの訴訟のうち6つは休暇基金が配置企業に対して行った給付請求訴訟であり、残りの3つは逆に配置企業が法律関係の不存在確認を求めた訴訟である。いずれにおいても、配置企業が休暇基金に対して分担金の支払いおよび分担金額算定のための情報提供義務を負うかどうかが問題となった。

休暇基金とは何かについて、補足説明をしておこう[386]。ドイツにおいては、建設業における有給休暇は連邦休暇法（Bundesurlaubsgesetz）および連邦レベルの建設業枠組み協約（Bundesrahmentarifvertrag für das Baugewerbe）によって規律されている。その上で、建設業においてはある労働者の使用者が頻繁に変わることを背景として、休暇基金が設立されている。すなわちまず、枠組み協約において、労働者が取り結んだ様々な労働関係も、関係年度中は単一の労働関係として取り扱われることが規定される。このような擬制によって、労働者はそのときの使用者との労働関係の継続期間に関係なく、十分な休暇を得ることができることになるが、労働者が休暇を請求した際の使用者にとっては、他の使用者の下で労働者が取得したはずの休暇についてまで自身が負担を負うことになるという欠点がある。それを克服し、公平な財政的負担を確保するため、使用者間の一種の共済制度として、休暇基金が設立されているのである。この休暇基金は運営協約（Verfahrenstarifvertrag）によって規律される。使用者は賃金額に応じた分担金を基金に支払う代わりに、休暇中の賃金（Urlaubsentgelt）および追加的な休暇手当を労働者に支払ったことによる負担について、全額または部分的な補償を受けることができる。使用者は毎月、分担金算定のために必要な情報を基金に対して明らかにしなければならない。

本件では、上記のような労働協約が国外企業に対しても一般的拘束力をもって拡張されていたが、かかる措置が労働者の自由移動規定（現EU運営条約45条）ならびにサービス提供の自由規定（現EU運営条約56条および57条）からして

ECLI:EU:C:2001:564.
386) Ibid., paras.2-8 参照。

禁止されるかが問題となった。[387]

　ECJ は、上掲の Mazzoleni 事件（paras. 22-27）で述べられたことをそのまま繰り返すことで、制限禁止アプローチの採用とその理由を示し、制限の正当化可能性および比例相当性原則をそれとのセットで判示し、また、制限の定義を明らかにし、制限のための正当な目的として「労働者保護」を認めた。また、[388]国内法制が制限であるか、また、そうだとしても正当化されるかについて具体的に判断すべきは、国内裁判所（本件ではヴィースバーデン労働裁判所）であるとした。[389]

4. Portugaia Construções 事件先決裁定（2002 年）[390]

　本件は、タウバービショフハイム（ドイツ）の公共職業安定所（以下「ドイツ国内当局」）による、ポルトガルに本拠を有する企業である Portugaia Construções（以下「P 社」）に対する過料決定に、P 社が異議申し立てをした手続において、異議申し立て先であるドイツ国内裁判所より ECJ に、EU 法の解釈を求める付託が行われた事案である。P 社が過料支払いを命ぜられるに至った経緯は、以下のとおりである。

　ドイツ国内法である 1996 年の旧 AEntG によれば、建設業における一般的拘束力を宣言された統一的最賃協約は、当該協約の適用範囲下にある国外使用者およびその労働者の労働関係に対しても強行的に適用される（1 条 1 項）。1 条の強行規定への違反は、過料の対象となる（5 条、秩序違反法 29 条）。

　1996 年 9 月 2 日に、ドイツ建設業における協約当事者は、同年 10 月 1 日から効力を有する連邦レベルでの最賃協約（以下「本件協約」）を締結した。本件協約は同年 11 月 12 日に一般的拘束力を宣言され、1997 年 1 月 1 日よりその効力が生じた。

　P 社は、1997 年 3 月から 7 月の間に、タウバービショフハイムで建設工事を行い、そのために多数の労働者を建設現場に配置したが、ドイツ国内当局の

---

387) なお枠組み協約と運営協約による規律が、国内企業と国外企業との間で違いを設けていることも問題となったが、この点については割愛する。
388) *Finalarte*, paras.28-33.
389) Ibid., para.34.
390) ECJ judgment of 24.1.2002, Case C-164/99 [*Portugaia Construções*] ECLI:EU:C:2002:40.

調査によって、P 社が労働者に対して協約最賃以下の賃金を支払っていたものと確認された。その結果、過料決定が下されたものである。

P 社からの異議申し立てを受けた区裁判所は、ドイツ国内法制が現 EU 運営条約 56 条および 57 条と矛盾しないかについて疑念を抱き、先決裁定を求める付託を行った次第である。区裁判所が指摘したのは、次の 2 点であった。まず、法律の趣意書によれば AEntG の目的は、特に低賃金労働力の流入による「ソーシャル・ダンピング」に対する国内労働市場の保護であり、国内の失業を減らすことであり、そしてまた、ドイツの企業が域内市場に順応することを可能にすることであった。次に、複数の協約が存在する場合に労働関係により身近な協約が優先的に適用を得るという、ドイツでのいわゆる特別性原則の下では、より下位レベルでの協約締結による協約の回避可能性が、ドイツ企業にあっても、──少なくとも事実上──国外企業にはない。このような付託を受けて ECJ は、Finalarte 事件に続いて Mazzoleni 事件（paras.22-27）の判示をほぼそのまま繰り返し[391]、また、受入れ国の最賃規範適用が許されるという、繰り返し示されてきたフレーズを示した上で[392]、次のように判示している。

> 「言葉を換えれば、受入れ国たる加盟国がその最賃法制を他の加盟国に所在するサービス提供者に対して適用することは、原則的に、公益たる目的すなわち労働者保護を追及するものと認められうるということである」。〔Para. 22.〕
>
> しかしながら、そのような規定の適用もサービス提供の自由（現 EU 運営条約 56 条および 57 条）に適合しない場合がありえ、受入れ国の国内当局、または場合によって裁判所は、公益という目的の有無と手段の適切性を、最賃法制の適用の前に判断しなければならない。〔Paras. 23-24.〕

5. 小括

以上のように、制限禁止アプローチ的に理解されたサービス提供の自由のもとにおいて、ECJ は、問題となっている労働法規範の適用がその審査（制限性、正当化事由、比例相当性）を受けることを明らかにしており、また、「それが支

---

391) Ibid., paras.16-20.
392) Ibid., para.21.

出ならびに追加的な行政的および経済的な負担を伴うものである」場合（Mazzoleni, para. 24; Finalarte, para. 30; Portugaia Construções, para. 18）にはサービス提供の自由への「制限」であることを判示してきた。

　しかし、これらの判例で特筆されるべきは、そこで問題となっていた労働法規範の適用（とりわけ、協約拡張という形で行われるそれ）の「労働者保護」という目的を、制限への正当化事由すなわち「公益上の強行的な理由」として承認し、それゆえ「最低賃金を保障する加盟国の立法または労働協約の規定は、原則的に、いずれの国に使用者が所在するかにかかわりなく、当該国領域内でサービスを提供する使用者に対して適用されうる」（Arblade, para. 41; Mazzoleni, paras. 28-29; Portugaia Construções, para. 21）とされたことである。

　さらに、たしかに比例相当性の審査が必要であることが触れられてはいるものの、実際に「労働者保護」を追求するものであったかを含め、判断を国内裁判所に委ねていた点も、この時期の欧州司法裁判所の姿勢の特徴であったといえよう。

　このように、「労働者保護」目的を正当事由として認め、またその有無や比例相当性判断を国内裁判所に委ねることによって、欧州司法裁判所は、各国の労働法規範を目的において正当とし、また、各国の労働法の多様性に配慮してきたのである。

II．ヨーロッパ競争法と労働協約

　ところで自由移動原則を少し離れてみると、この時期の ECJ の労働法領域への配慮というのは、「労働者保護」という一般的表現を超えて、団結という特殊性にも及んでいたといえる。すなわち、ヨーロッパ競争法（のうち現在の EU 運営条約 101 条——カルテル禁止）と労働協約との関係に係る ECJ の判断で

393）ただし、そこでは配置される労働者の保護が意図されていたことについては、第3章第1節第3項IIの3参照。

394）この因果関係は、Mazzoleni 事件先決裁定 para. 30 および para. 34 で示唆されていたが、Portugaia Construções 事件先決裁定 para. 22 において明確にされている。

395）ヨーロッパ競争法について、一般的には根岸哲「EU 競争法と市場統合の総合的検討」日本 EU 学会年報 32 号（2012年）18頁を参照されたい。

396）なお、アメリカと EU での競争法と労働法の関係を論じた論稿として、荒木尚志「労働組合法上の労働者と独占禁止法上の事業者—労働法と経済法の交錯問題に関する一考察—」渡辺章先生古稀

ある。

　なお、上記に自由移動原則を「少し」離れてみるとしたのは、ヨーロッパ競争法も域内市場法に属し、したがって、市場統合のための法制度である点で自由移動原則と共通するからである。しかも、ヨーロッパ競争法というのは「域内市場における国境を超える基本的自由〔自由移動原則〕という基本コンセプトの、明らかな帰結である」とされるほど、自由移動原則に密接に関連している。

　以下で確認しておきたいのは、Albany 事件、Brentjens' 事件、そして Drijvende Bokken 事件という3つの先決裁定付託事案について、ECJ が同じ日に下した判断である。

1. 事案の概要

　いずれの事件も、国内訴訟においては、オランダ国内の年金基金への企業の分担金支払い義務の存否が争われていたものである。

　オランダの年金システムは、3つの柱からなる。第一は法定年金であり、第二が職業活動に関連する追加的年金、そして第三が任意の個人年金である。問題となったのは第二のものであったが、職業活動に関連する追加的年金は、通常、特定の経済部門、職業、あるいは特定の企業の労働者に適用される集団的システムの枠内で、年金基金によって実施されるものであった。この年金基金の圧倒的多数について、法律上、加入が義務的なものと規定されていた。

　実際ここで扱っている3つの事件においても、特定経済部門について、労使代表の間での労働協約によって年金基金が設立され、それへの加入が法律に

　　記念『労働法が目指すべきもの』(信山社、2011 年) 192 頁以下がある。
397) Dauses/Müller-Graf, EU-WiR, 31. EL, 2012, A.I. Rn.127 参照。
398) A.a.O., Rn.133.
399) ECJ judgment of 21.9.1999, Case C-67/96 [*Albany*] ECLI:EU:C:1999:430; ECJ judgment of 21.9.1999, Joined Cases C-115 to 117/97 [*Brentjens'*] ECLI:EU:C:1999:434; ECJ judgment of 21.9.1999, Case C-219/97 [*Drijvende Bokken*] ECLI:EU:C:1999:437.
　　なお、その後の ECJ 判例の展開について、後藤究「独立自営業者に関する労働協約と EU 競争法——ECJ judgment of 4.12.2014 Case C-413/13 [FNV Kunsten Informatie en Media]」労働法律旬報 1874 号 (2016 年) 26 頁以下を参照されたい。
400) この点の記述については、Albany 事件先決裁定 paras.3-6 を参照した。

よって義務的なものとされていた。問題は、こうした労使間の労働協約がカルテル禁止に抵触する可能性があり、実際にそれが争われたことであった[401]。

EU 法上のカルテル禁止規定である現 EU 運営条約 101 条には、次のように規定されている。「事業者（undertaking / Unternehmen）間のあらゆる協定、事業者の連合が行うすべての決定およびすべての協調的行為であって、加盟国間の貿易に影響を及ぼすおそれがあり、かつ、域内市場内の競争を妨害、制限、もしくは歪曲することを目的とするか、またはそのような結果を生ずるものは、域内市場と両立しないものであり、禁止される」（1 項）。そして、「本条の規定に基づき禁止される協定または決定は、当然無効」とされる（2 項）。したがって、労働者あるいは労働組合がここでの「事業者（連合）」に当てはまり、年金基金の設立によって競争に制限的効果がもたらされるのであれば、労働協約は無効ということになるはずであった。

2. ECJ の判断：分野的例外としての労働協約

しかし欧州司法裁判所の下した判断は、そもそも、こうしたヨーロッパ競争法と労働協約との衝突を回避するものであった。欧州司法裁判所は、共同体が社会政策および労使の対話に価値を見出していることを強調した後[402]、次のように判示している。

> 「使用者と労働者を代表する組織の間での労働協約が、必然的に一定の競争制限的効果を伴うということには、疑いがない。しかしながら、共同で雇用・労働条件の改善のための措置を追求している労使に対して［旧］EC 条約 85 条 1 項〔現 EU 運営条約 101 条〕が適用されるとするのであれば、そのような協約によって追及されるところの社会政策的目的の達成は、深刻なまでに阻害されるであろう。したがって、実際的（effective / sachgerecht）かつ筋の通った、全体としての条約規定の解釈を行えば、次のことが導かれる。すなわち、労使

---

401) 分担金支払い義務の存否を争っている企業側の見解によれば（*Brentjens'*, paras.46-49; *Drijvende Bokken*, paras.36-39.）、問題となっているような年金基金を設立する労働協約は、カルテル禁止規定に反するという。

402) *Albany*, paras. 54-58; *Brentjens'*, paras. 51-55; *Drijvende Bokken*, paras. 41-45.

> 間の協約交渉の枠内でこうした目的のために締結された協約は、その性質および目的ゆえに、〔旧〕EC 条約 85 条 1 項〔現 EU 運営条約 101 条〕の適用範囲外にあるものとみなされなければならない」[403]。

　このように ECJ は、協約自治ないし団体交渉権の保障ということまでは踏み込まなかったものの、労働協約の「性質および目的」に鑑みて、競争法からの適用除外という一定の特権を付与したのである。こうした判示では、労働協約は必然的に競争法に抵触する（あるいはそうした潜在性を有する）から、労働協約がその社会政策的機能を発揮するためには競争法規定の適用に一定の制約がかかるべき、という根本的な認識があったといえる[404]。

---

403) *Albany*, paras. 59-60; *Brentjens'*, paras. 56-57; *Drijvende Bokken*, paras. 46-47. これらの判示は、後の ECJ 先決裁定、judgment of 21.9.2000, Case C-222/98 [van der Woude] ECLI:EU:C:2000:475, para. 22 において確認されている。
404) *Däubler*, AuR 2008, S. 409, 413 参照。現行法上、協約自治保障の観点から同様のことを指摘するものとして、ErfK/*Wißmann*, 18. Aufl., Vorb. zum AEUV Rn. 13 参照。

第 2 章
労働基本権と自由移動原則との相克

第1章でみたように、EU労働法の漸進的形成の背景には、共通／域内市場創設による「ソーシャル・ダンピング」への不安があった。実際、経済統合を推進すべきEU域内市場法は、各国労働法制との間で法的緊張関係をももたらすものであった。それでも、欧州司法裁判所（ECJ）は、労働法の独自性への一定の配慮を行ってきたといえる。特筆されるべきは、自由移動原則と同じく域内市場法に属するヨーロッパ競争法の適用に関しては、団結への一定の特権（労働協約の分野的例外扱い）が付与され、その限りでは域内市場法と労働法との衝突が避けられていたということである。

しかしこうした労働法への親和的な姿勢は、長くは続かなかった。すなわち、団結が今度は域内市場法の最も根幹的な原則である自由移動原則に対峙したことによって、ECJは認識を一変させたようである。あるいは、（競争法とは異なって極めてEU法あるいは経済統合過程独特なものである）自由移動原則という新たな自由との関係で、団結は全く新しい困難に直面した、といえるのかもしれない。このことを顕在化させたのが、ラヴァル・カルテットの最初の2つ、すなわち2007年12月に立て続けに下された、Viking事件先決裁定とLaval事件先決裁定であった。

誤解を恐れずにいえば、前者は企業の海外逃避事案であり、後者は国外からの低廉労働力流入事案である。そしていずれにおいても、法的に問題になったのは、労働組合がかかる「ソーシャル・ダンピング」的行動を阻止しようとしたところ、当該団体行動がEU法上の自由移動原則に反しないか、ということであった。

第1節　労働争議権と開業・サービス提供の自由

第1項　Viking 事件先決裁定[405]

Ⅰ．事案の概要

　本件は、イギリス国内裁判所により先決裁定付託が行われた事案であるが、舞台の中心はフィンランドとエストニアであった。国内訴訟における当事者は、原告がフィンランドのフェリー会社である Viking 社およびそのエストニア子会社である Viking Eesti 社、被告が、国際的な交通運輸労働組合の連盟である ITF（International Transport Workers' Federation——ロンドンに本拠所在）およびその傘下にあるフィンランド国内の船員労働組合 FSU であった。Viking 社側が求めたのは、ITF と FSU の団体行動の差止（injunction）であった。

　事件の発端は、まずフィンランドとエストニアの間で生じる。Viking 社は、フィンランドとエストニアの間の航路で自身の船舶（フィンランド船籍）、Rosella 号を運航していた。フィンランド国内法および労働協約によって、フィンランド船籍である限りはフィンランドで適用されるのと同じ賃金が船舶乗組員に支払われなければならなかった。そのような状況下、より低い賃金で同一航路を運航するエストニアの船舶との競争もあり、Rosella 号は継続的な赤字に陥っていた[406]。そこで Viking 社は、エストニアに子会社を設立したうえで、Rosella 号を当該エストニア子会社に譲渡することで当該船舶の船籍変更を、またその後のエストニア国内労働組合との新協約の締結を計画した（2003年10月——なお、当時はまだエストニアは EU 非加盟）。同社の意図は、当該船籍変更により、乗組員の労働関係を、より賃金水準の低いエストニアの基準に服させることであった。したがって Rosella 号乗組員からすると、それは労働条件

---

405) ECJ judgment of 11.12.2007, Case C-438/05 [*Viking*] ECLI:EU:C:2007:772.
406) この点については、本田雅子「EU における経済的自由と社会民主的権利の衝突——ヴァイキング事件、ECJ 先決裁定、モンティ規則を巡って——」大阪産業大学経済論集14巻2号（2013年）121頁、128頁も参照されたい。

の引き下げを意味するものと考えられた。

　このような会社の方針に対してはFSUが反発し、FSUはストライキ通達を行った。さらにその上部団体であり反便宜置籍政策を展開するITFによって[407]、傘下組合に対してViking社との交渉拒否の方針が発せられた。すなわち、協約交渉を担うべきは船主の経済的な本拠の存する国の労働組合であって、今回はそれがフィンランドの労働組合であると考えたのである。FSUは引き続き、仮に船籍変更が行われたとしても、乗組員の解雇を行わず、また、労働条件の変更が行われないようViking社に要求した（付託裁判所によれば、FSUはこうした要求がViking社の計画している船籍変更を無意味なものとすることに意識的であった）。こうした中で、Viking社は、船籍変更の計画を延期するなどしていた。

　しかし2004年5月1日をもってエストニアがEU加盟国になった後、Viking社はITFとFSUの行動が開業の自由（現EU運営条約49条）に反するとして、その行動の差止を求める訴えを、ITFの本拠所在地であるロンドンにおいて提起したのであった[408]。そこでEC条約43条（開業の自由、現EU運営条約49条）への違反が主張されたため、同条の解釈につき、欧州司法裁判所に先決裁定を求める付託が行われた。

　先決裁定付託事項は多岐にわたるが、欧州司法裁判所のまとめによれば、大きく3つのことが問われた[409]（①労働組合またはそのグループがある企業に対して行う団体行動が、当該企業に対して開業の自由の行使を妨げるような条件を含む労働協約を締結させようとするものである場合、当該団体行動は開業の自由規定の射程外にあるものと解されなければならないか——②開業の自由規定は、私企業に、労働組合またはその連合体に対して主張できるような権利を与えるものか——③国内訴訟で問題となっている団体行動は開業の自由規定における意味での制限であるか、また、もしそうであるならば、いかなる範囲でそのような制限は正当化されるか）。

407）ITFが長期にわたり強く反便宜置籍政策を展開してきたことについて、概要は、*Däubler*, AuR 2008, S.409, 409を参照されたい。

408）ここでの船籍変更の阻害は、開業の自由の阻害とみなされる。というのも、たしかにそれによりViking社のエストニアでの子会社設立それ自体が阻害されているわけではないが、当該子会社の経済活動は、Rosella号の使用を前提としているため、それを阻害するような行為は同社の開業の自由の阻害であるという（*Bayreuther*, EuZA 2008, S. 395, 398 f.参照）。

409）*Viking*, paras.32, 56, 67参照。

Ⅱ. 判旨

1. 開業の自由規定の私人間効力

順番はやや前後するが、まず2つ目の付託事項、すなわち開業の自由規定の、私企業と労働組合との間での私人間効力の問題についての判示をみてみよう。

> 先例から明らかなのは、「国家による障壁の撤廃を行っても、それが、公法に規律されない団体もしくは組織によるその法的自治の行使によってもたらされる障害によって無効化されうるのであれば、加盟国間における人の移動の自由およびサービス提供の自由に対する障壁の撤廃は、危険にさらされるであろうことである」。〔Para.57.〕
>
> 「さらに、当裁判所は既に、以下のように判示してきた。すなわち、基本条約上の特定の規定が形式的には加盟国を名宛人としているという事実は、そのように定められる義務の遵守に利益を有する全ての私人に対して、同時に権利が与えられることを妨げるものではなく、また、強行的な性格をもって基本条約の規定上定められる基本的自由の侵害禁止が、特に非独立的な就業を集団的に規整しようとする全ての協定に適用されることを妨げるものではない」。〔Para.58.〕
>
> 「このような考慮は、EC条約43条〔現EU運営条約49条〕にも妥当しなければならない」。〔Para.59.〕
>
> 本件で労働組合により行われた「団体行動は、協定の締結を目指したものであり、当該協定はViking社の被用者の労働を集団的に規律しようというものである」。また、本件の労働組合は「公法上の組織ではないが、特に国内法により与えられた法的自治を行使するものである」。〔Para.60.〕
>
> よって、現EU運営条約49条は、「本訴におけるような状況下においては、私企業によって労働組合もしくは労働組合の連合体に対して主張されうるものと解されなければならない」。〔Para.61.〕
>
> また先例上、本判決para.57の解釈が、「規整作用を発揮しまたは準立法的権限（quasi-legislative power / quasilegislative Befugnis）を有する連合体または団体にのみ適用されるという」ことを示すものはない。「その上、労働組合は、

使用者または職業身分的団体と労働者の労働条件および報酬について交渉するという、団結の自由に基づいて存するその自治権限を行使することによって、非独立的労働を集団的に規整することを目的とする協定の形成に関与するものである、ということが指摘されなければならない」。〔Paras. 64-65.〕

このようにして、労働者・サービスの自由移動に関して肯定されてきた私人間効力が（第1章第3節第1項Ⅱの2）、開業の自由の文脈で、労働組合に対しても認められたのである。

2. 分野的例外の有無

さてこのように労働組合に対して開業の自由規定が適用されうるとしても、団結というのは、加盟国が社会政策統合に際して、あるいは欧州司法裁判所がヨーロッパ競争法との関係で、慎重に避けてきたテーマであったことが想起されるべきである。

(i) 加盟国に残された「聖域」か

まず、現EU運営条約でいえば153条5項が、賃金・団結権・スト権・ロックアウト権に関しては連合の（少なくとも同条での立法）権限を排除していることが問題となる。こうした権限排除規定ゆえに、そもそもEU法による団結権保障自体が認められるかのレベルで、問題があった（この点については、すぐ後述の(ⅱ)）。ECJは以下のように判示している。

「この点については、次のことを指摘することで足りる。すなわち、共同体の権限範囲外である領域において、たとえいまだ加盟国が、問題となっている権利の存在および行使を規律する条件を規定する自由を原則的に有していたとしても、しかしながら当該権限を行使するにあたって加盟国は、共同体法を遵守しなければならない」。〔Para.40.〕

「結果として、EC条約137条〔現EU運営条約153条〕がスト権にもロックアウト権にも適用されないという事実は、本件で問題となっているような団体行動をEC条約43条〔開業の自由、現EU運営条約49条〕の適用範囲から除

外しうるものではない」。〔Para.41.〕

(ⅱ) 基本権としての特別の保護はあるか

また、オランダおよびスウェーデン政府から、スト権を含む団体行動権が開業の自由規定の適用範囲外に置かれるべき基本権であるとの見解が提出されていたところ、ECJ は、かかる見解に反論する過程において、次のようにも判示している。[410]

> 「この点に関しては、以下のことが想起されなければならない。すなわち、スト権を含め団体行動権は、……加盟国が関与または参加した様々な国際的法的文書（instrument / Rechtsakte）において、また、……加盟国が共同体レベルでまたは欧州連合の枠組みの中で作り出した法的文書の双方において、承認されているものである」。前者には、1961 年 10 月 18 日の欧州社会憲章——さらにいえばこれは、EC 設立条約 136 条〔現 EU 運営条約 151 条〕において明示的に言及されている——や、1947 年 7 月 9 日の結社の自由および団結権の保護に関する ILO87 号条約のようなものがある。後者には、——同じく EC 設立条約 136 条〔現 EU 運営条約 151 条〕において言及されている——1989 年 12 月 9 日の労働者の社会的基本権に関する共同体憲章や、2000 年 12 月 7 日の EU 基本権憲章のようなものがある。〔Para.43.〕
>
> 「したがって、スト権を含む団体行動権は、共同体法上の一般原則の不可欠な部分を形成する基本権であると認められなければならないものであり、その遵守は裁判所により保障される。しかしながらそれでも、当該権利の行使は一定の制約に服しうる」。〔Para. 44.〕
>
> 「当裁判所は既に、物品の自由移動……またはサービス提供の自由……のような基本条約上保障される基本的自由の下においても、基本権の保護は、共同体法によって課されている義務の制限を原則的に正当化する、正当な利益であることを判示してきた」。しかしながら、そうした判示の行われた事件では、問題となった「基本権の行使は、基本条約上の規定の適用範囲外にあるものではなく、基本条約の下で保護される諸権利に関する要求と調和的なものであり、かつ、

---

410) *Viking*, paras.42-47.

比例相当性原則に従わなければならない」ことも判示された。〔Paras. 45-46.〕
　「以上のことから、団体行動権が基本権としての性質を有するということは、本訴で問題となっている団体行動に対する〔現 EU 運営条約 49 条〕の不適用を導くものではない、ということになる」。〔Para. 47.〕

　基本権であるからといって自由移動原則の適用を免れるわけではないことそれ自体は、先例からしても致し方ない成り行きであったともいえる。むしろこの点の判示で一見して画期的に思えるのは、当時まだ明文かつ拘束力のある規定による争議権保障がなかったところ、関連する「法的文書」を手掛かりにして、「スト権を含む団体行動権」が、「共同体法上の一般原則の不可欠な部分を形成する基本権」として承認されたことである。EU 運営条約 153 条 5 項のような権限排除ゆえに、そもそも EU 法上での団結権保障が可能かの段階で争いがあったことに鑑みれば、一見して——後述のとおり実質的にはリップ・サービス程度の意味しか持たなかったが——、労働者の社会的基本権保障を前進させたもののようにもみえる。

(iii)　Albany 事件先決裁定の応用はあるか
　争議権を基本権として承認したことでますます問題になるのは、この団結特有の基本権に対しての考慮が生じないか、ということである。すなわち、本件で FSU と ITF は、ヨーロッパ競争法との関係で行われた適用除外、すなわち Albany 事件の法理が（第 1 章第 3 節第 2 項Ⅱ）、本件のような団体行動についても適用されるべきと主張したのである。Albany 事件では、協約自治ないし団体交渉権というのが基本権として認められなかったが、それでも適用除外が行われた。今度は基本権行使として認められた団体行動（争議）について、自由移動原則との関係でどのような判断が下されるかは、本来非常に興味深い問

411）なお後述するように、現在は、第一次法となった EU 基本権憲章 28 条にスト権を含む団体行動権が明文で保障されている。
412）さしあたり、*Fuchs/Marhold*, EuArbR, 4. Aufl., S. 456 f. 参照。もっとも、Viking 事件先決裁定以前の ECJ 判例に既に団結権保障の動きをみるものとして、*Bayreuther*, EuZA 2008, S.395, 399 (i.V.m. Fn. 13) ; Opinion of AG Jacobs, Case C-67/96 [*Albany*], Joined Cases C-115 to 117/97 [*Brentjens'*] and Case C-219/97 [*Drijvende Bokken*], delivered on 28.1.1999, ECR (1999) I-5754, para.139 参照。

題である。しかしECJの回答は非常にあっさりしたものであった。

> 　Albany事件先決裁定におけるような適用除外は、「基本的自由の文脈においては適用されえない」。〔Para.51.〕
> 　「労働組合の権利（trade union rights / Koalitionsfreiheit）の行使それ自体や団体行動権の行使によって、これらの基本的自由への一定の阻害が必然的に伴うとはいえない」。〔Para.52.〕
> 　「加えて、ある協定や活動が基本条約上の競争法規定の適用範囲から除外されるという事実は、当該協定や活動が人またはサービスの自由移動についての条約規定の適用範囲からも除外されるということを、自動的に導くものではない。何故なら、これらの諸規定は、それぞれ独自の適用要件に従うものだからである」。〔Para.53.〕
> 　「最後に想起されるべきは、当裁判所は既に、労働協約の条項が人の自由移動に関する条約規定の適用範囲から除外されないことを判示してきたということである（Case C-15/96 Schöning-Kougebetopoulou [1998] ECR I-47; Case C-35/97 Commission v France [1998] ECR I-5325; Case C-400/02 Merida [2004] ECR I-8471)」。〔Para.54.〕

3. 争議権と開業の自由の調整枠組み

　ともあれ、このようにECJが衝突の理論的な回避を拒否したため、問題は、争議権と開業の自由とが衝突する場合の、その調整ということになる。ここで事前に確認されておくべきことは、法の一般原則というロジックを用いて基本権として認められた争議権と、基本条約上に定められる開業の自由は、EU法上の規範の序列としては同位にあるはずということである（序論Ⅱの1参照）。序列上同等の権利同士の衝突は、Viking事件先決裁定においてはどのように解決されるべきとされたのであろうか。
　この点ECJは、国内裁判所からの多岐にわたる付託事項をまとめて、次のように判示している。

> 　「国内裁判所が根本的に問うているのは、本件で問題となっている団体行動が

EC条約43条［現EU運営条約49条──開業の自由］にいう制限を意味するか、そしてもしそうであるとすれば、どの範囲においてそのような制限を正当化しうるか、ということである」。〔Para.67.〕

そして団体行動の制限性について検討したうえで[413]、次のように判示している。

「開業の自由への制限は、それが基本条約と調和的な正当目的を追求するものであり、かつ、公益上の強行的理由によって正当化される場合に限り、容認されうるものである。しかし、それが当てはまる場合であっても、当該制限は追求される目的の達成を確たるものとするために適切なものであって、かつ、その達成のために必要なものを超えてはならない」。〔Para.75.〕

したがって、ここではいわゆる自由移動原則の市場参入制限禁止アプローチの枠組み（第1章第3節第1項Ⅱの1(ii)参照）が用いられたことが明らかになる。

4. 具体的判断について

それでは、このアプローチのもとでの具体的判断（制限性、正当化事由、比例相当性審査）については、どのような判示が行われたであろうか。

まずFSUおよびITFの団体行動の制限性について、ECJは次のように述べている。

「本件においてまず争う余地のないことは、以下のことである。すなわち、国内裁判所が指摘するように、FSUが計画していたような団体行動は、Viking社とその子会社Viking Eesti社にとって、受入れ国に所在する他の経済事業者（economic operator / Wirtschaftsteilnehmer）との平等取扱いを妨げるものであって、Viking社の開業の自由の権利行使をより魅力的でなくするもの、あるいは無意味にすらするものであるということである」。〔Para.72.〕
「第二に、ITFによる反便宜置籍船政策は、ITFの見解から明らかなように、船舶所有者が船舶の受益権所有者の所属国ではない他の国で船籍登録を行うこ

---

413) *Viking*, paras.68-74 参照。

とを妨げることにその第一義的目的を有すものであるが、当該政策を実行するために行われた団体行動は、少なくとも Viking 社の開業の自由の権利行使を制限しうるものと考えられなければならない」。〔Para.73.〕

「したがって、本訴において問題となっているような団体行動は、〔現 EU 運営条約 49 条〕にいう開業の自由への制限である、ということになる」。〔Para.74.〕

このように簡単に本件での団体行動に制限性を認めた ECJ は、そのことを前提として、その正当性については以下のように判示する。

「ITF は、……共同体法上承認されている基本権を保護するために必要であり、また、その目的が公益上の強行的な理由を構成するところの労働者の権利保護であるがゆえに、……問題となっている制限は正当化されると主張する」。〔para.76.〕

「労働者保護のための団体行動権は、原則的に、基本条約上保障されている基本的自由への制限を正当化する利益であり……、労働者保護は、当裁判所により認められた公益上の強行的理由の1つである」。〔Para.77.〕

そして、具体的な判断は国内裁判所に委ねられた[414]。しかしそこでは、「団体行動が追及した目的が労働者保護に関するものであったか」が確認されるべきとされ、さらに、次のような念押しも行われている。

「FSU のとった団体行動に関しては、たとえ当該行動が――Rosella 号の船籍変更によって悪影響を受けそうな当該組合の構成員の職と雇用条件を守ることを目的としており――、一見したところでは労働者保護という目的のもとにあると考えることが合理的であっても、問題となっている職と雇用条件が危険にさらされまたは重大な脅威にさらされているわけではないことが証明された場合、そのような評価はもはや妥当しない」。〔Para. 81.〕

また、国内裁判所がこの点で問題なしと判断した場合でも、次に比例相当性

---

414) *Viking*, para.80.

の審査をすべしとされた。そしてこの点でも、国内裁判所に対して次のような念押しを行っている。

> 「追及されていた目的の達成に必要なものを超えていなかったかどうかという点についていえば、国内裁判所には、とりわけ次のことを審査する責務がある。すなわち、一方で、〔本件で問題となっている団体〕行動に適用される国内法規定および労働協約法のもとで、Viking 社との団体交渉に良い結果をもたらすために FSU が利用可能であって、開業の自由に対してより制限的でない他の手段がなかったか、また他方で、当該労働組合が、そのような行動を開始する前にそれらの手段を利用し尽くしたかどうか、ということである」。〔Para.87.〕

第 2 項　Laval 事件先決裁定[416]

Ⅰ．事案の概要

本件もまた先決裁定付託事案であるが、舞台はスウェーデンに移る。スウェーデン国内訴訟における原告はラトビアの建設会社である Laval 社で、被告はスウェーデン国内の 3 つの労働組合（建設業労組、その地域支部組合、電気工組合）であった。

Laval 社は、2004 年 5 月から、自社のスウェーデンにおける 100％子会社である Baltic 社のスウェーデン国内の学校建設の現場において、自身の労働者を配置して就労させていた。

ここでスウェーデン独特の事情を補足しておく必要があろう。スウェーデンには、法律上の最低賃金規制がなく、その代わりとなりうる協約の一般的拘束力制度もなかった。それで国内的に異常に低い賃金がまかりとおっていたかといえば、むしろ逆であった。というのも、スウェーデンは労働組合が非常に強い力を維持している国だからである。1 つの指標としていえば、本件で登場している建設業組合は、同産業の 87％もの労働者を組織していた。このような

---

415) *Viking*, para.84.
416) ECJ judgment of 18.12.2007, Case C-341/05 [*Laval*] ECLI:EU:C:2007:809.

事情もあり、同国内では国家の助力がなくとも広く（一般的拘束力の与えられていない）労働協約によって労働条件が決せられていた。[417]

しかし、Laval 社がラトビアからスウェーデンに送り込んだ労働者は、スウェーデン国内の建設業組合や他業種組合に組織されていたわけではない。むしろ、そのうち約 65％は、ラトビアの労働組合の組合員であった。それで同社は、それらの労働者を、スウェーデンに比べて低いはずのラトビアの賃金水準で働かせうるものであった。[418]

そのような中、Laval 社によるラトビアの労働者のスウェーデンへの配置から 1 か月後の 2004 年 6 月、本件の建設業組合の要求に応じて、Laval 社および Baltic 社と同組合との間で団体交渉が開始された。建設業組合が求めたのは、Laval 社が、既存のスウェーデン国内協約（本件建設業協約）を締結すること、および、配置労働者が時給およそ 16 ユーロの賃金を受け取ることを保障することであった。その後、まずは本件建設業協約のみを締結することが求められたが、それによれば、Laval 社は労組と保険会社に一定の金銭支払い義務を負い、また、当該協約締結後に労組との具体的賃額の交渉を義務付けられる。

なおここでさらに補足説明をしておくと、スウェーデンでは、このように未組織労働者の労働条件に関して産別労組が使用者に対して協約締結を求め、実質的に 100％近い協約拘束率を確保しており、また、そのために行われる争議も広く適法とされる、といわれている。[419]

結局この団体交渉が不調に終わり、建設業組合が争議行為に入る。具体的には、2004 年 11 月 2 日より、建設現場でピケがはられ、物資やラトビア人労働者、車両の進入が阻止される。さらにその後 12 月 3 日には、同じくスウェーデン国内労組である電気工組合による同情争議が開始され、同産業からの Laval 社へのサービスが滞った。

このような状況下、2004 年 12 月 7 日、Laval 社は、以上の一連の団体行動

---

417) また後述のように、未組織労働者についても協約拘束を及ぼせることも重要である。
418) 両国の間の所得格差について、本田雅子「EU 拡大と労働移動―第 5 次拡大におけるスウェーデンとラトビアのケース―」大阪産業大学経済論集 11 巻 1 号（2009 年）97、98～100 頁参照。
419) M. Rönnmar, *CYELS*, Vol. 10, 2008, p. 493, at 500-501、両角道代「変容する『スウェーデン・モデル』？―スウェーデンにおける EC 指令の国内法化と労働法」日本労働研究雑誌 590 号（2009 年）46、48 頁参照。

の違法宣言、差止め、および損害賠償支払いを求めて、スウェーデンで訴訟を起こした。そして当該国内訴訟において、EC条約49条（サービス提供の自由、現EU運営条約56条）が本件での団体行動を禁止するものか等[420]が問題となったため、ECJに対して先決裁定を求める付託が行われたのである。

なお、2004年のクリスマスには、ラトビアの労働者は帰国し、その後問題となっている建設現場に戻ってくることはなかった。国内訴訟の提起後には別組合による同情争議も行われ、Laval社はスウェーデン国内で事業を行うことができなくなっている。2005年3月24日には、そのスウェーデン子会社（Baltic社）は倒産している。

II．判旨

1．〔改正前〕越境的配置労働者指令（PWD）について

実は、Laval事件先決裁定においてECJは、〔改正前〕越境的配置労働者指令（PWD）というこれ自体は特別な抵触法ルールを定める第二次法についての解釈に多くの分量を割いている[421]。同指令の解釈自体検討に値するものであるが、これについては、同指令が本来特別な抵触法ルールを定めるものであることに鑑みて、後に詳述する（第3章第2節および第3節）。本章では、必要最低限のことのみ確認しておきたい。

同指令は、本件のような事例について、特別な抵触法規律を設けるものである。指令の主たる関心は、越境的かつ一時的な労働者の配置に対して、配置先

---

420) 争議行為の越境的配置労働者指令および団体行動の国籍差別の禁止（現EU運営条約18条）違反も問われたし（ただし、Laval, paras.54-55参照）、スウェーデン法自体のEU法適合性も問われている（第2付託事項）。付託事項については、Laval, para.40参照。

　第2付託事項は、スウェーデンで'Lex Britannia'と呼ばれる法律規定が、サービス提供の自由および越境的配置労働者指令によって禁止されている国籍差別にあたるのではないか、ということが問題となった。同規定によれば、要するに、外国の労働協約についてのみ、既に締結されている協約があっても平和義務が課されない結果となった。このような規定の目的は、労働組合をしてスウェーデンで通常妥当する労働条件での協約締結を可能にし、それにより「ソーシャル・ダンピング」および不公正競争を防ぐことにあったのであり、Laval事件における封鎖措置は、まさにそうした規定にそったものであった（M. Rönnmar, *CYELS*, Vol. 10, 2008, p.493, at 504参照）。このような国内法規定の差別的な要素についてECJが違法評価をしたことは、驚くに値しないし、妥当な解決策がありうる（ibid., at 519-520参照）。

421) Laval, paras.58-85.

国法がどの程度適用されるべきか、あるいはされうるかということにあった。具体的には、このような労働者配置に対しては、指令上明記されている範囲の配置先国法が、準拠法如何にかかわりなく適用されなければならない（3条1項）。こうした義務的適用の範囲は、法源の存在形式や（法源が一般的拘束力のある労働協約または仲裁裁定であった場合に）対象産業、そして規律事項によって画されている。規律事項としては、労働時間の上限や最低賃金など重要な労働条件が列挙されている。

ところでこの義務的な適用が生じる法源には、法律・規則・行政規定に加えて、――上記のとおりこの義務的適用の点では対象産業に限定があるが――一般的拘束力を与えられた労働協約と仲裁裁定がある。そこでスウェーデンで問題になるのは、前記のとおり法律上の最低賃金規制がなく、その代わりとなりうるいわゆる協約の一般的拘束力制度も無いことから、ラトビア人労働者について、少なくとも絶対的に適用されなければならないものとしては、スウェーデン法上の賃金規制が見当たらないことである。スウェーデン国内労組が行った行動というのは、指令に求められている範囲を超えて、したがってその意味では上乗せ的に、ラトビア人労働者についての賃金規整を獲得しようというものであったといえる。

問題とされたのは、――指令自体は水平的直接効を有するものとは解されていないが――同指令の観点からいって、このような上乗せ的な規整（を争議行為によって獲得しようとすること）が許容されるかどうかということであった。指令自体は上記のように一定の法源を適用しなければならない義務を定めているものであって、それを超える法源の適用を排除するものかは明らかでなかったからである。

この点 Laval 事件において ECJ は、同指令が適用される越境的かつ一時的な労働者配置に対しては、原則的に同指令3条1項に掲げられている労働法規範のみを適用しなければならない、という解釈を明らかにした[422]。したがって、同指令は配置先国法適用の上限としても働くことになる。

このような指令の解釈自体検討に値するものであるが、本章では、上記のような必要最低限のことの確認のみで足りる。というのも、後に確認するように

---

[422] *Laval*, paras.80-81.

（後述5）、本件で同指令が有した意味というのは、あくまでサービス提供の自由の解釈基準としてのものであり、本件団体行動のEU法への違反有無は、一義的には専らサービス提供の自由移動規定により判断されたからである。開業の自由かサービス提供の自由かという違いはあるものの、Laval事件で問われたのも労組の争議行為が自由移動原則に違反するかどうかであった点で、Viking事件と共通するのである。[423]

したがって以下では、この観点からLaval事件先決裁定の判旨をみていこう。なお、Laval事件先決裁定の判断枠組みはViking事件と非常に類似しており、そこでの（大きく分けて）3つの付託事項に対応した判示が行われている。Laval事件にそくしてそれをまとめなおせば、①団体行動がサービスの自由移動規定（現EU運営条約56条）の射程外にあるものと解されなければならないか、②サービスの自由移動規定は、私企業に、労働組合に対して主張できるような権利を与えるものか、③国内訴訟で問題となっている団体行動はサービスの自由移動規定における意味での制限であるか、また、もしそうであるならば、いかなる範囲でそのような制限は正当化されるか、ということである。

2. サービス提供の自由の私人間効力

Viking事件のときと同じくここでも順番を前後させるが、まずは上記②、すなわちサービス提供の自由の私企業と労働組合との間での私人間効力の問題についての判示をみてみよう。

> 現EU運営条約56条は、「加盟国の法秩序内で……直接的に適用されうるものであり、個人に権利を与えるもの」である。「個人は当該権利を裁判上主張することができ、国内裁判所は当該権利を保護しなければならない」。〔Para. 97.〕
>
> さらに、現EU運営条約56条「の遵守は、ある規定が性質上公的なものでなかったとしても、サービス提供を集団的に規整しようとするものである場合には、当該規定にも求められる。国家的障壁の撤廃が、公法に規律されない団体もしくは組織によるその法的自治の行使によってもたらされる障害によって無効化

---

423) このことは、Laval事件先決裁定のpara.86以降の判断の見出しにも表れている（「EC条約49条〔現EU運営条約56条〕の観点からの本件団体行動の評価」）。

されうるのであれば、加盟国間における人の移動の自由およびサービス提供の自由に対する障害の撤廃は、危険にさらされるであろう」。〔Para. 98.〕

このように、私人間効力についての Laval 事件先決裁定の判示は、Viking 事件のときと比べると非常に簡易である。このことは、サービス提供の自由に関しては、私人であっても「集団的規整」を行う者に対しては効力が及ぶとしてきた先例の存在があろう（第1章第3節第1項Ⅱの2）。

両先決裁定に共通するのは、こうした先例の基準を利用して、労働協約による労働条件規整を自由移動原則に服せしめ、また、かかる規整が労組によって団体行動でもって追究される場合には当該団体行動にも自由移動原則の遵守を求める、というロジックである。

3．分野的例外の有無

また、分野的例外があるか、すなわち争議について EU 法の適用があるかどうかという点でも、Laval 事件先決裁定の判示は Viking 事件のそれに（競争法不適用に関する Albany 事件の判示の応用有無の点が抜けていることを除き）ほとんど一致する。

(i) まず、現在でいえば EU 運営条約 153 条 5 項がスト権やロックアウト権について権限排除を規定していることに関連しては、次のように判示する。

「この点については、次のことを指摘することで足りる。すなわち、共同体が権限を有していない領域において、加盟国に問題となっている権利の存在および行使を規律する条件を規定する自由が原則的に残るとしても、しかしながら加盟国は、共同体法を遵守しつつ当該権利を行使しなければならない」。〔Para. 87.〕

「結果として、EC 条約 137 条〔現 EU 運営条約 153 条〕がスト権にもロックアウト権にも適用されないという事実は、本件で問題となっているような団体行動をサービス提供の自由の領域から除外しうるものではない」。〔Para. 88.〕

(ii) そしてここでもオランダとスウェーデン政府の主張、すなわち、団体行動

権はサービスの自由移動規定の適用範囲外に置かれるべき基本権であるとの見解に反論する過程において、次のように判示した。[424]

> 「この点に関しては、以下のことが想起されなければならない。すなわち、スト権を含め団体行動権は、……加盟国が関与または参加した様々な国際的法的文書（instrument／Rechtsakte）において、また、……加盟国が共同体レベルでまたは欧州連合の枠組みの中で作り出した法的文書の双方において、承認されているものである」。前者には、1961 年 10 月 18 日の欧州社会憲章──さらにいえばこれは、EC 設立条約 136 条〔現 EU 運営条約 151 条〕において明示的に言及されている──や、1947 年 7 月 9 日の結社の自由および団結権の保護に関する ILO87 号条約のようなものがある。後者には、──同じく EC 設立条約 136 条〔現 EU 運営条約 151 条〕において言及されている──1989 年 12 月 9 日の労働者の社会的基本権に関する共同体憲章や、2000 年 12 月 7 日の欧州連合基本権憲章のようなものがある。〔Para. 90〕
>
> 「したがって、スト権を含む団体行動権は、共同体法上の一般原則の不可欠な部分を形成する基本権であると認められなければならないものであり、その遵守は裁判所により保障される。しかしながらそれでも、当該権利の行使は一定の制約に服しうる」。〔Para. 91〕
>
> 「当裁判所は既に、物品の自由移動……またはサービス提供の自由……のような基本条約上保障される基本的自由の下においても、基本権の保護は、共同体法によって課されている義務の制限を原則的に正当化する、正当な利益であることを判示してきた」。しかしながら、そうした判示の行われた事件では、問題となった「基本権の行使は、基本条約上の規定の適用範囲外にあるものではなく、基本条約の下で保護される諸権利に関する要求と調和的なものであり、かつ、比例相当性原則に従わなければならない」ことも判示された。〔Paras. 93-94〕
>
> 「以上のことから、団体行動権が基本権としての性質を有するということは、他の加盟国に所在し、国境を越えるサービス提供という形で労働者を配置する企業に対して行われる、そのような行為に対して、共同体法を不適用とするものではない、ということになる」。〔Para. 95〕

---

424) Laval, paras.89-95.

4. 争議権とサービス提供の自由の調整枠組み

このようにして争議権を共同体法上承認した後すぐ、規範の序列上同位に立つはずのそれとサービス提供の自由との衝突の調整枠組みとして、次のような判示を行っている。

> 「したがって、ある加盟国の労働組合が説明してきたような状況下で団体行動を行いうることが、サービス提供の自由への制限を意味するか、そしてもしそうであるとすれば、それは正当化されうるか、ということが検討されねばならない」。〔Para. 96.〕

そして Viking 事件先決裁定に対応するように、次のようにも判示している。

> 共同体の基本原則の1つであるサービス提供の自由への制限が可能なのは、「当該制限が基本条約と調和的な正当目的を追求するものであり、かつ、公益上の強行的な理由によって正当化されるものである場合のみであり、また、それがあてはまる場合であっても、当該制限は追求される目的の達成を確たるものとするために適切なものであり、かつ、その達成のために必要なものを超えないものでなければならない」。〔Para. 101.〕

したがってここでも、——しかし今度は Viking 事件のときとは異なって、付託事項をまとめるという受動的な形ではなく——いわゆる自由移動原則の市場参入制限禁止アプローチの枠組みが用いられたことが明らかになる。

5. 具体的判断

Laval 事件先決裁定が Viking 事件先決裁定と大きく異なる点の1つは、具体的判断を ECJ が実際に行い、しかも本件で問題となっている争議行為を EU 法違反と明確に認定したことである。こうした判断には、先に若干言及した越境的配置労働者指令が（サービス提供の自由規定の解釈基準として）用いられた。

(i) まず労組の争議行為の制限性については、次のように判示している。

> 「本件においては、ある加盟国の労働組合による団体行動によって、他の加盟国に所在する企業が、本件建設業協約に署名することを強いられうるのであり、同協約上のいくつかの規定は、立法規定を超え、越境的配置労働者指令……において言及される事項に関して〔労働者にとって〕より有利な労働条件を設定するものであり、また、他の規定は同指令に言及されていない事項に関するものであるところ、労働組合の団体行動を行う権利は、当該企業がスウェーデンで建設業務を遂行することを、より魅力的でなくし、またはより困難にするものであり、したがって、EC条約49条〔現EU運営条約56条〕にいうサービス提供の自由に対する制限となるものである」。〔Para. 99.〕
>
> 「このことは、その配置労働者に支払われるべき最低賃金額を明らかにするために、これらの企業が、……団体行動によって労働組合との期間の特定のない交渉を強いられうるという状況には、なおさらあてはまる。」〔Para. 100.〕

　ここで特徴的なのは、まず制限性について、越境的配置労働者指令を判断基準としていると思われることである。越境的かつ一時的な労働者の配置に関して行われる争議行為は、それによって締結を目指す協約が、配置先国内労働法規範が適用できる上限として理解された同指令を超えた要求となる場合、制限とみなされるということになる。

(ⅱ)　その後、制限とみなされた争議行為の正当化可能性については、まず次のように判示する。

> 「受入国の労働者を、起こりうるソーシャル・ダンピングから保護するための団体行動の権利は、当裁判所の判例でいわれるところの公益上の強行的な理由を構成しえ、原則的に、基本条約上保障される基本的自由……への制限を正当化するものである」。〔Para. 103.〕

　かかる判示を行うにあたって、ECJは既に紹介したArblade、Mazzoleni、Finalarte事件の各先決裁定（第1章第3節第2項Ⅰ）を援用している。よってここでは、広くいえばやはり「労働者保護」が正当化事由として認められたも

のといえる。そしてまた ECJ は、本件のような、配置労働者の労働条件を一定の水準のものとしようとして行われた労組による封鎖措置が、「労働者保護」という目的に含まれるということも判示した。[425]

しかし続けて ECJ は、次のように判示した。

> 「しかしながら、本件で……団体行動によって労働組合が他の加盟国に所在する企業に対して課そうとした」、労働組合や保険会社への金銭支払い義務といった「本件建設業協約の……特定の義務に関していえば、当該団体行動により形成される障壁は……正当化できない」。本件建設業協約のいくつかの規定が越境的配置労働者指令の枠内に収まらないことに加え、同「指令によって達成された調整の結果として、……配置労働者に関しては、その使用者は受入れ国における最低限の保護のための強行規定の中核を遵守することが求められているのである」。〔Para. 108.〕
>
> 本件で組合が他の加盟国の企業に求めた賃金に関する交渉に関していえば、EU 法上、受入れ国の最賃規整の遵守を求めることは禁じられていない。しかし、団体行動によって当該企業に求められた「賃金交渉は、当該企業にとって遵守すべき最賃……を確定することが不可能または著しく困難にならない程度に十分に精密 (precise / genau) かつアクセスが容易な (accessible / zugänglich) 規定が全くないという特徴を有する国内事情の一環であるので、本件で問題となったような団体行動は……公益上の目的に照らして正当化されうるものではない」。〔Paras. 109-110.〕
>
> 「以上に照らせば、……越境的配置労働者指令に言及される事項に関する労働条件については立法規定があるが最賃額に関しては立法規定がない加盟国の労働組合が、本件で問題となったような……団体行動でもって他の加盟国に所在する企業に、配置労働者の賃金額に関する自身との交渉を行うこと強制し、また、」越境的配置労働者指令の枠内に収まらない労働条件を定める労働協約の締結を強制することは、現 EU 運営条約 56 条および越境的配置労働者指令によって禁止されるものと解されなければならない。〔Para. 111.〕

---

425) *Laval*, para.107.

このように、制限性を認定するにあたって言及された〔改正前〕越境的配置労働者指令（PWD）が、当該制限の正当化可能性の判断において再び登場し、大きな役割を果たすことになる。これは、同指令がサービス提供の自由を具体化するものとして扱われていると解すことができるが[426]、詳細はやはり第3章において扱うこととしたい。

以上の判示については解釈の余地があるものの[427]、要するにECJは、本件での争議行為が越境的配置労働者指令の項目と方式に従っていないことを問題としたのである。ある協約締結を求める争議行為は、それが越境的かつ一時的な労働者配置を行う企業に対するものである場合、同指令の範囲内の特定の労働条件に関するものでなければならず、また、同指令によれば適用が許容される立法上の最賃あるいは一般的拘束力を宣言された労働協約がないからといって、その代わりに賃金交渉を求める団体行動を行うことも正当化されない、ということである。

なお後者の点については、本先決裁定はあくまで「十分に精密かつアクセスが容易な規定」の不存在を問題としているのであって、必ずしも越境的配置労働者指令の方式にそわないことを問題としているわけではなく、そうしたいわば透明性が存在する協約要求であれば争議行為も可能、と解せるかもしれない[428]。しかしよく読んでみれば、ここでは、そうした規定を欠く「国内事情」が、すなわち、（指令に定められる方式である）法律によっても一般的拘束力を有する協約によっても最賃が規律されていないというスウェーデンの法制度のあり方が、本件の争議行為を「正当化できない」理由として挙げられている。越境的配置労働者指令を上限としても理解するECJの解釈に照らせば、やはり本件先決裁定が意味するところは、指令に従った方式で最賃規整を国内で整備し、

---

426) C. Barnard, *CYELS*, Vol. 10, 2008, p. 463, at 477-478; S. Deakin, *CYELS*, Vol. 10, 2008, p. 581, at 595-596 参照。

427) *Laval*, paras. 108-110 の判示の不明確性を指摘するものとして、C. Barnard, in: M. Rönnmar (ed.), *EU Industrial Relations v. National Industrial Relations*, The Netherlands 2008, p. 137, at 151 参照。

428) Laval事件先決裁定を前提としても、少なくとも、最低賃金および強行規定の中核が十分に特定されている協約を要求するのであれば、争議行為は可能なはずとの指摘もあるようである（M. Rönnmar, *CYELS*, Vol. 10, 2008, p.493, at 521）。

それを適用せよということであろう。[429]

第3項　検討

　以上のように、Viking事件およびLaval事件におけるECJ先決裁定では、ときに「ソーシャル・ダンピング」と批判されるような企業の行動を労働組合が争議行為によって阻止しようとしたところ、かかる争議行為に対してEU法上の制約があることを明らかにされた。換言すれば、ECJは、EU法上の国際的経済活動の自由（自由移動原則）をもって、企業の「ソーシャル・ダンピング」的行動を法的に保障したのであり、Laval事件に至っては、結論としても明確に自由移動保障を争議権よりも優先したのである。これは、集団法の中心的領域を「聖域」として統合の影響を避けようとしていた加盟国にとっては（第1章第2節第2項Ⅲの3）、喜んで受け入れられるものではなかったであろう。

　加えてLaval事件先決裁定においては、各国の多様性、とりわけスウェーデン型の労使自治モデルへの配慮が希薄である。そもそも仮に立法あるいは一般的拘束力を付された労働協約として最賃規定が存すれば、争議行為を行うまでもなく、指令に基づいてそれを強行的に適用すればよい。そうした国家的な関与を伴う方式を排除して、労使の自治的な賃金交渉に委ねてきたのがスウェーデンのモデルだったのではないだろうか。[430]

　しかしViking、Laval両先決裁定について注目すべきは、特定の国の労使自治モデルへの配慮の希薄さだけではなくて、より根本的ないし普遍的な問題、すなわち、自由移動原則と基本権たる争議権との相克関係の処理の仕方そのものである。

---

429) ECJの指摘するところの透明性の欠如に疑問を呈し、むしろこうした法律ないし全国的に適用される協約による最賃の欠如を問題とすれば「より説得的であったろう」とするものとして、Temming, ZESAR 2008, S. 231, 236 参照。

430) M. Rönnmar, *CYELS*, Vol. 10, 2008, p.493, at 520, 523 参照（これによれば、デンマークにも同様の懸念が妥当する）。もっとも、スウェーデンのモデルを前提としても可能なものとして、指令の3条8項に定められる例外的方式は指摘される（ibid., at 520-521; Temming, ZESAR 2008, S. 231, 236 参照）。

I. 争議に対する自由移動原則の適用

そもそもこうした相克関係を両者の衝突に至らせないためには、理論的には3つの方法がありえたが、ECJ はそのいずれも否定した。

まず自由移動原則の企業と労働組合との間での私人間効力の問題である。ECJ は開業の自由についてもサービス提供の自由についても、それを示唆しうる先例を基礎として、これを肯定した。したがって労働組合は、いまや、――それが歴史的に対峙してきた市民的自由とは異なるという意味で――新たな自由としての自由移動原則にも向かい合わなければならないこととなったのである。

それでも争議ついては、2つの観点から分野的例外が主張された。しかし ECJ は、これも否定している。第一に両先決裁定は、たとえ現 EU 運営条約153条5項がストライキおよびロックアウトについて（上記のとおり少なくとも同条に基づく立法について）連合の権限を排除していたとしても、そのことによって、団体行動が開業の自由およびサービス提供の自由の適用を免れるわけではないことを明らかにした。[431] 第二に、ヨーロッパ競争法上のカルテル禁止からの労働協約の適用免除を判示した Albany 事件先決裁定の応用可否が問題となる。Albany 事件の判示では、労働協約は必然的に競争法に抵触する（あるいはそうした潜在性を有する）から、労働協約がその社会政策的機能を発揮するためには競争法規定の適用に一定の制約がかかるべき、という根本的な認識があったといえる。[432] こうした観点からすれば、同様の考慮が自由移動原則との関係でもあてはまるかが、検討されるべきである。もっとも ECJ は、「驚く」[433] べきことに自由移動原則との関係では非常に簡単にこれを否定し、Albany の応用を否定した。[434]

以上のことが意味したのは、争議というヨーロッパ労働法が頑なに規律を避けてきた事項について、実際上それを規律する法を、ECJ が域内市場法の解

---

431) *Viking*, paras. 39-41; *Laval*, paras. 86-88 参照。
432) Däubler, AuR 2008, S.409, 413 参照。現行法上、協約自治保障の観点から同様のことを指摘するものとして、ErfK/*Wißmann*, 18.Aufl., Vorb. zum AEUV Rn.13 参照。
433) *Rebhahn*, ZESAR 2008, S. 109, 113 参照。
434) *Viking*, paras. 51-52 参照。なお、本文に述べた観点からいえば、paras. 53-54 に挙げられた理由というのは取るに足りないものといってよいであろう。

釈によって形成したということであった。ECJ の解釈による立法的活動を容認することで、EU 運営条約 153 条 5 項の趣旨を損なうとの批判も、理解できないものではないだろう[435]。

もっとも、団結を口実に保護主義的行動を許すことで、域内市場の創設という連合の中核的目的を損なうこともまた、EU にとっては受け入れられないことであろう。結局は、衝突の回避という方法をとるかどうかは別としても、自由移動保障による域内市場創設と争議権保障による労使自治ひいては労働者保護というそれぞれの利益の適切な調整こそが問題といえる。

II. 調整枠組み

この点、Viking 事件および Laval 事件において ECJ は、自由移動原則と争議権の衝突の理論的な回避は拒否している。したがって問題は、両者が衝突する場合の調整、換言すれば、具体的事案における両者の優劣の決定である。

ここで今一度確認されるべきは、法の一般原則というロジックを用いて基本権として認められた争議権と、基本条約上に定められる開業の自由やサービス提供の自由といった自由移動原則は、EU 法上の規範の序列としては同位にあるはずということである（序論 II の 1）。序列上同等の権利同士の衝突をどのように解決するかが問題となる。

1. 市場参入制限禁止アプローチの採用

もう一度両先決裁定の関連判示を抜き出してみれば、まず Viking 事件で ECJ は、国内裁判所からの付託事項をまとめて、次のように判示している。「国内裁判所が根本的に問うているのは、本件で問題となっている団体行動が EC 条約 43 条〔現 EU 運営条約 49 条、開業の自由〕にいう制限を意味するか、そしてもしそうであるとすれば、どの範囲においてそのような制限を正当化しうるか、ということである」[436]。そして団体行動の制限性について検討したうえで、次のようにも判示している。「開業の自由への制限は、それが基本条約と調和[437]

---

435) *Däubler*, AuR 2008, S.409, 411 f. 参照。
436) *Viking*, para. 67.
437) *Viking*, paras. 68-74 参照。

的な正当目的を追求するものであり、かつ、公益上の強行的理由によって正当化される場合に限り、容認されうるものである。しかし、それが当てはまる場合であっても、当該制限は追求される目的の達成を確たるものとするために適切なものであって、かつ、その達成のために必要なものを超えてはならない」[438]。

Laval 事件においては、ECJ は基本権たる団体行動権の行使がサービス提供の自由というサービス提供の自由の適用を免れないことを判示したうえで[439]、次のように述べる。「したがって、ある加盟国の労働組合が説明してきたような状況下で団体行動を行いうることが、サービス提供の自由への制限を意味するか、そしてもしそうであるとすれば、それは正当化されうるか、ということが検討されねばならない」[440]。そして Viking 事件に対応するように、次のようにも判示している。すなわち共同体の基本原則の１つであるサービス提供の自由への制限が可能なのは、「当該制限が基本条約と調和的な正当目的を追求するものであり、かつ、公益上の強行的な理由によって正当化されるものである場合のみであり、また、それがあてはまる場合であっても、当該制限は追求される目的の達成を確たるものとするために適切なものであり、かつ、その達成のために必要なものを超えないものでなければならない」[441]。

こうした判断基準は、自由移動原則への違反有無が問題となる事案においては、EU 法上既に確立したといってよいものである。すなわち、いわゆる市場参入制限禁止アプローチである（第１章第３節第１項Ⅱの１）。同アプローチのもとでは、保障されているところの国際的な経済活動のあらゆる「制限」が禁止されるが、判例により認められる公益上の強行的理由に基づく正当化が比較的柔軟に認められる。もっとも正当化事由を有する制限であっても、比例相当性審査を受けることになる。

2. 問題性

なるほど、かかる枠組みの中で、具体的事実関係にそくした利益調整も可能

---

438) *Viking*, para. 75.
439) *Laval*, paras. 86-95 参照。
440) *Laval*, para. 96.
441) *Laval*, para. 101.

といえるかもしれない。しかしながら基本権としての争議権の地位を考える場合、こうした EU 法上広く用いられている判断基準をそのまま用いること自体が、妥当性を欠くといわざるをえない。このことは、2 つの観点から論じることができる。

(i) 「基本権」としての争議権

まずこうしたスキームの採用には、争議権に「基本権」としての地位が与えられたことの効果が全くみられず、規範の序列上同位にあるはずのそれが、自由移動原則に劣位させられていることを示した[442]。ECJ が当該スキームを採用することによって明らかにしたのは、「スト権は基本権ではあるが、EU の自由移動ほどには基本的でないということである[443]」。

たしかに、自由移動原則規定の解釈として導かれる制限禁止というスキームを用いることそれ自体は、必ずしも自由移動原則に対する基本権の劣位を意味するものではないだろう[444]。Viking 事件と Laval 事件の両先決裁定においても ECJ は、争議権を基本権として承認した後、基本権の保護が原則的に自由移動原則を含めた共同体法上の義務違反への正当化事由となるとした先例に触れている[445]。しかし実際の判断において、こうした争議権の承認が労働者保護という正当事由の推認をもたらすことはなかった[446]。

---

442) C. Barnard, in: M. Rönnmar (ed.), *EU Industrial Relations v. National Industrial Relations*, The Netherlands 2008, p. 137, at 151。欧州司法裁判所は「均衡」を要求したが、「名ばかりの均衡であって、実質を伴っていない」。「経済的なものの社会的なものに対する優位はとても明らかである」。

443) ETUC, *ETUC response to ECJ judgments Viking and Laval*, resolution adopted by the executive Committee of the ETUC at its meeting of 4 March in Brussels EC. 179：https://www.etuc.org/sites/default/files/ETUC_Viking_Laval_-_resolution_070308_2.pdf（2018 年 8 月 24 日確認）、2 頁。同決議ドイツ語版：https://www.etuc.org/sites/default/files/ResolutionDE-2_2.pdf（2018 年 8 月 24 日確認）。

444) Schmidberger 事件先決裁定（ECJ judgment of 12.6.2003, Case C-112/00 [*Schmidberger*] ECLI:EU:C:2003:333）が、同じく形式的には制限禁止アプローチの枠組みを用いながらも、実質的には基本的自由と基本権をお互いに均衡をとるように考量していたことを指摘するものとして、Krebber, RdA 2009, S. 224, 233 参照。

445) *Viking*, para.45; *Laval*, para.93. ここで援用されているのは、Schmidberger 事件先決裁定（*Schmidberger*, para. 74）および Omega 事件先決裁定（ECJ judgment of 14.10.2004, Case C-36/02 [*Omega*] ECLI:EU:C:2004:614, para. 35）である。

446) はっきりとそれが分かるものとして、*Viking*, paras.80-81 参照。こうした指摘として、A.C.L. Davies, *ILJ*, Vol. 37, No. 2, 2008, p. 126, at 141; Kocher, AuR 2008, S.13, 16 参照。

むしろ ECJ は、「労働者保護のための」争議権[447]、あるいは、「労働者を起こりうるソーシャル・ダンピングから保護するための」争議権[448]が、原則的に自由移動原則への制限を正当化しうる、と表現を組み替えることによって、争議権を、「労働者保護」というこれまで基本権事案でなくとも認められてきた正当化事由を構成しうるにすぎないという意味で、「労働者保護」という正当化事由の下位分類としてのみ扱っている[449]。極論すれば、争議「権」という表現を用いなくとも、争議が労働者保護のためのものであれば正当化されるとさえいえば、ECJ の立場からはそれで済んだのであり、基本権として争議権を認めたことにリップ・サービス以上の意味を見いだせない[450]。

そもそも、自由移動原則への制限の正当化事由である公益として基本権行使を位置付けることは、基本権として争議権を承認したことと相容れないのではないか、との疑問もありうる[451]。

(ii) 「争議権」の基本権としての特殊性

次に、「争議権」を基本権として保障したことの意味をどのように捉えるかが問題である。この点では、次の指摘が参照されるべきである。「労働協約およびストライキの任務というのは、労働市場における自由競争に限界を設けることであり、まさにそれゆえに法的に承認を得たものである。それゆえにそのことは、まさに EC 条約〔現 EU 運営条約〕上の個々の経済的自由に対する関係でも、法的な特権の付与を要求する。なぜなら、これらの自由も物品・資本・労働・サービス市場それぞれにおける競争自由の独特な具象化（Ausprägung）に他ならないからである」[452]。（広義の）団結権保障の歴史を考慮するのであれば、ECJ が、——少なくとも表現上「基本権」と認めることで、はなから争議行

---

447) *Viking*, para.77.
448) *Laval*, para.103. また、para. 107 も参照されたい。
449) 同旨のものとして、*Krebber*, RdA 2009, S. 224, 233 参照。
450) 基本権として認められたことの効果がみてとれないことの指摘として、*Däubler*, AuR 2008, S.409., 415; *Rebhahn*, ZESAR 2008, S.109, 110 f. 参照。
451) *Krebber*, RdA 2009, S. 224。基本権というのは他でもなく、是認されないような行動様式の保障をも含むはずである。
452) *Blanke*, in: Schubert (Hrsg.), Sozialer Dialog in der Krise – Social dialogue in crisis?, 2009, S. 131, 139.

為を違法視したわけでないにしても——自由移動原則の枠組みの中で争議権行使の適法性を問うたこと、いわばEU域内市場との関係で団結を「新たな放任期[453]」においたことの妥当性は、慎重に検討されるべきであろう[454]。

3. 目指されるべき方向性

以上のように、ECJの専ら域内市場法的な判断枠組みは正当化できず、したがって、自由移動原則のような国際的経済活動の自由と争議権のような労働者の社会的基本権との相克関係の解決においては、異なる解決手法が求められる。

あくまで（争議権が属するところの広義の）団結権に特権を与えることを否定するのであれば、最低限、両者の同位性を明確にした解決が求められる。すなわち、ドイツの学説上多くの見解が指摘するとおり、ドイツ憲法学上のいわゆる「実践的調和（praktische Konkordanz）」という意味における、相互的な比較考量が求められる[455]。こうした手法には、たしかに一定の困難が指摘されるものの[456]、その基本的な考え方が考慮されるべきである。重要なのは、争議権

---

[453] 同様の指摘として、B. Bercusson, in: Schulz/Becker (Herg.), Die Auswirkungen der Rechtsprechung des Europäischen Gerichtshofs auf das Arbeitsrecht der Mitgliedstaaten, 2009, reprinted in: Bruun/Lörcher/Schöman (eds.), *Labour Law and Social Europe, Selected writings of Brian Bercusson*, 2009, p.459, para. 2 参照（para. 86 も参照）。両先決裁定のくだされる前の指摘について、B. Bercusson, *ILJ*, Vol. 13 No. 3, 2009, p.279, reprinted in: Bruun/Lörcher/Schöman (eds.), cited above, p.415, at 424 参照。

[454] 同様の観点から基本権行使としての正当化を論じるものとして、*Bryde*, Soziales Recht 2012, S. 2, 11 参照。しかしこうした観点からはそもそも、競争法の領域で認められた適用除外を自由移動原則の適用についても応用できないかという前述の問題も、改めて問い直される必要がある（分野的例外の必要性を主張する見解として、*Däubler*, AuR 2008, S.409, 415 f. 参照）。その場合問われるのは、争議行為としての正当性を逸脱するものではないかという、ヨーロッパ労働法上（の争議権の観点からの）の評価である。

[455] *Blanke*, in: Schubert (Hrsg.), Sozialer Dialog in der Krise – Social dialogue in crisis?, 2009, S. 131, 139 f.; ErfK/*Dieterich/Linsenmaier*, 14.Aufl., GG Art. 9 Rn.109; ErfK/*Linsenmaier*, 18. Aufl., GG Art. 9 Rn. 109; ErfK/*Wißmann*, 18. Aufl., Vorb. zum AEUV, Rn. 15; *Kocher*, AuR 2008, S.13, 16; *Wendeling-Schröder*, Arbeitsrecht im Betrieb 2007, S. 617 参照。"Praktische Konkordanz" という表現を用いないものの同旨のものとして、*Skouris*, RdA-Beil. 2009, S. 25, 30 参照。また、同じく相互的な比較考量はオーストリア、イギリスの学説においても求められている（*Rebhahn*, ZESAR 2008, S.109, 114 f.; P. Syrpis, *ILJ*, Vol. 40, No. 2, 2011, p.222, at 224 参照）。

なお、実践的調和という手法についての基本文献として、*Hesse*, Grundzüge des Verfassungsrechts der Bundesrepublik Deutschland, 20. Aufl., Heidelberg 1999, Rn. 72 参照。

[456] P. Syrpis, *ILJ*, Vol. 40, No. 2, 2011, p. 222, 227-228 参照。

が自由移動原則への制限としてその正当性を問われるとしても、そうであれば同じように、自由移動原則もまた基本権保障の観点から審査に服すべきということである。

この点、同じく基本権と自由移動原則との衝突事案を扱ったものでありながら、実践的調和を説く論者にあって、そうした解決の例として挙げられることがあるのが、Schmidberger事件先決裁定である。ここで同先決裁定について簡単に紹介しておこう。本件は、オーストリア国内の国際運輸上重要な道路において行われたデモによって、物品の自由移動が妨げられたとして、その防止措置を講じなかったオーストリア政府をドイツの国際運輸企業（主にドイツ・イタリア間での輸送業務）がオーストリア国内で提訴した損害賠償請求訴訟において、国内裁判所からECJに先決裁定を求める付託が行われた事案である。表現・結社の自由という基本権と、物品の自由移動という基本的自由との衝突が問題となった。この点ECJは、デモ（を禁じなかったオーストリア政府の不作為）が物品の自由移動に対する制限であることを認め、それが客観的に正当化されないかぎり共同体法に違反するものとした。したがって問題は制限の正当化の可否であるが、その点、オーストリア政府は欧州人権条約およびオーストリア憲法上保障されている表現・結社の自由に配慮したものであること、そうした権利の重要性を認めたうえで、以下のように判示した。

> 「したがって、共同体も加盟国も基本権を尊重することを求められているので、そのような権利の保護は、共同体法上課される義務の制限を、たとえそれが物品の自由移動のような基本条約上保障されている基本的自由による義務であるとしても、原則的に正当化するものである」〔Para. 74.〕
> 「物品の自由移動は基本条約の体系の基本原則の1つを構成するものではあるが、一定の状況下においては、基本条約……上に規定される理由あるいは公益上の強行的な理由のために制限に服しうる」〔Para. 78.〕

---

457) ErfK/*Wißmann*, 18. Aufl., Vorb. zum AEUV, Rn.15 参照。
458) ECJ judgment of 12.6.2003, Case C-112/00 [*Schmidberger*] ECLI:EU:C:2003:333.
459) Ibid., paras. 51-64.
460) Ibid., para. 69.
461) Ibid., paras. 71-73.

「本件で問題となっているような基本権は……民主的社会の支柱となるべきものであるが、……表現の自由と結社の自由もまた、公益上の目的により正当化される一定の制限に服す」〔Para. 79.〕

「このような状況にあっては、関連利益の比較考量が行われなければならず、事案の全事情をもとにして、これら諸利益の間の公正な均衡が保たれているかどうかが確認されるべきである」〔Para. 81.〕

「この点、管轄当局は広い評価裁量を有している。それでも、共同体内貿易に課せられた制限が、それにより追求されている正当目的、すなわち本件では基本権の保護との関係で、比例相当的なものであるかどうかが審査されるべきである」〔Para. 82.〕

こうした判示は、形式的にみれば、結局のところ制限性と正当化の可否という市場参入制限禁止アプローチの枠組みにより衝突を解決しようとしているところに特徴が見いだせなくもない。しかし、基本権の保護が原則的に制限を正当化するものであることが判示されてからの部分（para. 74 以下）については、「かなりぎこちないもの」ではあるものの、「本質的には……、基本的自由と基本権はお互いに均衡をとるように考量されていた」のであって、「このように理解される限り、審査を基本的自由のスキームに持ち込んだことは、基本権を基本的自由の下位に置いたということを意味するものではないであろう」と評価される。[462] 見落とされてならないのは、同事件でECJは、物品の自由移動という基本的自由が制限に服しえ、他方で基本権も一定の制限に服すとし、関連諸利益の公正な均衡を求めたことである。

対して Viking 事件と Laval 事件における ECJ の判断枠組みのもとでは、労働組合はその「基本権」を行使するにあたり、自由移動原則との関係では常に防御を余儀なくされる。ECJ の判断は、自由移動原則が争議権によって制限されることを問題視する一方で、争議権が自由移動原則によって制限される側面を問うていない点で、重要な視点を欠いている。[463]

---

462) *Krebber*, RdA 2009, S. 224, 232 f.
463) 同旨 *Rebhahn*, ZESAR 2008, S.109, 114 f. 参照。

Ⅲ. 両事件にみる EU 労働法の課題

　以上のとおり、明確な連合の権限排除規定がある団結の領域でも、経済統合の中核的要素たる自由移動原則からは「聖域」とみなされず、争議行為には EU 法上の審査が加えられる。具体的には、争議権と自由移動原則との相克が、自由移動原則による労働基本権行使の審査という形で処理されており、これは、基本権としての争議権保障の意味を失わせるものといえる。そこで問いたいのは、ECJ 判例に問題があるとして、何故このような状況がもたらされてしまったのかということである。思うに、ECJ が争議権を不十分にしか（リップ・サービスほどにしか）保障できなかった背景には、集団的労働法の重要分野で積極的統合が避け続けられてきたという、EU 労働法の側での問題があったのではないだろうか。

　既に 20 世紀末に、基本条約における基本権保障の必要性にかかわって、基本条約上の経済的側面と社会的側面との間に不均衡があること、そしてそれが特に集団的権利の面であることが指摘されていた[464]。にもかからず、Viking 事件および Laval 事件に至るまで明文で（広義の）団結権を保障する規定は設けられず、むしろ、団結の領域での連合の権限排除規定が一貫して維持され、共同体法レベルでの団結権保障それ自体が認められるかどうかの段階で争いがあったことは、既述のとおりである。

　他方で、そうした社会的基本権の保障よりも、自由移動原則という国際的経済活動の自由の保障は先に進んで発展していた。後者の特に射程面での発展の結果、両者の相克関係を否定できなくなったのが、Viking 事件と Laval 事件であったといえる。

　そこで ECJ としては両者の調整を図ろうとしたが、保障基準の明確さや、争議権の積極的定義付けによる権限排除規定への抵触可能性を考慮すれば、争議権にはリップ・サービスほどにしか言及できず、自由移動原則の枠組みに頼らざるをえなかった、ということではないだろうか。

---

464) M. Weiss, in: L. Betten/D. M. Devitt (eds.), *The Protection of Fundamental Social Rights in the European Union*, The Hague 1996, p. 33, at 34.

第 2 節　リスボン条約改正と労働者の社会的基本権保障

　ECJ の判断基準の問題性を批判するにしても、EU 労働法の在り方を批判するにしても、事態の改善に大きく貢献しうるのは法制定者である[465]。といっても、規範の序列上自由移動原則に必然的に劣位してしまうような第二次法（指令や規則）の立法ではなくて、第一次法とりわけ基本条約改正が重要である[466]。

　この点、両先決裁定に時期的に挟まれる形でリスボン条約が署名され（2007年 12 月 13 日）、その後 2009 年 12 月 1 日に発効したことが注目される。もちろん、Vikng 事件および Laval 事件における ECJ の問題ある判断は、リスボン条約においてはそもそも予見されていなかったため考慮されていない[467]。しかし、少なくとも形式的にみて、リスボン条約は EU 法上の基本権保障に大きな変化をもたらした[468]。

　リスボン条約改正により「基本条約と法的に同じ地位にある（the same legal value／rechtlich gleichrangig）」（EU 条約 6 条 1 項）ものと認められた EU 基本権憲章は、その 12 条で（狭義の）団結権を含めて集会および結社の自由を、さらに 28 条において団体交渉および団体行動の権利を保障している。したがって自由移動原則と争議権のような基本権は、同一の法的価値を与えられるべきものといえる。

---

[465] ECJ による自主的な判例変更の可能性に懐疑的なものとして、*Krebber*, RdA 2009, S. 224, 236 参照。

[466] そのような提案として、2008 年 3 月 18 日に欧州労連（ETUC）から、いわゆる「社会的進歩議定書」の提案がなされている。全文は、http://www.etuc.org/proposal-social-progress-protocol にて入手可能である（2018 年 8 月 24 日確認）。このような議定書は未だ実現していないが、ラヴァル・カルテットに対する修正としてのこのような議定書の妥当性を検討した研究として、*Kingreen*, Soziales Fortschrittsprotokoll – Potenzial und Alternativen-, Frankfurt a.M. 2014 がある。

[467] B. Bercusson, in: Schulz/Becker (Herg.), Die Auswirkungen der Rechtsprechung des Europäischen Gerichtshofs auf das Arbeitsrecht der Mitgliedstaaten, 2009, reprinted in: Bruun/Lörcher/Schöman (eds.), *Labour Law and Social Europe, Selected writings of Brian Bercusson*, 2009, p.459, para.34 参照。

[468] 基本権保障のほか、社会政策の地位を他の政策領域（とりわけ域内市場政策や競争政策）との関係において引き上げる意図をもって「社会的市場経済」概念（EU 条約 3 条 3 項）や水平的規定（EU 運営条約 9 条）も導入されたが、その影響のほどは不確かである（Schwarze/Rebhahn/Reiner, EU, 3.Aufl., AEUV Art.151 Rn.9、庄司克宏「リスボン条約と EU の課題」日本 EU 学会年報 31 号（2011 年）13、24 頁以下参照）。

それでは、これにより Viking、Laval 両先決裁定の問題を解決するのに有益な変化は生じたであろうか。いったい、リスボン条約改正は労働者の社会的基本権保障にとって、何をもたらしたのであろうか。本節ではこの点をみていこう。

第1項　リスボン条約体制における基本権保障

リスボン条約改正による基本権保障の面での発展は、EU 条約 6 条に端的に表れている[469]。以下その概要をみていくが、思い起こされるべきは、1989 年共同体憲章が社会政策の基点（Fixpunkt）、すなわち共同体の社会的基盤（the social foundation / der soziale Sockel）の形成を目指していたように、社会的基本権保障の確立は、社会政策統合の大きな課題の 1 つであったということであろう（第 1 章第 1 節）。

Ⅰ．EU 基本権憲章（EU 条約 6 条 1 項）

EU 条約 6 条による基本権保障体系の変化としてまず指摘すべきは、上記にも触れたが、EU 基本権憲章の第一次法化である[470]。同条 1 項第 1 段落は、EU 基本権憲章を基本条約と「法的に同じ地位にある（the same legal value / rechtlich gleichrangig）」ものとして承認している。

1．名宛人

成立経緯からいって、EU を拘束するものであることには疑いがない[471]。基本権憲章 51 条 1 項によれば、連合と加盟国（ただし加盟国に関しては連合法の適用領域における措置をとる場合に限る）に適用される[472]。したがって、連合と加盟

---

469) Calliess/Ruffert/*Kingreen*, EUV/AEUV 5.Aufl., EUV Art.6 Rn.1; Schwarze/*Hatje*, EU 3.Aufl., EUV Art.6 Rn.1 参照。
470) 同憲章の採択の経緯については、前掲注 294) を参照されたい。
471) Grabitz/Hilf/Nettesheim/*Schorkopf*, Das Recht der EU, EL 51, EUV Art.6 Rn.20 参照。
472) 第一次法として取り込まれた EU 基本権憲章は、同憲章第 7 編（51～54 条）にしたがって解釈されねばならない（EU 条約 6 条 1 項第 3 段落参照）。

国に対しては、個人の主観的権利を基礎付けうる[473]。[474]

　他方、連合法上の基本権の第三者効（私人間効力）については見解の相違があるが、いずれにしても、基本権を侵害するようなEU法の無効もしくはそのような加盟国法の不適用、または、基本権適合的解釈の要請といった形で、私人間の法律関係に連合法上の基本権が影響を及ぼしうる[475]。

2．権利、自由そして「原則」

　もっとも、ここで憲章が個人の主観的権利を基礎付け「うる」と一定の留保をしたのには、理由がある。EU基本権憲章によって具体的に保障されるのは、EU条約6条1項第1段落の表現によれば、権利、自由、そして原則である。ここで注目されるべきなのは、「原則」という用語の意味と背景である。ここでいう「原則」とは、主観的権利をそれ自体としては発生させないものとして、「権利」とは明確に区別される[476]。

　こうした区別の背景には、特に、社会的基本権の影響を危惧したイギリスの主張がある[477]。イギリスの主張は、EU基本権憲章52条5項として規定されることとなった[478]（「本憲章上の規定のうち原則を定めるものは、連合の機関……による立法的および執行的行為、ならびに、連合法を実施する際の加盟国の行為によって、

---

[473] ドイツのいわゆる「主観的法（subjektives Recht）」に対応して、英語では「主観的権利（subjective rights）」という用語が用いられることがある。「権利」という名詞を用いる場合には、「主観的」という形容詞は必要ないようにも思われるが（*Jarass*, EU-GRCh 3. Aufl., Art. 47 Rn. 7 Fn.27参照）、ここでは後者の用語を用いることとする。

[474] その場合に意味を有する訴訟形態としては、EU運営条約263条、265条や270条がある（この点、*Jarass*, EU-GRCh 3. Aufl., Art. 47 Rn. 24参照）。EU司法裁判所における訴訟形態については、庄司・EU法基礎篇130頁以下を参照。

[475] *Jarass*, EU-GRCh 3.Aufl., Art.51 Rn.33 f.; Schwarze/*Hatje*, EU, 3. Aufl., GRC Art. 51 Rn. 22参照。

[476] Calliess/Ruffert/*Kingreen*, EUV/AEUV 5.Aufl., EU-GRC Art.52 Rn.13参照。なお、憲章上も条約上も「権利」と「原則」に加えて「自由」という用語が用いられているが、連合法上は「権利」が上位概念として機能すること、ないし、少なくとも「権利」にあてはまることは「自由」にもあてはまるべきことについて、*Jarass*, EU-GRCh 3. Aufl., Einl. Rn. 47参照。

[477] C. Barnard, *EU Employment Law*, 2.ed., pp.28-29参照。また、Calliess/Ruffert/*Kingreen*, EUV/AEUV 5.Aufl., EU-GRC Art.52 Rn.13; Grabitz/Hilf/Nettesheim/*Schorkopf*, Das Recht der EU, EL 51, 2013, EUV Art.6 Rn.19も参照。

[478] なお、第一次法として取り込まれたEU基本権憲章が、同憲章第7編（51〜54条）にしたがって解釈されねばならないことについては、EU条約6条1項第3段落参照。

……実施されうる。こうした原則は、それら行為の解釈およびその適法性についての判断の際にのみ、裁判において援用されうる」)。したがって、原則に属する諸規定に基づいて、連合機関あるいは加盟国当局に対して何か積極的な措置を求めることはできない[479]。

もっとも、この規定からも明らかなとおり、主観的権利をそれ自体として生じないということは、憲章上「原則」として理解される規定が、それだけで直接的な効力をまったく発揮しないということを意味するものではない。原則は、他の基本権への制限の正当事由ともなる[480]。

なお、憲章が明確に規定しないため、何がこの「原則」にあたるかが問題となる[481]。この点少なくとも、憲章上のあらゆる社会的基本権がこれに属するわけではないと解される[482]。

3. 連合の権限拡大の制限

ところでEU基本権憲章は、51条2項によれば[483]、同憲章が連合の権限を新設も変更もしない。加えて、EU条約6条1項第2段落に、同憲章が連合の権限をいかなる意味でも拡大するものではないことが再び確認されている[484]。したがって、連合に対する権限付与は明確に制限されている[485]。もっともこのような制限というのは、そもそもは個別的授権原則(EU条約5条参照)からして明らかで、改めて規定するまでもないものともいわれる。かかる理解からすれば、これらの規定は、EUへの不信を表明するだけの「懸念条項(Angstklausel)」

---

479) OJ (2007) C 303, p.17, at 35; Grabitz/Hilf/Nettesheim/*Mayer*, Das Recht der EU, EL 41, 2010, nach Art.6 EUV Rn.68 参照。こうした区別は、EU基本権憲章47条にも表れている(47条の要件として「主観的権利」の侵害が求められることについては、*Jarass*, EU-GRCh, 3. Aufl., Art. 47 Rn. 6 ff. 参照)。
480) Calliess/Ruffert/*Kingreen*, EUV/AEUV 5. Aufl., EU-GRC Art. 52 Rn. 14 参照。
481) Calliess/Ruffert/*Kingreen*, EUV/AEUV 5. Aufl., EU-GRC Art. 52 Rn. 14 参照。
482) C. Barnard, *EU Employment Law*, 2.ed., p.29 参照。
483) 第一次法として取り込まれたEU基本権憲章は、同憲章第7編(51〜54条)にしたがって解釈されねばならない(EU条約6条1項第3段落参照)。
484) Schwarze/*Hatje*, EU, 3. Aufl., EUV Art. 6 Rn. 7; Streinz/*Streinz*, EUV/AEUV, 3. Aufl., EUV Art. 6 Rn. 5 参照。
485) EU運営条約352条のような一般的な権限条項を介した立法も、排除されていると解される(Schwarze/*Hatje*, EU 3.Aufl., EUV Art.6 Rn.7参照)。

にすぎない。それにもかからずこうした規定が導入されたのには、特に ECJ の解釈による、結果としての連合の権限拡大に対する不安がある[486]。

4. イギリスとポーランドの「オプト・アウト」

こうした不信感は、イギリスおよびポーランドの「オプト・アウト」を定める議定書（EU 基本権憲章のイギリスおよびポーランドへの適用に関する議定書第30号）にもつながっている[487]。「原則」概念の導入と同じく、ここでも懸念されたのは社会的基本権であった。

同議定書1条1項は、EU 司法裁判所および両国の裁判所に、憲章に基づく両国の法・行政規定や行政慣行・措置の審査権限を与えるものではないことを規定する。そのうえで同条2項は、特に憲章第4章「連帯」のうちの諸規定によって、両国に対して訴求可能な権利を形成するものではないことを規定する。同議定書2条によれば、憲章上の規定のうち、個々の加盟国の国内法規定および慣習を参照するものについては、そこでの権利および原則が両国の法秩序において承認されていないものである限り、両国への適用が制限される。ここで特に意図されているのも、第4章にまとめられている社会的基本権の適用を排除することであり[488]、両国の国内措置への EU 基本権憲章の適用が制限されている[489]。

もっとも、同議定書の効果は過大評価されるべきではない。というのも、これから述べていくように、憲章はヨーロッパにおける基本権保護の現状を「可視化」するものにすぎず、また、いずれにしてもそうした「現状」を形成してきた法の一般原則による基本権保護は及ぶのであって、同議定書は正確にいえば「オプト・アウト」の効果をもたらすわけではないともいわれるからである[490]。

---

486) 以上につき、Streinz/*Streinz/Michl*, EUV/AEUV, 3. Aufl., GR-Charta Art. 51 Rn. 33 参照。
487) Streinz/*Streinz*, EUV/AEUV 3. Aufl., EUV Art. 6 Rn. 5 参照。
488) Grabitz/Hilf/Nettesheim/*Schorkopf*, Das Recht der EU, EL 51, 2013, Art.6 Rn.23 参照。
489) Schwarze/*Hatje*, EU, 3.Aufl., GRC Art.51 Rn.20 参照。
490) Calliess/Ruffert/*Kingreen*, EUV/AEUV 5.Aufl., EUV Art.6 Rn.14; Grabitz/Hilf/Nettesheim/*Mayer*, Das Recht der EU, EL 41, 2010, nach Art.6 EUV Rn.60 ff.; Grabitz/Hilf/Nettesheim/*Schorkopf*, Das Recht der EU, EL 51, 2013, Art.6 Rn.24; *Jarass*, EU-GRCh 3. Aufl., Einl. 34 und Art. 51 Rn. 40; Streinz/*Michl*, EUV/AEUV, 3. Aufl., GR-Charta Art. 51 Rn. 25 参照。ただ、かかる解釈は加盟国の意思に反し、また、議定書は成文の第一次法として法の一般原則に優位するであろうなどとして、

5. 内容

EU 基本権憲章は、内容的には、これまでの基本権保障の現状を「可視化」するものとして意図されているにすぎない（憲章前文第4段落参照）。憲章前文第5段落によれば、加盟国に共通の憲法的伝統および国際的義務、欧州人権条約、および「諸社会憲章（the Social Charters）」、ならびに EU 司法裁判所および欧州人権裁判所の判例が、特に考慮されている。

ところでここでいう「社会憲章」とは、欧州社会憲章と、1989年共同体憲章のことを指しているともいわれる[491]。もしこれらの規定の内容がそのまま引き継がれているのであれば、現 EU 運営条約 151 条における 1961 年欧州社会憲章と 1989 年共同体憲章の参照が、あくまでそれらを法的拘束力のあるものとするものでないという状態からは、単に現状の「可視化」を超えた進展をしたともいえそうである。しかしながら、その内容は 1961 年欧州社会憲章と比べてもその後進性が指摘されるし（後述第2項Ⅰの1）、また、前述のように社会的基本権をにらんだ制限的規定が設けられていることからして、そのような評価ができるかには疑問がある。

なお、EU 基本権憲章上、労働法領域にとって重要な規定としては、1条、5条、8条、10条、11条、12条、14条、15条、16条、20条、21条、23条、26条、第4章「連帯」内の 27〜33 条の諸規定[492]、そして 47 条を挙げることができる[493]。

Ⅱ. 法の一般原則による基本権保障（EU 条約6条3項）

1. 従来の手法の維持

ともあれ以上のように、EU 基本権憲章の第一次法化によって、社会的基本権を含むカタログとしての基本権保障がもたらされた。しかしながら EU 基本権憲章は、連合法上の基本権保障を語りつくしているわけではない。

そもそもこれまで、第一次法としての EU 基本権憲章がなくとも、EU 法レベルでの基本権保障は行われてきた。すなわち、拘束力ある明文の法規定の欠

法の一般原則の適用を否定する見解もある（Schwarze/*Hatje*, EU 3. Aufl., GRC Art. 51 Rn. 21参照）。
491) *Jarass*, EU-GRCh, 3. Aufl., Präamb. Rn. 11参照。
492) EU 基本権憲章 34 条は、社会保障および社会的支援への権利について規定する。
493) Calliess/Ruffert/*Krebber*, EUV/AEUV 5. Aufl., EU-GRCh Art. 27 Rn. 2; ErfK/*Wißmann*, 18. Aufl., Vorb. zum AEUV Rn. 4参照。

如を背景として、ECJ が、「法の一般原則」の解釈によって基本権保障を発展させてきたのである。

この点現在の EU 条約 6 条 3 項は、こうした法の一般原則による基本権形成を明示的に承認していた以前のマーストリヒト版 EU 条約 F 条 2 項（後に 6 条 2 項）に対応した規定を置く。なお、ECJ が法の一般原則を導出するための源、すなわち法認識の源（Rechtserkenntnisquelle）としては、従来と同じく、加盟国に共通の憲法的伝統と、欧州人権条約が挙げられている。この欧州人権条約を法認識の源とする場合には、欧州人権裁判所の判例が考慮される。

2. 功罪：Mangold 事件先決裁定

ところで、法の一般原則による基本権保障の発展は、たしかに、EU を基本権共同体へと昇華させるのに貢献しうる。しかしときに、かかる基本権保障の発展は、同時に、加盟国に EU への不信感を抱かせるものであったともいえよう。これを理解しておくことは、とりわけ社会政策領域での基本権保障が必ずしも十分に進展しないことの一因として重要である。

労働法領域において、法の一般原則として基本権を発展させ、しかし同時に、EU 法上疑義のやり方で基本権を創出したものとして著名なのが、年齢差別に関する Mangold 事件先決裁定である。以下、簡単に紹介しておこう。

(i) 事案

本事件でもともと問われたことのうちここで重要なのは、年齢差別を禁止する一般平等取扱指令（指令 2000/78/EC）への、ドイツのパート・有期法の適

---

494) Calliess/Ruffert/*Kingreen*, EUV/AEUV 5. Aufl., EUV Art .6 Rn. 3 参照。
495) 庄司・新 EU 法基礎篇 328 頁参照。
496) ECJ judgment of 22.11.2005, Case C-144/04 [*Mangold*] ECLI:EU:C:2005:709. 本件の評釈としては、川田知子「高齢者を優遇する労働市場政策と EU 指令の年齢差別規制」労働判例 912 号（2006 年）96 頁、名古道功「ドイツ有期労働契約法と EU 指令との抵触」国際商事法務 534 号（2006 年）1650 頁、橋本陽子「年齢差別の成否と平等指令への国内法の強行的適合解釈義務―指令の水平的直接効果と同然の結果の達成―」貿易と関税 2006 年 9 月号 75 頁がある。
497) 厳密に指令自体が禁止しているかには問題もあるようだが（名古道功「ドイツ有期労働契約法と EU 指令との抵触」国際商事法務 34 巻 12 号（2006 年）1650、1654 頁参照）、ここでは禁止と表現する。

合性であった。一般平等取扱指令は、雇用・職業領域における差別禁止事由として、年齢を含んでいる（同指令1条参照）。指令の実施期限は原則2003年12月2日とされていたが（同18条第1段落）、年齢および障害を理由とする差別については、加盟国に、実施期限をさらに3年延長する、したがって2006年12月2日とする可能性が与えられていた（同第2段落）。また、年齢差別については指令6条に、正当化される異別取扱の存在が明示的に認められている。

年齢差別についてのこれらの特例・特別規定は、当該差別禁止が、とりわけセンシティヴな問題であったことに由来するといえる。そもそも当時の25の加盟国のうちたった3か国しか憲法上に年齢差別禁止に関する明示規定を置いておらず、しかもそのうち一般的年齢差別禁止を定めていたのは、フィンランドのみであったと指摘される[498]。したがって年齢差別というのは、ほとんど[499]の加盟国にとって、ヨーロッパ法により導入されることになる新たな差別禁止事由ということができ、特殊ヨーロッパ法的な展開であったといってよい。

ともあれ実際のところ、ドイツはまずこうした特例・特別規定の片方、すなわち実施期限の延長を利用した。Mangold事件は、そうして延長された実施期限のうちに生じた、先決裁定付託事案である。ドイツ国内訴訟では、Mangold氏が使用者に対して訴訟を起こしていた。同氏は、2003年7月1日から2004年2月28日、8か月の期間設定がなされた有期労働契約を締結していた。ドイツ国内法であるパート・有期法によれば、わが国とは異なって、有期労働契約の締結には原則として、無期ではなく有期とすることに客観的な理由による正当化が求められる[500]。要するに、有期労働契約が解雇規制を潜脱するものであるという認識に基づいた規制である。しかしMangold氏の契約においては、そうした正当化が行われなかった。というのも、当該契約は同法上の例外規定、すなわち、52歳以上の労働者については客観的理由による正当化を欠くものでも有期契約の締結を認める、という例外（同法14条3項）を利用して

---

498) S. Krebber, *Comparative Labor Law & Policy Journal*, Vol.27, 2006, p.377, at 391 参照。スウェーデン、フィンランド、ポルトガルのみであった。
499) *Preis*, NZA 2006, S. 401, 406 (i.V.m. Fn. 62) ; *Streinz/Herrmann*, RdA 2007, S. 165, 168 参照。
500) 同法については、ヴィンフリート・ベッケン（拙訳）「ドイツにおける労働契約の期間設定の許容性」比較法雑誌47巻2号（2013年）133頁参照。なお同法は、それ以前の国内法上の発展もあるが、共同体法、すなわち有期指令の影響も受けている（同134頁参照）。

締結されたものだったからである。

　こうした例外扱いは、法的にみれば使用者にとって好都合な形で規制の適用除外を行うことで、一般に採用を敬遠されがちな高齢者の雇用を促進するという目的のものである。目的どおりに雇用が促進されれば、その限りでいえば高齢労働者にとっては利点があるわけであるが、少なくとも法的な帰結のみみると、高齢労働者であるという理由で有期労働契約の締結事由規制という労働者保護が排除されているということになる。Mangold 氏は、こうした契約上の期間設定が１つには一般平等取扱指令に反するとして、その無効・期間の定めのない労働契約の成立を主張したのである。

　しかしながら、こうした期間設定はドイツ国内法上、つまりパート・有期法14条３項により明示的に認められているものであり、それゆえ、同規定と一般平等取扱指令との整合性が問題となった。そこで、ECJ に先決裁定を求める付託が行われた。[501] この点、年齢により異別取扱いが行われていることは明らかであるので、一般平等取扱指令の解釈上の問題は、前述した同指令６条の正当化が認められるかどうか、という点になる。この点でいえば、ECJ はかかる正当化可能性を否定している。

(ⅱ)　派生的争点と ECJ の判断

　ところが共同体法の観点からいって疑義が生じたのは、むしろそこから派生する争点であった。指令の内容に対してドイツ法が違反する、すなわちドイツ法が正当化されない年齢差別を行っているとしても、２つの問題が生じた。第一に、当該指令が実施期限前であったことである。また、指令は一般に水平的直接効を有しないところ、国内の裁判で問題になっているのは私人間の契約条項の有効性であり、パート・有期法14条３項という例外規定が何らかの形で共同体法違反であり適用できないとしたら、問題となっている契約上の期間設定についてはどのように扱われるか、ということである。後者については、ドイツ法上の原則規定が有期契約の締結に正当化を求めていることから、その適用で対応できるように思われるし、実際その点の問題についても先決裁定付託

501）そのほか、有期指令への適合性、いずれかの指令違反が肯定された場合の取扱いについても先決裁定の付託が行われている。

が行われている。

しかしECJにとっては、これらの派生的争点は大した問題ではなかった。ECJは、それらの問題をいっぺんに回避する方法をとる。すなわち、年齢差別の禁止を「共同体法上の一般原則」として認めたのである。いわく、「このような差別形態の原則的禁止というのは、……様々な国際法上の条約および加盟国の共通の憲法的伝統にその起源を有する。それゆえ、年齢を理由とする差別の禁止は、共同体法上の一般原則とみなされるべきものである」[502]という。こうすることによって、指令の実施期限前であろうが私人間の問題であろうが、共同体法が年齢差別を禁止する効果を有しうることになった。[504] 欧州司法裁判所はこのように、年齢差別禁止を共同体法上の基本的な権利に格上げしたのである。

以上のようなMangold事件におけるECJの判示は、加盟国にとってはショッキングなものとして受け止められることになる。共同体法上はとりわけ、既に述べたとおり当時加盟国において年齢差別禁止を憲法上規定していたのは、25か国中たった3か国にすぎなかったにもかかわらず、また、触れられたところの国際条約に年齢差別禁止規定がなく、一般的な差別禁止原則として年齢差別を包含するものもないことが指摘されるにもかかわらず、それを「法の一般原則」として承認しうるかが批判された。[507]

いずれにしても、このような強引な基本権形成がEUレベルでの基本権保障に対する加盟国の不信感を招いたことは、上記にみてきたEU基本権憲章における連合の権限抑制や、次にみるEU基本権憲章と法の一般原則による基本権保障との関係性をめぐる議論に明らかである。

---

502) *Mangold*, paras.74-75.
503) この点では、指令の事前効果についても判示がなされている（paras.67-73）。
504) *Krebber*, RdA 2009, S. 224, 225 参照。
505) 「加盟国の共通の憲法的伝統」といえるかに疑問が生じるのである。もっとも、この点で先例に鑑みた合理的説明は可能とされる（庄司・新EU法基礎篇202～203頁）。
506) S. Krebber, *Comparative Labor Law & Policy Journal*, Vol.27, 2006, p.377, at 390-391; *Streinz/Herrmann*, RdA 2007, S.165, 168 参照。
507) *Preis*, NZA 2006, S. 401, 406「法的な理由付けとしてこれ以上乏しいものはめったにない」。

3. EU基本権憲章との関係

EU基本権憲章のような明文の法源が存在する今、それにもかかわらず残された法の一般原則による基本権保障という方法の存在は、裁判所に対して、解釈による基本権保障の柔軟性を確保するものとして機能しうる[508]。イギリスとポーランドへのEU基本権憲章の適用の制限が、こうした方法で克服（あるいは見方によっては骨抜きに）されうることについては、既に述べた。他方で、EU基本権憲章には、全体として、慎重にEUレベルでの権限拡大への制限がちりばめられている。これを重視すれば、EU基本権憲章の第一次法化によって、法の一般原則を用いた司法による基本権創造に一定の制約が設けられたとみるべきようにも思われる。したがって、両者（6条1項と3項）の関係が問題となる。

この点、一方では、EU基本権憲章のような明文かつ拘束力のある法規定の形成は、法の一般原則というロジックを用いた基本権形成に取って代わるものではなくて、優劣なくそれを補完するものとの見解が示される[509]。その論拠としては例えば、欧州人権条約や加盟国憲法といった、法の一般原則による基本権保障の際の法認識の源については、そのもとにおいて保障されている人権および基本的自由が、EU基本権憲章によって制限も侵害もされないことが保障されていることが挙げられる（EU基本権憲章53条）[510]。

しかし他方で、そもそも6条3項の意義に批判的であるため、成文法の優位を主張し、法の一般原則による基本権形成に厳しく反対する見解、特別規範として基本権憲章が優位するとして、法の一般原則による基本権形成の可能性[511]

---

508) こうした議論について、Calliess/Ruffert/*Kingreen*, EUV/AEUV, 5.Aufl., EUV Art.6 Rn.16 参照。そのほか考えられる意義としては、さしあたり、*Jarass*, EU-GRCh, 3. Aufl., Einl. Rn. 33 f. を参照されたい。

509) *Jarass*, EU-GRCh, 3. Aufl., Einl. Rn. 33 f., Art. 53 Rn. 8; Grabitz/Hilf/Nettesheim/*Schorkopf*, Das Recht der EU, EL 51, 2013, Art. 6 Rn. 50 参照。

510) *Jarass*, EU-GRCh 3. Aufl., Einl. Rn. 34, Art. 53 Rn. 8 参照。なお、憲章53条の「人権および基本的自由」が、憲章でいう「権利」「自由」「原則」として解されるべきことについては、*Jarass*, EU-GRCh 3.Aufl., Art. 53 Rn. 2 参照。また、Grabitz/Hilf/Nettesheim/*Schorkopf*, Das Recht der EU, EL 51, 2013, Art.6 Rn.50 は、EU条約6条1項第2段落（EU基本権憲章による連合の権限拡大防止規定）を挙げる。

511) Calliess/Ruffert/*Kingreen*, EUV/AEUV, 5.Aufl., EUV Art.6 Rn.15 ff. 参照。

を限定的に解する見解もある[512]。また両者の同等性を認めても、前述の Mangold 事件先決裁定のような権限拡大への恐れもあり、法の一般原則よる基本権の継続的形成の可能性を狭く解する主張もある[513]。

もっとも、EU 基本権憲章と法の一般原則による基本権保障の同位性を認める見解においても、実際の適用場面において先に基本権憲章による検討を行うことが適切であること、あるいは、優先して基本権憲章を適用すべきことが認められている[514]。

Ⅲ. 欧州人権条約

最後に、欧州人権条約による基本権保障であるが、これは2つの観点から論ずる必要がある。

1. 欧州人権条約への EU の加入（EU 条約6条2項）

EU 運営条約6条2項は、欧州人権条約への EU の加入を定める。これは、長らく議論されてきた欧州人権条約への連合の加入を、義務という形で実現したものである[515]。もちろん、こうした義務付けが自動的に国際条約である欧州人権条約への加入をもたらすわけではなく、加入にはいくつもの手続・要件が前提とされている[516]。しかし加入が実現すれば、欧州人権条約は EU 法上の法源として認められる。

(i) 法源としての位置付け

この点、EU 条約6条1項および3項が超国家法としての EU 法上（しかも第一次法上の）基本権保護を表すものであるのに対して、欧州人権条約への加

---

512) Schwarze/*Hatje*, EU, 3.Aufl., EUV Art.6 Rn.17 参照。
513) そのようなものとして、Grabitz/Hilf/Nettesheim/*Schorkopf*, Das Recht der EU, EL 51, 2013, Art.6 Rn.53 参照。
514) *Jarass*, EU-GRCh, 3. Aufl., Einl. Rn. 33, Art. 53 Rn. 8; Grabitz/Hilf/Nettesheim/*Schorkopf*, Das Recht der EU, EL 51, 2013, Art.6 Rn.56 参照。
515) 経緯についてはさしあたり、Grabitz/Hilf/ Nettesheim/*Schorkopf*, Das Recht der EU, EL 51, 2013, Art.6 Rn.35 ff. 参照。
516) Grabitz/Hilf/ Nettesheim/*Schorkopf*, Das Recht der EU, EL 51, 2013, Art.6 Rn.38 ff. 参照。

入は、一義的には国際法的な基本権保護への連合の拘束を意味する。[517)] 連合の加入により、EU 法上、他の国際条約の場合と同じく、[518)] 欧州人権条約はその不可欠の構成要素としても取り扱われることになる。[519)] もっとも国際条約の EU 法上の位置付けは、第二次法には優位するが、第一次法には劣位する特別なものとして解されている。[520)] したがって EU 基本権憲章、法の一般原則の下位に位置付けられる。[521)]

他方、欧州人権条約は、欧州人権裁判所という独自の司法機関によりその解釈が行われているものである。それゆえ、それ自体で EU 法体系とは別個の法体系上の法源としての地位を有する。

(ⅱ) 潜在的問題

それゆえ、EU 法上では欧州人権条約が第一次法に劣位するとしても、そうした序列付けだけで、加入が実現したあとの欧州人権条約の影響を分析しつくせるわけではない。特に問題になるのは、EU 法体系に対しては独立して欧州人権条約の解釈を司っている欧州人権裁判所の判断への、連合の拘束である。

ここでまっさきに問われるのは、ECJ と欧州人権裁判所の管轄の境界分けの問題である。[522)] とりわけ EU 法上、EU 条約 6 条 2 項第 2 文が、欧州人権条約への加入が連合の権限に影響を及ぼさないものであることを規定していることとの関係で、連合法上保障されている ECJ の権限の侵害可能性が問題となる（EU 条約 19 条、EU 運営条約 344 条）。[523)]

まず、EU 運営条約 344 条との関係で問題になるのは、加盟国による欧州人権裁判所への連合の提訴の可能性である（欧州人権条約 33 条）。これが、加盟

---

517) Calliess/Ruffert/*Kingreen*, EUV/AEUV, 5.Aufl., EUV Art.6 Rn.2 参照。
518) 連合の締結した国際条約の効力については、Schwarze/*Terhechte*, EU, 3.Aufl., AEUV Art.216 Rn.13 ff. 参照。
519) Calliess/Ruffert/*Kingreen*, EUV/AEUV, 5.Aufl., EUV Art.6 Rn.27; Grabitz/Hilf/ Nettesheim/ *Schorkopf*, Das Recht der EU, EL 51, 2013, Art.6 Rn.57; *Jarass*, EU-GRCh, 3. Aufl., Einl. Rn. 44 参照。
520) Schwarze/*Terhechte*, EU, 3.Aufl., AEUV Art.216 Rn.20, 庄司・新 EU 法基礎篇 206〜207 頁参照。
521) *Jarass*, EU-GRCh 3. Aufl., Einl. Rn. 44; Schwarze/*Hatje*, EU 3.Aufl., EUV Art.6 Rn.11 参照。
522) Schwarze/*Hatje*, EU, 3.Aufl., EUV Art.6 Rn.13 参照。また、庄司・新 EU 法基礎篇 341〜343 頁参照。
523) Calliess/Ruffert/*Kingreen*, EUV/AEUV, 4. Aufl., EUV Art. 6 Rn. 31; Schwarze/*Hatje*, EU, 3. Aufl., EUV Art. 6 Rn. 13 参照。

国において「基本条約の解釈または適用に関する紛争を当該条約に定められる以外の解決方法に訴えない」ことを定める EU 運営条約 344 条に反するのではないかという疑義がある。もっとも、欧州人権条約の解釈としては、それは ECJ での訴訟を前提とする（欧州人権条約 35 条）ため、同条が違反が生じることはないとされる[524]。

次に、たしかに、欧州人権裁判所が EU 法の欧州人権条約への適合性を審査する可能性はあり、EU 条約 19 条との関係で ECJ の連合法の解釈・適用権限への侵害の疑義が生じる。これまでのいわゆる「同等の保護」理論による欧州人権裁判所の配慮も、EU 自身が欧州人権条約に加盟するからには、条約締結当事者の平等の観点から、意味をなくす可能性がある[525][526]。そしてここでの問題は、欧州人権裁判所が条約締結当事者の裁判所に与えられる「評価の余地（margin of appreciation）」をどのように解するかに左右される、との指摘がなされる[527]。しかし少なくとも、欧州人権裁判所が EU の法行為の「破棄権限（Verwerfungskompetenz）」を有しているわけではない点で、ECJ の権限は残されるといわれる[528]。

こうした管轄問題とは別に、さらに一般に問題になるのは、欧州人権条約と EU 法という両法秩序の間での、具体的事案への判断の矛盾可能性である。とりわけ、EU 法内では欧州人権条約が法認識の源あるいは第一次法に劣位する法源として扱われている一方で、上記のように EU は欧州人権条約の法秩序に拘束されることが、こうした矛盾可能性の解消を重要なものとする[529]。この点、EU 法上も欧州人権条約上も裁判所の誠実協力義務が導き出せるとして、お互

---

524) Calliess/Ruffert/*Kingreen*, EUV/AEUV, 4. Aufl., EUV Art. 6 Rn. 33; Schwarze/*Hatje*, EU, 3. Aufl., EUV Art. 6 Rn. 13 参照。
525) この点についてはさしあたり、庄司・新 EU 法基礎篇 321〜324 頁、同「欧州人権裁判所の『同等の保護』理論と EU 法」慶應法学 6 号（2006 年）285 頁を参照されたい。
526) Streinz/*Streinz/Michl*, EUV/AEUV, 2. Aufl., EUV, Art. 6 Rn. 22 参照。
527) Calliess/Ruffert/*Kingreen*, EUV/AEUV, 4. Aufl., EUV Art. 6 Rn. 32 参照。また、Streinz/*Streinz/Michl*, EUV/AEUV, 2. Aufl., EUV Art. 6 Rn. 22 参照。
528) Schwarze/*Hatje*, EU, 3.Aufl., EUV Art.6 Rn.13 参照。
529) Schwarze/*Hatje*, EU, 3.Aufl., EUV Art.6 Rn.14 参照。しかも上記のとおり、EU 法に関して欧州人権裁判所がその欧州人権条約適合性を判断しうるといっても、EU 法に関する終局的な管轄が欧州司法裁判所に残されることが前提とされていることに、留意されるべきであろう。

いに判断の齟齬を回避するべきことを説く見解がある[530]。欧州人権裁判所の側では上記の「評価の余地」理論が機能するし、ECJ の側では、EU 基本権憲章52 条 3 項および 53 条が意味を有するとされる[531]。

2. EU 法上の法認識の源としての欧州人権条約

実は、ここで挙げられている EU 基本権憲章 52 条 3 項によって、欧州人権条約には、それ自体として拘束力を有する「法源（Rechtsquelle）」とは別の位置付けが与えられる。そしてかかる地位において、欧州人権条約は、EU 法上、その不可欠の構成要素としての国際条約として扱われるよりも強い影響力を発揮しうる[532]。

EU 基本権憲章 52 条 3 項は、第一次法である EU 基本権憲章の解釈においては、欧州人権条約上の権利に対応する規定が、同条約と同じ意味・射程として解されるとするものである。この場合たしかに、理論的にいえば、欧州人権条約は（法の一般原則による場合と同じく）「法認識の源（Rechtserkenntnisquelle）」として機能するにすぎない[533]。しかし重要なのは、国際法的な義務付けの場合とは異なって、EU 法上、第一次法に劣位する法源として位置付けられるわけでもないことである[534]。EU 基本権憲章の解釈における法認識の源として機能する場合、欧州人権条約はむしろ、EU 基本権憲章という第一次的 EU 法上の基本権に対して、最低基準を示すものであるといえる[535]。こうした欧州人権条約の機能は、それへの連合の加入によるの国際法的な義務付けとは区別して認識されるべきである[536]。そして欧州人権条約の参照の際には、欧州人権裁判所の

---

530) Schwarze/*Hatje*, EU, 3.Aufl., EUV Art.6 Rn.14 参照。この点、庄司・新 EU 法基礎篇 343 頁も参照。
531) 第一次法として取り込まれた EU 基本権憲章は、同憲章第 7 編（51〜54 条）にしたがって解釈されねばならない（EU 条約 6 条 1 項第 3 段落参照）。
532) Däubler/*Heuschmid*, Arbeitskampfrecht, 4. Aufl., §11 Rn. 12; Meyer/*Borowsky*, EU-GRC, 4. Aufl., Art. 52 GRC Rn 34 参照。
533) *Jarass*, EU-GRCh, 3. Aufl., Art. 52 Rn. 64 参照。
534) *Jarass*, EU-GRCh, 3.Aufl., Einl. Rn. 45 参照。
535) Calliess/Ruffert/*Kingreen*, EUV/AEUV, 5.Aufl., EUV Art.6 Rn.27 参照。なお、EU 基本権憲章 52 条 3 項第 2 文の文言上、EU 基本権憲章が欧州人権条約を超える保障を行うことは許容されていると解されることについては、*Jarass*, EU-GRCh, 3. Aufl., Art. 52 Rn. 62 参照。
536) Grabitz/Hilf/ Nettesheim/*Schorkopf*, Das Recht der EU, EL 51, 2013, Art.6 Rn.57 参照。

解釈が考慮されなければならない。[537]

第2項　労働者の社会的基本権保障に果たす役割

それでは、このような基本権保障についての新たな法状況、とりわけEU基本権憲章の第一次法化と欧州人権条約への加入（可能性）は、労働者の社会的基本権保障、なかんずく自由移動原則との衝突が問題となっている（争議権が属するところの広義の）団結権の保障という観点からは、どのように評価されるべきであろうか。

Ⅰ．EU基本権憲章の限界

社会的基本権を含む形で初めて、明文かつ法的拘束力を有する基本権カタログが第一次法上にもたらされたことそれ自体は、評価されるべきであろう。[538]もっとも、詳細に検討していけば、その限界も明らかになってくる。

1．カタログの内容

そもそも、EU基本権憲章は既にリスボン条約改正以前から、法の一般原則という伝統的な手法を通じて、ECJによるEU法上の基本権保障のあり方に影響を与えていた。このことは、社会的基本権にもあてはまり、Viking事件やLaval事件が「争議権」を保障したロジックにそれが顕著である。[539]

さらに問題は、社会的基本権の中身と位置付けである。中身の点でいえば、上記に述べたとおり、EU基本権憲章はこれまでの基本権保障の現状を「可視化」するものにすぎないものとされており、あらたな基本権を創出するものでも、これまでの基本権をさらに強化するものでもない。むしろ社会的基本権の規定内容を他のカタログ――例えばリスボン条約にいたってもいまだそれ自[540]

---

537) *Jarass*, EU-GRCh, 3. Aufl., Art. 52 Rn. 65; Schwarze/*Becker*, EU, 3.Aufl., GRC Art.52 Rn.16 参照。
538) EU基本権憲章が、欧州司法裁判所判例や欧州連合そのものと異なり、包括的なアプローチを採用していることについては、Grabitz/Hilf/Nettesheim/*Mayer*, Das Recht der EU, EL 41, 2010, nach Art.6 EUV Rn.34 参照。欧州司法裁判所による法の一般原則を用いた基本権形成が、事案の特殊性に左右される断片的かつ非体系的なものであることを考慮すれば（*Weiss*, AuR 2001, S.374, 374 参照）、こうしたカタログ形成の意義は認識されよう。
539) P. Syrpis, *ILJ*, Vol.37, No.3, 2008, p.219, at 231-232 参照。
540) P. Syrpis, *ILJ*, Vol.37 No.3, 2008, p.219, at 231-232 参照。

体として法的拘束力を有するものとされず、EU運営条約151条において考慮されているにすぎない欧州社会憲章（しかも1996年5月3日版ではなくて、いまだに1961年版）と1989年共同体憲章——と比較した場合、EU基本権憲章は後退であるとの指摘すらある。[541]

2. 基本権としての地位

もっとも、本書の関心からいえば、問題は権利の存否そのものではなくて、その位置付け、すなわちそれがあるとした場合の、自由移動原則との関係如何である。[542] EU基本権憲章はたしかに28条において団体行動権および団体交渉権を規定しているが、スト権を含めた団体行動権ないし争議権自体は、リスボン条約改正前のViking、Lavalの両事件においても認められていたことは、既に確認してきたとおりである。そして両事件においてこうした争議権という基本権は、「法の一般原則」というロジックを用いて承認されたのであるから、本来、同じく第一次法である基本条約に定められる自由移動原則とは、少なくとも規範の序列上対等性を有する、ということが当然導かれるべきであった。問題は、これも既述のとおり、形式的にも実質的にも、両先決裁定においてはそれが達成されなかったことである。

この点、確認したように、リスボン条約改正後のEU条約6条1項は、明文でEU基本権憲章上が基本条約と「法的に同じ地位にある」ことを認めることによって、EU基本権憲章を第一次法化した。したがってEU基本権憲章28条に保障が含まれる争議権と基本条約上に定められる自由移動原則とは、たしかに、対等性を有するべきものである。しかしこれはViking、Laval両事件において本来認められるべきだったはずのことであって、この限りでは第一次法化は大した意味を有するものではない。むしろ第一次法化によってはっきりさせられたのは、規範の序列上、EU基本権憲章に定められる基本権が、基本条

---

541) Calliess/Ruffert/*Krebber*, EUV/AUEV, 5. Aufl., EU-GRCh Art. 27 Rn. 1 (bes. dort Fn. 1), Rn.3; *Krebber*, RdA 2009, S. 224, 234; *Lörcher*, AuR 2000, S. 241, 242 ff.; Ders., AR-Blattei SD, 690.3, 2002, Rn. 97 参照。そこで主張されているのが、EU基本権憲章の解釈におけるそれらの援用だが（*Jarass*, EU-GRCh, 3. Aufl., Art. 52 Rn. 82）、懐疑的見解として *Krebber*, RdA 2009, S. 224, 235 参照。
542) P. Syrpis, *ILJ*, Vol.37 No.3, 2008, p.219, at 233 参照。

約に定められる自由移動原則に優位するものではないということである。こ
のように、EU 基本権憲章上の基本権を優位させるわけではないという考え方
は、基本条約という第一次法との関係一般につき強調されている（EU 基本権
憲章 51 条 2 項、52 条 2 項）。もっとも、優位しないだけで対等だというのであ
れば、先に述べたような最低限の解決、すなわちドイツでいうところの実践的
調和のような解決は可能である。

憂慮されるのは、EU 基本権憲章のいくつかの社会的基本権条項に加えられ
ている制限的文言が、それら社会的基本権の基本権としての地位を貶める危険
性である。例えば、まさに Viking 事件および Laval 事件のような事案で重要
な 28 条（団体交渉権および団体行動権）には、「連合法ならびに個別国家の法規
定および慣習に従い」権利が保障されることが規定される。同様の規定は、企
業内における情報提供および意見聴取に対する権利を定める 27 条と、不当解
雇に際しての保護に関する 30 条にも見出され、27 条では「従い」ではなくて、
「規定される場合にその条件下において」という文言が用いられている。これ
らの基本権は従って、その保障の程度だけでなく、そもそもその有無までが、
言及されているところの「連合法」に左右されるとも理解可能である。イギ
リスの A.C.L. Davies 教授は、Viking 事件および Laval 事件での ECJ による
争議権の承認が、自由移動原則（のもたらす比例相当性審査）への適合を条件と
していると指摘したが、まさにこのことが、これらの社会的基本権と EU 法
一般との関係であてはまりうるのである。EU 基本権憲章の第一次法としての
位置付けにもかかわらず、Viking、Laval 両先決裁定におけると同様に、争議
権のような社会的基本権が自由移動原則に劣位させられる可能性がある。極端
に解釈すれば、ここの「連合法」には第二次法が明確に排除されているわけで
はないので、「基本権」とされている権利が第二次法にすら劣位するという解

---

543) *Konzen*, in: Joost/Oetker/Paschke (Hrsg.), FS Säcker, München 2011, S. 229, 237; *Krebber*, RdA 2009, S. 224, 234 参照。
544) *Krebber*, RdA 2009, S. 224, 234 参照。
545) *Konzen*, in: Joost/Oetker/Paschke (Hrsg.), FS Säcker, München 2011, S. 229, 237 参照。
546) *Krebber*, RdA 2009, S. 224, 234 参照。
547) A.C.L. Davies, *ILJ*, Vol. 37, No. 2, 2008, p. 126, at 141.

釈も排除されているわけではない。[548]

3. 国内法への配慮

しかし他方で、「個別国家の法規定および慣習」に従い、または、それらに規定される条件下において上記の社会的基本権が保障されるというのであれば、逆に、EU 法による基本権の浸食を抑制しうるのではないか、とも思える。すなわち、これらの社会的基本権については、加盟国内法の定めるところの基本権の様式と限界が考慮されなければならないのであり、その限りで自由移動原則に対するある種の防波堤の役割を果たしうるという解釈である。[549]

実は、こうした解釈に親和的な考え方が、ECJ の裁判官によっても示されている。2006 年 10 月より EU 司法裁判所の裁判官である Thomas von Danwitz 教授は、「ヨーロッパにおける集団的自治の未来（Die Zukunft der Kollektivautonomie in Europa）」というテーマのもと 2009 年 6 月 19 日に開催された第 7 回ゲッティンゲン労働法フォーラム（Das Göttinger Forum zum Arbeitsrecht）において、ラヴァル・カルテットに浴びせられてきた批判に対して、Viking 事件先決裁定を擁護して次のように反駁している。

「労働争議の比例相当性審査を実際には加盟国の裁判所に委ねることによって、欧州司法裁判所は……センシティヴな基本権の評価問題への回答を国内裁判所に委ねたのであって、それにより、実際の比較考量の判断を加盟国の評価の文脈に委ねているのである。こうしたことに対応して、……Viking 事件においても、欧州司法裁判所の判例の実際の意味というのは結局、加盟国の憲法的伝統から導かれるような基本権基準に応じた基本的自由〔自由移動原則〕の制限への道を開いたところにある」。「私は、欧州司法裁判所の基本的自由と基本権に関する判例は全くもって均衡のとれたものだと考える」。[550]

---

548) *Krebber*, RdA 2009, S. 224, 234 参照。
549) *Kingreen*, Soziales Fortschrittsprotokoll, Frankfurt a.M. 2014, S.49 においては、こうした解釈が「考えうる（denkbar）」とされる。
550) *von Danwitz*, EuZA 2010, S. 6, 17.

なるほど、EU 基本権憲章 28 条に定められるような「個別国家の法規定および慣習に従い」という留保も、Thomas von Danwitz 教授が Viking 事件先決裁定の意味として指摘するのと同じように、「加盟国の憲法的伝統から導かれるような基本権基準に応じた自由移動原則の制限」を認めたものと読めなくもない。

　しかしこうした解釈には（したがって Viking 事件先決裁定に対する von Danwitz 教授の理解にも）、少なくとも現実性が欠けているものと思われる。こうした加盟国法に依拠した判断手法の行き着く先は、ある自由移動が、特定の加盟国との関係では保障され、特定の加盟国との関係では保障されないという、自由移動原則の非統一的な解釈・適用である。とりわけ EU 法上一貫して中核的原則をなしてきた自由移動原則との関係で、ECJ がこのような解釈を受け入れるということは考えにくい。また EU 基本権憲章の解釈としていえば、それらの留保がそのような特別な効果を有するかにも疑問がある。これら個別規定上の留保というのは、憲章上一般に「個別国家の法規定および慣習」の考慮を求める EU 基本権憲章 52 条 6 項の特別規定と捉えることができるが、こうした規定というのは、既に言及した憲章 51 条 2 項における権限付与の否定と同じように（前述第 1 項 I の 3 参照）、個別授権原則に鑑みれば改めて規定するまでもないが、とりわけ ECJ を通じた連合の権限拡大への加盟国の不信感を表した、「懸念条項（Angstklausel）」としての意味を有するにすぎないともいわれるからである。

4. 小括

　以上のように、EU 基本権憲章は内容的にみても位置付けをみても労働者の

---

551) *Kingreen*, Soziales Fortschrttsprotokoll, Frankfurt a.M. 2014, S. 49 f. 参照。

552) 基本権憲章 28 条に関し、*Kingreen*, Soziales Fortschrittsprotokoll, Frankfurt a.M. 2014, S.48; より一般的に、*Jarass*, EU-GRCh, 3. Aufl., Art. 52 Rn. 79 参照。

553) Calliess/Ruffert/*Kingreen*, EUV/AEUV, 5. Aufl., EU-GRCh Art. 52 Rn. 41; *Kingreen*, Soziales Fortschrittsprotokoll, Frankfurt a.M. 2014, S. 48 f.; Meyer/*Borowsky*, EU-GRC, 4. Aufl., Art.52 Rn.46b 参照。Meyer/*Borowsky*, a.a.O., Rn.46 は、EU 基本権憲章 52 条 6 項のような規定を「宣言的な性格」のものとして位置付け、「無用」とまで評する。同項について同じく「懸念条項」という表現を用いるものとして、*Rengeling/Szczekalla*, Grundrechte in der Europäischen Union, Köln 2004, Rn. 479 参照。

社会的基本権保障を大きく前進させるものとはいい難い。むしろ争議権などいくつかの権利に関しては、その基本権としての地位を貶める危険性すらある。また、加盟国法上の基本権水準を絶対的に留保しうるものとも思われない。こうした状況もあって、EU基本権憲章はこの分野ではむしろ後退であるとして、そこでは社会的「基本権」あるいは社会的「人権」という表現ではなく、「社会的権利」という概念を使用したほうが適切とまでいわれる[554]。そこまでの評価が妥当するかどうかは別としても、自由移動原則との相克事案において、EU基本権憲章それ自体が果たす役割には限界があるといえよう。

II. 欧州人権条約の意義の不明確性

そこで、（広義の）団結権と自由移動原則との関係に関して、むしろ期待が表明されるのが、欧州人権裁判所の欧州人権条約の解釈の影響である。こうした期待の背景には、欧州人権裁判所が欧州司法裁判所とは異なって欧州人権条約上の基本権を出発点とすることがある[555]。

欧州人権条約は、一見すると市民的自由・権利をその内容的中心としており、EU基本権憲章とは異なって争議権のような社会的基本権を規定していない。しかし、欧州人権裁判所は集会および結社の自由を定める欧州人権条約11条から、団体交渉とスト権を含む広義の団結権を導き出している[556]。

たしかに、EUが欧州人権条約に加盟すれば、欧州人権裁判所によって展開された団結に友好的な解釈が、EUにも影響する可能性はある。しかし、実際にどの程度のインパクトを有するかは不明確である。というのも既に述べたとおり、EUの加盟によって欧州人権条約はEU法上の法源とはなるが、一次法の下位に位置付けられるため、自由移動原則との関係ではその果たしうる役割に限界がある。また、仮に欧州人権裁判所がEU法の欧州人権条約への適合性を審査するとしても、そこではECJのEU法の解釈権限が残ることが前提とされている。もちろん、実際にどのような役割分担が両裁判所の間で行われる

---

554) Calliess/Ruffert/*Krebber*, EUV/AEUV, 4. Aufl., EU-GRCh Art. 27 Rn. 4 参照。
555) こうした期待を表すものとして、P. Syrpis, *ILJ*, Vol.37, No.3, 2008, p.219, at 233-234 参照。
556) この点については、*Grabenwarter/Pabel*, Europäische Menschenrechtskonvention, 5. Aufl., München 2012, § 23 Rn. 86 参照。

のかということ自体、未だ不明確ではある。

　現時点でよりはっきりしているのは、EU基本権憲章52条3項を通じて、欧州人権裁判所が大きな影響力を及ぼしうるということである。既に述べたように、同項によって欧州人権条約は、理論上は法認識の源とされるにすぎないが、EU基本権憲章上の基本権の最低基準を示すものとして、実際上それ以上の役割を果たしうるものである（前述第1項Ⅲの2参照）。同項に関しては、まず、そこに規定される「対応する権利」という要件を、EU基本権憲章28条との関係で欧州人権条約11条（から導かれるところの広義の団結権）が満たすかどうかに問題があるものの、この点は要件充足を肯定することも可能である。[557] しかしながら、仮に「対応する権利」の要件を満たしたとしても、これまでの欧州人権裁判所判例の射程が、連合法に特有の自由移動原則と団結権の緊張関係に及ぶかには、不明確さが否めない。[558]

Ⅲ．マンゴルト・ショックのトラウマ？

　これまで基本権保障の発展、なかんずくその具体的内容形成は、ECJの判例に依存してきたといわれるが[559]、以上から結論としていえば、こらからもECJが内容形成を担うであろう[560]。このことは、一次法上に十分といえるカタログを欠き、数ある規範的基礎の関係が整除されていない社会的基本権については、なおさらあてはまりうる[561]。結局のところ、リスボン条約改正そのものによって社会的基本権保障が発展したという評価はしがたく、いまなお、法解釈による基本権保障の発展に重要な役割が与えられているといえよう。

　しかし忘れてはならないのは、かかる解釈を担うECJは、自身のロジックからして両者の規範の序列上の同位性が明らかにもかかわらず、争議権という労働者の社会的基本権を自由移動原則に劣位させたということである。リスボ

---

557) Däubler/*Heuschmid*, Arbeitskampfrecht, 4.Aufl., § 11 Rn. 13; *Kingreen*, Soziales Fortschrittsprotokoll, Frankfurt a.M. 2014, S. 52 f.参照。もっとも、*Krebber*, RdA 2009, S. 224, 231（Fn.68 und 235）は疑問を呈する。

558) *Kingreen*, Soziales Fortschrittsprotokoll, Frankfurt a.M. 2014, S. 54 参照。

559) Schwarze/*Hatje*, EU, 3.Aufl., EUV Art.6 Rn.1 参照。

560) Grabitz/Hilf/Nettesheim/*Mayer*, Das Recht der EU, EL 41, 2010, nach Art.6 EUV Rn.45 参照。

561) *Krebber*, RdA 2009, S. 224, 231; Calliess/Ruffert/*Krebber*, EUV/AEUV, 4. Aufl., EU-GRCh Art. 27 Rn. 1 参照。

ン条約改正は、そのECJに、今後の社会的基本権の発展を引き続き大きく委ねたのである。

たしかに、EU基本権憲章についてみたように、ECJに対する「懸念」を表す条項が幾重にも設けられている。しかしそれは、Viking、Laval事件のような基本権の制限を抑止しようという動機によるものではなくて、Magold事件先決裁定のような、疑義のある形での基本権創出（前述第1項Ⅱの2）に対するものであった。権限拡大への不安のあまり何重にも加えられたこうした制限的規定の結果は、憲章上の基本権が二次法にすら劣位しかねないという、基本権を貶める危険性であった。

このような条約の主人たる加盟国の態度に対して、ドイツのSebastian Krebber教授は、ECJが自身の展開した態度を自身で修正することはほとんど期待できないとしたうえで、次のように批判している。

> 「EU基本権憲章とリスボン条約についての検討から結局のところ明らかになったのは、加盟国が、第一義的にはMangold先決裁定のような諸判例に直面して不安に支配されており、ほとんど可能な限り、はなから社会権の効力を奪うような措置を講じたに近い、ということであった。この点、そうすることによって同時に、基本的自由〔自由移動原則〕とのはっきりとしたバランスをもたらしうる、現行のヨーロッパ法を背景とすると唯一考えうる手段を封じているということには、いまだ考慮が及んでいないままのようである。……社会権に対する基本的自由の優勢が、共同体法上社会権を実質的に保障するための法政策的分析の結果のものでないということは、きわめて不名誉なことである」[562]。

---

562) *Krebber*, RdA 2009, S. 224, 236.

第3節　団体交渉権と開業・サービス提供の自由

　以上、リスボン条約改正の意義や欧州司法裁判所（ECJ）の自省能力について、やや悲観的に過ぎる評価を加えていると思われるかもしれない。かかる評価の当否は、現行法下における判例の展開をみて判断するほかなかろう。

　実はこの点、リスボン条約改正後に、（広義の）団結権と自由移動原則との相克に関して、新たに Commission v Germany 事件判決が下されている[563]。市町村自治体の公募義務違反が問題となっているという事案の特殊性はあるものの、合理的に解釈すれば、本件は Viking 事件および Laval 事件のいわば続編として、そして今度は団体交渉権と開業・サービス提供の自由との相克を扱ったものと捉えることができる。

　本判決からは、一方では、ECJ がラヴァル・カルテットにおける自身の判示への批判を意識しているが根本的な判例変更に踏み切れないでいる現状を、他方では、こうした問題へのリスボン条約改正の意義の限定性を、うかがい知ることができる。

　なお、同事件で問題とされている事実自体はリスボン条約が適用されないはずの時期のものであるが、確認していくように欧州司法裁判所がリスボン条約改正後の条文を援用していることから、その影響を探ることができる[564]。

第1項　Commission v Germany 事件判決

Ⅰ．事案の概要

　本件の訴訟類型は、Viking 事件や Laval 事件とは異なって義務不履行訴訟（EU 運営条約 258 条）という形を取っている[565]。すなわち、ドイツが EU 法上の義務を履行していないものとして、その違反宣言を求め、欧州委員会がドイツを相手取って直接に ECJ に訴えたものである（なおデンマーク、スウェーデ

---

563) ECJ judgment of 15.7.2010, Case C-271/08 [*Commission v Germany*] ECLI:EU:C:2010:426.
564) *Kingreen*, Soziales Fortschrittsprotokoll, Frankfurt a.M. 2014, S.33 f. 参照。
565) この訴訟類型については、庄司・新 EU 法基礎篇 149 頁以下参照。

がドイツ側の補助参加人として訴訟参加)。

　違反を問われたのは、EEC 指令 92/50[566] および EC 指令 2004/18[567]（以下、両者を合わせて「本件公共調達指令」ともする）上の義務である。本件公共調達指令は、原則的に全ての公共調達について EU レベルでの公募義務を課す[568]。訴訟前手続の段階では、欧州委員会は開業の自由およびサービス提供の自由への違反も指摘しているが[569]、この背景事情として、本件公共調達指令の立法根拠を指摘できる。すなわち、これら指令の制定は、両自由を促進するために与えられた権限（EC 条約 47 条 2 項および 55 条）に基づいていたのである。

　義務違反の根拠事実とされたのは、ドイツの市町村自治体において通用していた、ある公共調達の契約先決定方法であった。すなわち、事業所退職年金（使用者から労働者に対して約される老齢年金、障害年金、もしくは遺族年金——ドイツ事業所退職年金法 1 条 1 項）の実施主体の決定方法である。ドイツにおいては、労働者の財政的負担による事業所退職年金の存在形式として、賃金から一定額を積み立てていくものである報酬転換（Entgeltumwandlung——同法 1 条 2 項 3 号）が認められている。そして、市町村自治体の被用者についても報酬転換が行われていた。問題は、多くの市町村自治体において、EU レベルでの公募なしに、特定の組織あるいは企業にのみ当該年金の実施についてのサービス契約が与えられていたことである（以下、「本件契約付与」ともする）。こうした契約付与の仕方が本件公共調達指令上の公募義務に適合しないものであることは、争われていない。

　むしろ本質的な争点は、こうした契約先の特定が、労働協約に基づいてなされていたところから生じる。この協約による特定の背景となるのは、事業所退職年金法の体系である。報酬転換による事業所退職年金の実施主体の決め方は法定されており（1a 条 1 項第 2 文および 3 文）、合意または使用者もしくは（場

---

[566] Council Directive 92/50/EEC of 18 June 1992 relating to the coordination of procedures for the award of public service contracts, OJ（92）L 209, p. 1.

[567] Directive 2004/18/EC of the European Parliament and of the Council of 31 March 2004 on the coordination of procedures for the award of public works contracts, public supply contracts and public service contracts, OJ（2004）L 134, p. 114.

[568] この点につき、ドイツ国内法への置換えの状況も含め、*Wagner=Weber*, BB 2010, S. 2499, 2500 参照。

[569] *Commission v Germany*, para. 30 参照。

合によっては）労働者の指定によって実施主体が決せられうることが規定されている。合意による限り、あらゆる組織・企業に契約付与の可能性が存することになる。ところが、同条自体協約任意規定とされ（17条3項第1文）、さらに、協約賃金について報酬転換を行うとする場合には、協約によって予定あるいは許容されている必要がある（17条5項）。このように、報酬転換による事業所退職年金は協約によって規律され、実施主体が指定されることがあり、本件がそうであった。

具体的には、2003年2月18日に、市町村自治体使用者団体連名（VKA）と各組合（統一サービス産業労働組合連合 ver. di、ドイツ官吏組合協約団体 dbb tarifunion）との間で、報酬の年金貯蓄金への転換に関する労働協約（以下、「本件報酬転換協約」）が締結された。問題となったその6条においては、州レベルでの別異取決めの可能性は残すものの、基本的に3つのドイツの年金事業者に実施主体が限定されていた。このような協約上の特定に基づいて、市町村自治体が公募を経ずに契約付与を行っていたことが、EUレベルでの公募義務に反するものとして問題視されたのである。

ドイツ側は、本件契約付与が労働協約である本件報酬転換協約6条に従ったものであり、その性質および内容からして本件公共調達指令の適用範囲外に置かれるべきものであることを主張したため、そうした意味での指令の適用可能性が争点となった。[570]

Ⅱ．判旨

本判決は、以下のように述べ指令の適用を肯定し、結論としてはドイツが指令に違反するものと確認した。

1. 団体交渉権と開業・サービス提供の自由の対置

欧州司法裁判所はまず、ドイツ側の主張を次のようにまとめている。

---

570) なお本件では、本件公共調達指令上に定められる指令の適用要件（契約の分類、契約額）が満たされているかどうかという意味での「適用」の可否も争われているが（*Commission v Germany*, paras. 68-104)、純粋に第二次法たる本件公共調達指令の解釈問題である同争点については、ここでは検討対象としない。

> 「ドイツ、デンマーク、スウェーデンは同様に、本件報酬転換協約 6 条指定の組織あるいは企業への契約付与（以下「本件契約付与」）は、その性質および内容からして、指令 92/50 および 2004/18 の適用範囲外におかれるものであることを主張している。これらの加盟国は、Albany 事件（Case C-67/96 Albany [1999] ECR I-5751）および Woude 事件（Case C-222/98 van der Woude [2000] ECR I-7111）における当裁判所の判示が本件においても適用されるべきとしたうえで、本件契約付与は労使間で交渉して取り決められた労働協約、すなわち本件報酬転換協約 6 条を実施するものであった、という事実にその主張の基礎をおいている」。〔Para. 36.〕

既にみた Albany 事件（それを確認したのが van der Woude 事件）での ECJ の判示は、ヨーロッパ競争法との必然的な衝突（可能性）に配慮し、労働協約をその適用範囲外に置いたものであった（第 1 章第 3 節第 2 項 II）。そこでは、協約自治ないし団体交渉権の保障まで踏み込んだ判示がされていなかったが、労働協約の社会政策的な目的の重要性を介して、そうした適用除外が導かれていたのである。

他方で本判決は、Viking 事件や Laval 事件を背景として、またリスボン条約改正を背景として、上記のようなドイツ側の主張に答えるにあたって、次のように明確に踏み込んでいる。

> 「これに関しては、以下のことが指摘されるべきである。第一に、本件報酬転換協約の締結当事者が行使しているのは団体交渉権（the right to bargain collectively / das Recht auf Kollektivverhandlungen）であるところ、この権利は、加盟国が関与または参加した様々な国際的法的文書（instruments / Rechtsakte）において、また、加盟国が共同体レベルでもしくは欧州連合の枠組みの中で作り出した法的文書の規定双方において、承認されているものである。前者には、1961 年 10 月 18 日にトリノで署名され 1996 年 5 月 3 日にストラスブールで改正された欧州社会憲章の 6 条のようなものがある。また後者には、1989 年 12 月 9 日にストラスブールで開かれた欧州首脳理事会の会合で採択された労働者の社会的基本権に関する共同体憲章の 12 条や、EU 基本権憲章の 28 条のよう

なものがある。そして EU 基本権憲章については、欧州連合条約 6 条が基本条約と同一の法的価値を与えているところである」。〔Para. 37.〕

リスボン条約改正後の条文については、さらに次のものに触れる。

「EU 基本権憲章 52 条 6 項との関連で解釈されるべき同憲章 28 条からは、団体交渉権という基本権の保護にあたっては、特に各国の国内法や国内慣行を十分に考慮に入れなければならない、ということが明らかである」。〔Para. 38.〕

「さらに、EU 運営条約 152 条によれば、欧州連合は、国内制度の多様性を考慮に入れたうえで、EU レベルでの労使の役割を承認し、促進するものである」。〔Para. 39.〕

そして Albany 事件におけるのと同じように、協約の社会政策的目的を認める。

「第二に指摘されるべきは、争訟当事者間で争いがないように、本件報酬転換協約は一般的にいえば、社会政策的な目的を追求するものだということである。本協約の目的は、事業所退職年金法に従う形で労働者の報酬の部分的な転換による年金貯蓄金の積立を促進することによって、関係する労働者の退職年金水準を高めることにあったのである」。〔Para. 40.〕

しかしながら、続けて以下のように判示し、本件公共調達指令の不適用を否定している。

「しかしながら、団体交渉権が基本権たる性格を有していることや、本件報酬転換協約が全体として社会政策的目的を追求するという事実だけで自動的に、使用者たる市町村自治体が、公共調達の領域で開業の自由とサービス提供の自由を実現するものである指令 92/50 および指令 2004/18〔本件公共調達指令〕から生じる義務を負わないということにはならない」。〔Para. 41.〕

「当裁判所は既に、以下のように判示してきた。すなわち、労働協約の条項は

第3節　団体交渉権と開業・サービス提供の自由　*187*

ヒトの自由移動規定の適用範囲から除外されるものではない、ということである（Viking 事件 Case C-438/05 *International Transport Workers' Federation and Finnish Seamen's Union* [2007] ECR I-10779, para.54 および引用先例参照）」。〔Para. 42.〕

「加えて、団体交渉権のような基本権の行使は、一定の制限に服しうる（同趣旨のものとして、Viking 事件 para.44、また、Laval 事件 C-341/05 *Laval un Partneri* [2007] ECR I-11767, para.91 参照）。特に、たしかにドイツにおいて団体交渉権は、基本法9条3項（労働条件および経済条件の維持促進のための団結結成の権利）によって一般に与えられる憲法上の保護を享受するものではあるが、EU 基本権憲章 28条に規定されるように、当該権利の行使は EU 法に調和するものでなければならないのである」。〔Para. 43.〕

「したがって、団体交渉権という基本権の行使は、EU 運営条約により保障される自由の結果生じる義務と調和的なものでなければならない。そして本件では、指令 92/50 および指令 2004/18 が当該自由を実現しようとするものなのである。また、団体交渉権という基本権の行使は、比例相当性原則にも従わねばならない（同趣旨のものとして、Viking 事件 para.46、Laval 事件 para.94 参照）」。〔Para. 44.〕

　ここまでの判示をみるに、1つの疑念が生じる。すなわち、EU 基本権憲章に基本条約と「同一の法的価値」が与えられた、すなわち同憲章が第一次法化されたことに触れられたうえで、団体交渉権が基本権たる性格を有していることが肯定されているとすれば、いったいいかなる構成において、第二次法たる本件公共調達指令から生じる義務を、協約当事者たる市町村自治体がその団体交渉権の行使において負うことになるのか、ということである。ECJ は、上記の判示のなかで、EU 基本権憲章 28条が EU 法に調和的な団体交渉権の行使を求めていると指摘した。そして後に確認するように、本判決は具体的な判断においては、本件公共調達指令を主たる基準とした評価を行ったうえで、本件報酬転換協約による特定を理由とした指令の不適用を否定している。

　ここでの問題は要するに、このような ECJ の判断手法が、まさに、EU 基本権憲章 28条などに加えられた制限的規定が基本権を第二次法にも劣位させう

るという極端な解釈を（前述第 2 節第 2 項 I の (iii) 参照）、団体交渉権と本件公共調達指令との関係において体現しているのではないか、とも思えてしまうことである。

しかし実は、上記に引用した判示の最初（para. 41）と最後（para. 44）において、ECJ が、本件公共調達指令は開業・サービス提供の自由を「実現するもの」だということを強調しているのが重要である。[571] すなわち、ECJ はここで、団体交渉権に対して、本件公共調達指令に具現されたものとしての開業・サービス提供の自由を対置させているのである。このような、自由移動原則を具体化した基準として指令を用いる手法は、Laval 事件先決裁定にもみられたとおりである（前述第 1 節第 2 項 II の 1 および 5）。

このように理解すれば、基本権として認められた団体交渉権が第二次法に従属するという結果を回避することができるし、[572] また、上記の判示において何故、団体交渉権と自由移動原則との関係についての見解が示されたのか（paras. 42-44）にも説明がつく。さらにこの後、本判決が基本権と自由移動原則との調和についての判例である Schmidberger 事件先決裁定を参照していることも、[573] こうした理解の証左となりうる。

したがって本件は、Viking 事件、Laval 事件のいわば続編として、そして今度は団体交渉権と開業・サービス提供の自由との相克を扱ったものと捉えることができるのである。[574]

2. 分野的例外の否定、団体交渉権の「核心」

このように団体交渉権は基本権として認められたが、それに自由移動原則が

---

571) 後にみる分野的例外の否定に際しても、本件公共調達指令と開業・サービス提供の自由のこうした関係が強調されている（*Commission v Germany*, paras. 46-47）。

572) この点、本件での法務官意見が非常に分かりやすく、第一次法レベルでの衝突の解決がなされねばならないことを説明している（Opinion AG, C-271/08, paras. 175-177）。

573) *Commission v Germany*, para. 52.

574) 本件が事案の特殊性にかかわらず団体交渉権と自由移動原則との相克の問題であることについては、*Tscherner*, Arbeitsbeziehungen und Europäische Grundfreiheiten, München 2012, S. 382 も指摘する。また同じように、本件を自由移動原則と基本権との衝突事案として捉えていることが窺えるものとして、ErfK/*Wißmann*, 18. Aufl., Vorb. zum AEUV Rn. 15; Däubler/*Schiek*, TVG, 4. Aufl., Einl. Rn. 544; C. Barnard, *NZA Beil.* 2011, p. 122, at 124-125; P. Syrpis, *ILJ*, Vol. 40, No. 2, 2011, p.222 を参照。

対置されたことで、もともと問われていた Albany 事件先決裁定におけるような適用除外の応用は、Viking 事件先決裁定と同じように否定された。

> 「たしかに、特に Albany 事件および Woude 事件において当裁判所は、年金基金により運営される強制加入の補足的年金制度を特定部門で創設する労使代表組織による労働協約は、本来的に競争制限的効果を有するものではあるが、EU 運営条約 101 条 1 項〔カルテル禁止〕の適用範囲外に置かれるものであることを判示してきた」。〔Para. 45.〕
>
> 「このような判示はしかしながら、決して、これらの事件のものとは区別されるべき、本件で提起されている問題に対してまで、解答を与えているわけではない。本件で問題となっているのは、本件で問題となっているような報酬転換の実施につき委託先年金事業者を決定するにあたって、公共調達の領域における開業の自由とサービス提供の自由との保護のための EU 法が、公的部門の使用者が締結する労働協約の枠組み内で遵守されるべきかどうか、ということである」。〔Para. 46.〕
>
> 「この点、労使の自由や団体交渉権の行使それ自体が、開業の自由やサービス提供の自由を公共調達の分野で実現するものである指令〔指令 92/50 および指令 2004/18〕への阻害を必然的に伴うとはいえない(同趣旨のものとして、Viking 事件 para. 52 参照)」。〔Para. 47.〕
>
> 「加えて、ある協定や活動が基本条約上の競争法規定の適用範囲から除外されるという事実は、当該協定や活動がこれらの指令〔指令 92/50 および指令 2004/18〕の規定より生じる義務からも除外されるということを、自動的に導くものではない。何故なら、これらの諸規定は、それぞれ独自の適用要件に従うものだからである(同趣旨のものとして、Viking 事件 para. 53 および引用先例参照)」。〔Para. 48.〕

したがってここでも、両者の必然的な抵触(の潜在性)に鑑みた検討が深められることはなかった。[575]

---

575) 学説上は、見解が分かれている。適用除外の肯定的見解として、*Kingreen/Pieroth/Haghgu*, NZA 2009, S. 870, 874 f.; 否定的見解として、*Löwisch/Rieble*, Tarifvertragsgesetz, 3. Aufl., München

ところで、この分野的例外の否定とどのように関連するか必ずしも明らかでないが、ECJ は続けて、次のような判示も行っている。

> 「最後に、労使間で取り結ばれる市町村自治体公務労働者の年金水準の向上という目的とは異なって、本件で問題となっているような労働協約による組織や企業の特定は、団体交渉権の核心に関わるものではない、ということが指摘されるべきである」。〔Para. 49.〕

こうした理解は以降の判断においても前提とされ、年金水準の向上という目的のみが正当な利益として認知されることになる。[576]

3. 利益衡量

以上の判示からすれば「労働協約の実施のために本件契約付与が行われたという事実は、それだけでは、本件での本件公共調達指令の不適用を導くものではない、ということになる[577]」ため、団体交渉権と自由移動原則との間の調整が求められることになる。

> 「したがって次に問われるのは、本件で協約締結当事者により追及されていた社会政策的な目的の達成という要求を、如何にして指令 92/50 および指令 2004/18〔本件公共調達指令〕から生じる要求と調和させるかということである」。〔Para. 51.〕
>
> 「この問題に答えるには、次のような審査が必要となる。すなわち、……本件報酬転換協約 6 条の内容を定めるにあたって、関連する利益を考慮した形での公正な均衡が達成されているかということが、……判断されるべきである。ここでの関連する利益とはすなわち、一方では、関係する労働者の退職年金水準の改善であり、他方では、開業の自由およびサービス提供の自由の実現ならびに EU レベルへの競争の解放である（類似の判示として、Schmidberger 事件 Case

---

2012, TVG § 1, Rn. 597, 600.
576) *Commission v Germany*, para. 52.
577) Ibid., para. 50.

C-112/00 Schmidberger [2003] ECR I-5659, paras. 81 and 82 参照)」。〔Para. 52.〕

「本件報酬転換協約6条は、……一般的に社会政策的な目的を追求するものである労働協約の一部ではあるが、……こうした規定の帰結は、市町村自治体の被用者の年金分野において、指令92/50 および指令2004/18〔本件公共調達指令〕から生じるルールの適用を完全かつ不確定期間にわたって排除することである」る。〔Para. 53.〕

ドイツの主張に反して、本件報酬転換協約6条のような規定によらず、指令に従って公募手続を行ったとしても、協約により追及されていた社会政策的目的(事業者選定への労働者の参加保障、連帯原則、事業者の財政的健全性)の達成は可能であり〔paras. 54-63〕、事業者選定コストの削減のような市町村自治体にとってのメリットで不適用を正当化はできない〔paras. 64-65〕。

以上(paras. 53-65)の検討に鑑みれば、「指令を遵守することと、本件報酬転換協約の締結当事者が団体交渉権の行使という形で追及した社会政策的目的の達成とは、調和不可能なものではない」。〔Para. 66.〕

第2項　変化の兆しと残された問題点

Viking、Lavalの両事件先決裁定と対比される場合に最も注目されるべきは、この団体交渉権と自由移動原則との調整の判断枠組みである。何故なら、既に確認したとおり、両事件先決裁定に欠けており、最低限修正がはかられるべきであったのは、社会的基本権(Viking事件およびLaval事件では争議権であり、本件では団体交渉権)と自由移動原則との同位性に鑑みた両者の調整枠組みであったからである。

こうした観点から本判決をみていくと、本件でECJは明らかに、Viking事件およびLaval事件に加えられた批判を意識している[578]。ただ、本判決がラヴァル・カルテットの問題点を克服できているかどうかは、慎重に検討する必要がある。

---

578) *Tscherner*, Arbeitsbeziehungen und Europäische Grundfreiheiten, München 2012, S. 382 参照。もっとも、Schmidberger事件先決裁定を実践的調和の手法を取ったものとして理解するのであれば、本判決がそれに回帰したといえるかには、本文に述べるとおり疑問がある。

I. 法務官意見

ところで、本判決が批判を意識せざるを得なかったのは、本件における法務官 Trstenjak の明確な批判もあったからであろう。同法務官は、次のようにして Viking 事件および Laval 事件の先決裁定を批判するところから始めている。

> 「Viking 事件および Laval 事件で採用された手法は、……基本権と基本的自由の同位原則にそぐわないものである」。「そのような分析手法が示唆するのは、基本権と基本的自由との間の次のような事実上の序列関係である。すなわち基本権は、基本的自由に対して従属させられ、そして結果的に、明文もしくは不文の正当化事由に頼るのでなければ基本的自由を制限しえないというものである」[579]。

そして同法務官は、両者の間にそのような序列関係は存在しないという認識ゆえに[580]、次のような判断を求める。

> 「個別の事案において基本権の行使の結果として基本的自由が制限される場合、双方の法的立場の間の公正な均衡が追及されなければならない」。「基本権と基本的自由との間の公正な均衡は、その衝突事案においては、次のような場合にのみ確保される。すなわち、基本権による基本的自由への制限が……適切、必要かつ合理的なものを超えない場合であり、しかし逆に、基本的自由による基本権への制限もまた、……適切、必要かつ合理的なものを超えない場合である」[581]。

法務官意見の特徴は、自由移動原則による基本権の制限にも正当化を求めることで、相互的な比較衡量を要求した点であろう。法務官は続いて、基本権と自由移動原則を同位に置く判断を行っている先例として Schmidberger 事件先

---

579) Opinion of AG, Case C-271/08, ECR I-7091, paras. 183-184.
580) Ibid., para. 186 参照。
581) Ibid., paras. 188, 190.

決裁定を挙げているが[582]、これは既にみたとおり、実践的調和の必要性を説く論者にあって、その例として挙げられるものである。またイギリスの学者においても、こうした立場は、実際の判断においての困難性は指定されるものの、「シンメトリー・アプローチ」として注目されている[583]。

Ⅱ．本判決の意義と限界

それでは、本判決の本判決の判断枠組みを如何に位置付けるべきであろうか。そこに、ラヴァル・カルテットからの判例変更あるいはその克服を見出すことはできるであろうか（1、2）。また、本判決において、リスボン条約改正はどの程度の影響を有したのであろうか（3）。

1．相互的な比較衡量へ？

まず本判決は、団体交渉権が基本権であるからといって自由移動原則が不適用とされるわけではなく、その行使は同原則に調和的でなければならないことを判示した点では、Viking 事件と Laval 事件での判示を援用、踏襲した[584]。

他方、その調和の判断枠組みについては、少なくとも表現上の変化がみられる。すなわち、この点本判決は Viking 事件と Laval 事件での判示を援用せず、したがって市場参入制限禁止アプローチの判断枠組みを示さなかった。そうではなくて、関連する諸利益の「公正な均衡」を求めたのである。その際加えて、実践的調和、あるいはシンメトリー・アプローチとして位置付けられることがあり、法務官 Trstenjak も参照している Schmidberger 事件先決裁定が援用されている[585]。たしかに、こうした表現上の変化は、自由移動原則と労働基本権ないし（広義の）団結権との関係に関する ECJ の判断に変化をもたらしうるといえよう[586]。

しかしながら、本判決のこうした判示が、市場参入制限禁止アプローチによ

---

582) Ibid., paras. 193-195 参照。
583) P. Syrpis, *ILJ*, Vol. 40, No. 2, 2011, p.222, at 224-227. ただし、法務官 Trstenjak の意見書に対しては、実際には Viking 事件や Laval 事件先決裁定と類似した判断手法を採用したとの評価がされている。
584) *Commission v Germany*, paras. 42-44.
585) *Commission v Germany*, para. 52.
586) Däubler/*Schiek*, TVG, 4. Aufl., Rn. 538 参照。

る基本権行使への一方的な審査から、実践的調和あるいはシンメトリー・アプローチとされるところの相互的な比較衡量への移行を意味するのかは、明らかでない。むしろ、本判決が「公正な均衡」という名のもとに行った具体的な審査は、一方的なものといえる。すなわち、結局のところ本件公共調達指令の遵守という観点から協約に審査を加えているだけであって、本件公共調達指令によって団体交渉権が介入を受けることについての正当性は検討されていない[587]。したがって、表現上変化があったとしても、実質的には、Viking 事件や Laval 事件の先例が残した課題を克服できていないとの評価も可能である。そもそも本判決は、法務官とは異なって、両先決裁定の判断の仕方を明示的に否定したものでもない。

2. 基本権としての団体交渉権の意味

ところで不思議なことに、本判決の「公正な均衡」の判断においては[588]、突如「団体交渉権」という表現が姿を消し、専ら年金水準の向上という「社会政策的目的」が指令上のルールの不適用を正当化するかが判断されている。あくまでこの「社会政策的目的の達成」は「団体交渉権の行使という形で追及」されたものであると捉えていることからも[589]、未だ団体交渉権と（本件公共調達指令に具現されるところの）自由移動原則との間の調整が問題とされていることは明らかだが、団体交渉権のこうした後退はどのように理解すべきであろうか[590]。

この点は要するに、Viking 事件や Laval 事件で「労働者保護」という正当事由の下位分類として争議権行使が扱われたのと類似して、年金水準の向上という ECJ が正当と認めた目的の範囲内でのみ団体交渉権の行使が効果を発揮しうる、という ECJ の基本的姿勢がみてとれるように思われる。Viking 事件と Laval 事件に関して先に指摘したとおり、果たして、基本権として団体交渉

---

587) P. Syrpis, *ILJ*, Vol. 40, No. 2, 2011, p.222, at 224 参照。
588) *Commission v Germany*, paras. 51-65.
589) *Commission v Germany*, para. 66.
590) また、理論的にいっても、本判決 para. 68 以降では指令上に定められた適用要件の充足が認められており、それにもかかわらず指令の「適用」可能性を問いうるとすれば、より高位の法たる第一次法上の団体交渉権が根拠とされるはずである（P. Syrpis, *ILJ*, Vol. 40, No. 2, 2011, p.222, at 222-223 参照）。

権を認めたことにリップ・サービス以上の意味があったのか、疑問である。

またそもそも、年金実施主体の指定それ自体は団体交渉権の「核心」に関わるものでないとして、団体交渉権行使が正当と認められる範囲を年金水準の向上という目的の範囲内に限る ECJ の理解の是非についても、議論の余地がある。ECJ は、労使の自治的な規範形成それ自体には意義を見出さず、したがって、何が自分たちにとって適切なルールかを決定する評価裁量を労使に与えていない。「団体交渉権」の名のもとに、労使にどのような自治が与えられるのかが問われよう。

3. リスボン条約改正のインパクトの欠如

さて、以上のような問題を有する本判決は、他面で、リスボン条約改正が労働者の社会的基本権保障にとって果たしうる役割についての悲観的評価を裏付けているように思われる。というのも、本判決の判示には、同改正のインパクトが見て取れないからである。

たしかに、本判決は団体交渉権を承認するにあたって、EU 基本権憲章の第一次法化に触れている。しかしながら、Viking 事件および Laval 事件先決裁定で争議権について行われたように、また、本件の法務官 Trstenjak がそうし

---

591) *Commission v Germany*, para. 49.
592) 批判として、ErfK/*Wißmann*, 18. Aufl., Vorb. zum AEUV Rn. 15(「労働協約の内容に評価を加え、また、年金水準という労働者の利益と基本的自由との間で適切な均衡が保たれているか否かに焦点をあて」ているが、「基本権保障が、協約に具現される利益調整の達成のための困難な手続そのものに及ぶのだということには、認めうる限り何ら重要性が与えられていない」)、BAG 19.1.2011 NZA 2011, 860 Rn. 49(「協約自治を考慮するについては、新たな欧州司法裁判所判例は、協約当事者により追及されている目的を一方に、他方に連合法上追及されている目的を置き、均衡を図るとしている」が、「こうした方法により行われる協約規範への審査が協約自治原則と調和的なものかどうかは不明である。」)参照。

興味深いのは、法務官 Trstenjak が「団体交渉権および協約自治(the rights to bargain collectively and to autonomy in collective bargaining / das Recht auf Kollektivverhandlungen sowie die Tarifautonomie)」という表現を用いているのに対して(例えば、Opinion of AG, Case C-271/08, ECR I-7091, para. 4参照)、本判決は「団体交渉権(the right to bargain collectively / das Recht auf Kollektivverhandlungen)」という表現を用いても、ドイツ的な表現ともいえる「協約自治」だけでなく、一貫して「自治」という表現を避けていることである。
593) 事実関係は同改正の発効前のものであるが、同改正の影響を探ることができることについては、本節冒頭を参照されたい。
594) *Commission v Germany*, para. 37.

たように[595]、団体交渉権を法の一般原則というロジックを用いて基本権として承認することも十分可能であったし、既に述べたとおりEU基本権憲章はこうしたロジックにより発展させられてきた基本権保障の現状を「可視化」したものである。

また本判決では、リスボン条約改正により新たに法的効力を発した他の規定にも触れられている（EU基本権憲章52条6項、EU運営条約152条）[596]。しかし、そこでは単に条文内容の確認が行われたにすぎず、また、そのことによって何らかの明確な変化があったとは認められない[597]。このうち、EU基本権憲章52条6項の国内法指向の解釈に関連していえば、Viking事件先決裁定についての一部の評価（前述第2節第2項Ⅰの(iv)参照）に反して、加盟国法上の基本権保障を反映するような姿勢はみえない。このことは、ECJが団体交渉権保障の「核心」を重視し、他方ドイツではいわゆる核心領域説が放棄されたこととの関係で批判があることが示していよう[598]。

結局のところ、第2節において確認したように、リスボン条約改正は労働者の社会的基本権を自由移動原則との関係において大きく発展させたものとはいい難く、今後の発展如何は、「公正な均衡」をECJがどのように具体化していくかということにかかっているといえよう。しかし、本判決におけるECJの具体的判断手法をみるに、判例のさらなる発展に期待することの妥当性には、疑問なしとはいえない[599]。そうではなくて、基本条約改正のような手段による、判例法理の抜本的な軌道修正が求められているのではなかろうか[600]。

---

595) Opinion of AG, Case C-271/08, ECR I-7091, para. 78.
596) *Commission v Germany*, paras. 38-39.
597) 適用除外有無についての判断をこれらの規定が変えなかったことを指摘するものとして、*Kingreen*, Soziales Fortschrittsprotokoll, Frankfurt a.M. 2014, S.33 f. 参照。
598) *Buschmann*, AuR 2010, S. 522, 522.
599) 本判決の下される以前から、欧州司法裁判所による自主的な軌道修正に懐疑的であったものとして、*Krebber*, RdA 2009, S. 224, 236 参照。
600) したがって、2008年3月18日に欧州労連（ETUC）からなされた、いわゆる「社会的進歩議定書」のような提案も、積極的に検討されるべきであろう。本提案の全文は、http://www.etuc.org/proposal-social-progress-protocol にて入手可能である（2018年8月24日確認）。このような議定書は未だ実現していないが、ラヴァル・カルテットに対する修正としてのこのような議定書の妥当性を検討した研究として、*Kingreen*, Soziales Fortschrittsprotokoll – Potenzial und Alternativen-, Frankfurt a.M. 2014 がある。

第3章
労働抵触法と自由移動原則

前章で確認したのは、いわゆるラヴァル・カルテットの労働基本権に関わる側面であった。本章では、その労働抵触法に関わる側面を扱う。前章で登場した Viking 事件および Laval 事件における欧州司法裁判所（ECJ）先決裁定、そして 2010 年に新たに下された Commission v Germany 事件 ECJ 判決は、開業の自由およびサービス提供の自由という自由移動原則と労働基本権（争議権ないし団体行動権、次いで団体交渉権）という労働法上の重要な権利との間の、法的な相克関係を取り扱ったものであった。

対して本章で扱う問題は、ある加盟国が他の加盟国からやってきて自国内で働く労働者について自国労働法を適用する取扱いに対して、EU 法が疑問を投げかけているものである。このことのインパクトは、労働者流入のかなりラディカルな形での「低廉」労働力流入をもたらしうる点にある（第 1 節第 1 項）。

ところで、上記のよう取扱い、すなわち自国内で働く労働者に対する自国労働法の適用は、そもそも法的には必然的なものではない。ただ労働抵触法上各国に与えられている裁量ゆえに、その政策次第では、結果的にかかる取扱いがもたらされるにすぎないのである（第 1 節第 2 項）。

こうした各国の抵触法上の連結政策への挑戦として登場するのは、ここでも、経済統合として始まった EU の法体系上当初より中核的原則の位置を占めてきた、自由移動原則である。実はこうした両者の相克というのは、比較的古くから問題となっており、ラヴァル・カルテット前に既に ECJ 判例が複数存在する（第 1 節第 3 項）。

ラヴァル・カルテットのうち労働抵触法に関わるものは Laval 事件、Rüffert 事件における先決裁定と、Commission v Luxembourg における判決である。いずれも、それ以前の ECJ 判例とは異なって、〔改正前〕越境的配置労働者指令（PWD）という特別な抵触法規定の解釈を示した（第 2 節）。

ラヴァル・カルテットにおいて ECJ は、〔改正前〕PWD を用いて各国の抵触法上の連結政策を厳格に制限する判断を下した。本章では最後に、かかる解釈の問題点と意義の双方から検討を加えたい（第 3 節）。

第1節　低廉労働力流入と準拠法

　本章で問題になるのは、EU において越境的労働者配置（posting of workers／Arbeitnehmerentsendung）と呼ばれる国際的労働関係における労働条件である。越境的労働者配置とは、要するに域内での一時的な海外就労を指し、請負、派遣、グループ内出向、企業内転勤など、様々な形態で行われうる（指令上の定義は後述）。

　この点、具体的な問題のイメージをつかむため、一定のモデル事例を出発点とすることが有益であろう（ある加盟国 A 国における建設工事の契約を、別のある加盟国 B 国の建設企業 b が受注した）。企業 b は、自国で雇い入れた同国国籍の労働者 b′ を、A 国内の建設現場にて、6 か月の予定で就労させている。A 国法上の法定最低賃金は、B 国法のそれの 3 倍である。ほかにも、例えば企業 b との競争の結果この契約を受注できなかった A 国の建設企業 a においては、同国内で一般的拘束力を宣言されている労働協約上、労働者 b′ と比較可能なその労働者 a′ に対して法定外の年次有給休暇が付与されなければならないが、B 国法上、企業 b と労働者 b′ の労働関係についてそのような定めはない。

　A 国のような自国よりも高い労働条件を有する国に、B 国のような国の労働者が流入することが想定されるし、そもそもそうしたことが、労働者の自由移動の原コンセプトであった（第 1 章第 1 節第 1 項 I の 1 参照）。とりわけ現在では、いわゆる中東欧諸国のような比較的に経済水準の低い国からの、低廉労働力の流入が起こりうる。法定最賃の開きが大きければ、労働者 b′ は A 国の法定最賃で働くこともいとわない、ということは十分に想像できる。企業としては、短期的な利益を追求すればこうした労働力を利用することに理由を見いだせるであろう。

第1項　問題の所在

　本章で扱うのは、こうした、まさに「ソーシャル・ダンピング」という標語のもとで批判が加えられそうな低廉労働力流入の問題である。この点、かかる低廉労働力の流入に対しては、伝統的には、労働許可のような制度によって、「流

入」それ自体を量的に制限する手法が採られてきた。

I．量的制限の限界

しかし、このような就労それ自体を妨げるような措置が許されないことは、いうまでもないであろう。他の加盟国からの労働力流入に対するかかる措置は、まさに自由移動に反するものであって、少なくとも EU 加盟国国民に対しては機能しえないからである。

もちろん、比較的経済水準の低い国の加盟時には労働者の自由移動（現 EU 運営条約 45 条）に関し経過措置が設けられるのが通例であるので、あくまでその限りでいえば、こうした問題は回避されうる。かかる経過措置の趣旨は、経済・労働条件の格差を背景として、比較的な高水準国に大量の労働力が流入することを防ぐ点にある。

ところが問題は、そうした「労働者」の自由移動に対する制限措置による量的制限には、一定の限界があるということである。以下、これをよく示している欧州司法裁判所（ECJ）の先例を 2 つ紹介しておこう。

1．Vander Elst 事件先決裁定（1994 年）

本件で問題となったのは、フランスでの工事に、ベルギーの事業者が、自国で合法に労働許可を有しており、既に数年間ベルギーにおいて雇用されていたモロッコ人を、短期滞在ビザでフランスに入国させ、一時的に仕事にあたらせたところ、フランス当局によりフランス労働法典違反を理由に特別納付金（contribution）を求められたことであった。フランス当局によれば、短期滞在ビザは有償労働をフランス国内で行うために十分なものではなく、当該モロッコ人の就労は外国人の無許可労働を禁じたフランス労働法典に違反するものである。この納付金についての決定の取消し等が争われたフランス国内での行政訴訟で、サービス提供の自由（現 EU 運営条約 56 条、57 条）への違反有無が問

---

601) *Deinert*, Internationales Arbeitsrecht, § 10 Rn. 52; *Schlachter*, NZA 2002, S. 1242, 1243 参照。
602) 経過措置の終了とそれに伴う問題につき、*Bayreuther*, Der Betrieb 2011, S. 706 参照。また、経過措置自体の限界につき、*Deinert*, Internationales Arbeitsrecht, § 10 Rn. 52 f.; *Schlachter*, NZA 2002, S. 1242, 1243 参照。
603) ECJ judgment of 9.8.1994, Case C-43/93 [*Vander Elst*] ECLI:EU:C:1994:310.

題となり、ECJ に先決裁定を求める付託が行われた。なおモロッコは EU 非加盟国であるから、同国労働者によって労働者の自由移動は享受されない。ECJ は本事件につき次のように述べ、フランスで採用されているような制度がサービス提供の自由に違反することを肯定した[604]。

> 「他の加盟国に所在する企業による国内領域での特定のサービス提供に行政許可の発行を必要とする国内立法は、……サービス提供の自由への制限となる」。〔Para. 15.〕
>
> 「特筆されるべきは、……当該モロッコ人労働者は……ベルギーで合法的に在住しており、当該国に使用者が所在しており、そこで彼らは労働許可を得ているということである」。〔Para. 18.〕
>
> また、「本訴において焦点の当てられている労働許可……のような制度は、非加盟国からの労働者のフランスの労働市場への参入を規制することを企図している」。〔Para. 20.〕
>
> 「ある加盟国に所在する企業により雇用され、一時的に他の加盟国にサービス提供のために送り出される労働者は、その母国もしくは在住国に仕事の完了後に帰るのであれば、全くもって当該他の加盟国の労働市場に参入しようとするものではない」。〔Para. 21.〕

2. Rush Portuguesa 事件先決裁定（1990 年）[605]

遡ること 1990 年の Rush Portuguesa 事件の ECJ 先決裁定は、Vander Elst 事件 para. 21 の判示の意味をより明らかにする（Vander Elst 事件において ECJ は Rush Portuguesa 事件を引用している）。本件は、フランスでの鉄道線路建設を下請けしたポルトガル企業が、その工事のためにポルトガルからポルトガル人労働者を一時的に送り込んだところ、それがフランスの労働法典に違反するとされ、フランス当局により特別納付金を求められたことが問題となった事案である。フランス労働法典によればフランス当局のみがフランス国内において第三国国民を雇い入れることができたが、フランス当局は、当該ポルトガル企

---

604) 結論については、*Vander Elst*, paras. 22, 26 参照。
605) ECJ judgment of 27.3.1990, Case C-113/89 [*Rush Portuguesa*] ECLI:EU:C:1990:142.

業がフランスでの非加盟国国民の就労に求められる事項を遵守しなかったとして、この特別納付金を決定している。なお、ポルトガルは当時既にEC加盟国であり、サービスの自由移動はポルトガル国民についても原則的に保障されていたが、労働者の自由移動については経過措置が置かれていた。当該決定についての取消訴訟においてポルトガル企業側は、自身の職員がフランス国内で働くことを禁ずるような効果を有する措置はサービス提供の自由によって禁止されている旨を主張したが、フランス当局側は、労働者の自由移動の移行措置規定によって当該被用者は非加盟国国民に適用される制度に服するのであって、サービス提供の自由はそうした事項にまでは及ばない旨を主張した。このようにEC法の解釈が問題となったため、フランス国内裁判所からECJに先決裁定を求める付託が行われた。ECJは、以下のように判示している。

> 本件の付託事項は、「サービス提供の自由と……労働者の自由移動に対する例外との関係の問題を生じる」。〔Para. 10.〕
> 　サービス提供の自由規定は、「ある加盟国が、その領域内において他の加盟国に所在するサービス提供者が自身の全職員を連れて自由に移動することを禁ずることを禁止しており、加盟国が、問題となる職員の移動を当地雇用（engagement in situ / die Einstellung ... an Ort und Stelle）の条件や労働許可取得義務のような制限に服させることを禁じている。他の加盟国に所在するサービス提供者に対してそのような諸条件を課すことは、受入れ国に所在し、制限なしに自身の職員を用いることのできる競争相手との関係で、当該サービス提供者に対する差別であり、その上、そのサービス提供能力に影響する」。〔Para. 12.〕
> 　想起されるべきは、労働者の自由移動に対する移行措置規定は、「ポルトガル加盟に伴う大量かつ急激な労働者の移動による、ポルトガルおよび他の加盟国における雇用市場の混乱（disturbance）を防ぐことを企図しているということであり、そうした目的のために……労働者の自由移動という原則に対する例外が導入されているということである」。〔Para. 13.〕
> 　経過措置規定は、〔労働者の自由移動を具体化するものである〕EEC規則1612/68の雇用資格（eligibility of employment / Zugang zur Beschäftigung）に関する規定に関するものであって、経過措置の対象となるのは「入国許可

> (authorization of immigration／Einreisegenehmigung）および就労資格に関するものである。したがって……例外は、ポルトガル人労働者による他の加盟国の労働市場への参入ならびにそのような参入をしようとするポルトガル人労働者の入国および滞在措置……が問題となる場合に適用されると推定されなければならない。当該例外の適用は実際上、そのような状況下においては受入れ国の労働市場に混乱をきたす恐れがあるということから正当化されるものである」。〔Para. 14.〕
>
> 「しかしながら、国内訴訟におけるように使用者によるサービス提供の一部として……他の加盟国に送り出されている労働者の一時的な移動が存するような事案においては、状況が異なる。実際上、当該労働者は受入国たる加盟国の労働市場に参入することなしに、仕事の完了後にはその母国に帰るものである」。〔Para. 15.〕

したがって、国内訴訟で問題となったようなフランスの国内措置はサービス提供の自由規定により禁じられる、と判示したのが本件である[606]。

3. 小括

上記2つの先例の判示よりまず導かれること——であって、後の検討にとっても重要なこと——は、送出し国内で就労資格を有し、加盟国内企業によって一時的に他の加盟国に配置される労働者については、当該労働者を労働許可制度に服させることが、当該企業の享受するサービス提供の自由によって原則的に禁じられる、ということである。当該労働者自身に自由移動が保障されているか否かということは問題とならないのである。何故なら、労働者の自由移動が認められていないということが意味を有するのは、当該労働者が「受入国たる加盟国の労働市場に参入する」場合だからである[607]。このように、「労働者」

---

606) *Rush Portuguesa*, para.19.
607) そうした参入を可能にすることを特に目的とした活動を企業が行っている場合には、経過措置の適用も肯定されている（*Rush Portuguesa*, para.16)。そこでは、労働者派遣については、派遣企業はサービス提供者ではあるが、経過措置規定が適用されるということを判示している。2011年のVicoplus事件先決裁定（ECJ judgment of 10.2.2011, Joined Cases C-307 to 309/09 [*Vicoplus*] ECLI:EU:C:2011:64）によれば、派遣企業の活動がそのような目的の活動を行っていると捉えられる

の自由移動についての経過措置の限界が理解されるであろう。明らかに労働者の自由移動を享受しない第三国国民に対してですら、企業に保障されているところの「サービス」の自由移動の観点から、労働許可制度の適用が許されない場合があるのである。

Ⅱ. 本章での問題：低廉性の程度

そこで問題になるのは、労働力流入の量よりも、むしろ当該労働力の低廉性の程度ということになる。とりわけ問題になるのが、最低限、配置先国（受入国）の規制水準を守らせることができるかということである。すなわちモデル事例でいえば、労働者b'のA国での労働に関して、受入国たるA国法上の最低賃金の遵守や同国内の協約上の年休付与を要求できるか、ということである。

こうした問いは、決して、使用者たる企業bと労働者b'の間に生じうる紛争あるいは両者の利害にとってのみ意味を有するものではない。より広い視点でみれば、受入国たるA国内の企業aや労働者aのような同業者の利害にも大きく関係する問題なのである。何故なら、b'を母国たるB国法に基づいてA国内で働かせうるとすれば、その労働法上の保護水準に格差が存する状態にあっては、通常法的にそのような労働条件を許容されないA国内企業・労働者にとって、強烈な競争圧力となるからである。こうした事態を指して、ときに「ソーシャル・ダンピング」という批判も加えられてきた。[608]

他方で、EUの域内市場法上問題になるのは、比較的に高水準な配置先国法の適用が、送出し国企業（越境的配置企業）の競争上の優位を奪うことである。すなわち、それゆえにかかる措置がサービス提供の自由に反するのではないか、ということが問われる。[609]

のは、派遣労働者が、ユーザー企業により雇用される労働者によって占められていたであろうポストに就くものだからである（*Vicoplus*, para. 31）。本件については、後掲注706）も参照されたい。

608) 労働コストの格差、越境的な労働者配置の増加を背景として、とりわけ受入国での規制水準を明らかに下回る労働条件で働かせていた事例の発覚以来、「ソーシャル・ダンピング」への批判が頻繁に行われるようになったことを指摘するものとして、S. Lalanne, *International Labour Review*, Vol. 150, No. 3-4, 2011, p. 211, at 218-221 参照。

609)「ソーシャル・ダンピング」の阻止は、実際には単に自国市場の保護に他ならない場合がある。ドイツ法について批判的にこのような指摘を行うものとして、MüArbR/*Rieble/Kumpp*, 3.Aufl., 2009, § 179 Rn.124 参照。

第2項　EU労働抵触法上の取扱い

　とはいえ、ここでまず問われているのは、渉外性を有する労働関係についての適用法の問題である。そしてかかる問題に答えを与えるのは、一義的には国際私法上の抵触法規範（以下単に「抵触法」ないし「抵触法規範」とする）[610]である。以下ではまず、主にドイツ学説におけるEU労働抵触法[611]の解釈をもとに、この点に関する一般的認識を確認する。もし抵触法上配置先国法が適用できるとすれば、「ソーシャル・ダンピング」として批判されるところの労働条件は、まさに適用されるべき配置先国法に反する不適法なものとなろう。

　EU労働抵触法の中心は、EU法上の統一的抵触法であるローマⅠ規則[612]である。本規則はその正式名称が示すとおり、契約債務の準拠法[613]に関するものであり、1980年ローマ条約[614]を前身としている[615]。同規則8条に、個別的労働契約に関する規定が置かれている。またとりわけ、8条を含め個々の抵触法規範に関係なく適用される、いわゆる介入規範（9条）が重要である。なお、契約外債務の準拠法に関するローマⅡ規則[616]や、集団的労働法についての抵触法的問

---

[610]「抵触法（規範）」（ドイツ語で"Kollisionsrecht"あるいは"Kollisionsnorm"とされるところのもの）とは、いずれの法規範が適用されるべきかという問題が生じた場合に、適用法を指定する規範のことを指し、とりわけ外国牽連性のある事象において問題となる（Deinert, Internationales Arbeitsrecht, §1 Rn. 3参照）。

[611] 本書で「労働抵触法」とは、労働法上問題になる事象ついての抵触法のことを指すが、この概念の難しさについて、Deinert, Internationales Arbeitsrecht, §1 Rn. 13参照。

[612] Regulation (EC) 593/2008 of the European Parliament and of the Council of 17 June 2008 on the law applicable to contractual obligations (Rome I), OJ (2008) L 177, p. 6.

[613]「準拠法（lex causae）」とは、抵触法規範によって指定されるところの法（体系）をいい、ドイツ語で"Statut"とされる場合には一定のまとまりとしてのそれが意識されている（Deinert, Internationales Arbeitsrecht, §1 Rn. 4, 8参照）。例えば、本書で用いる「労働契約準拠法」とはドイツでいう"Arbeitsvertragsstatut"であり、ローマⅠ規則では8条によって指定される。

[614] 1980 Rome Convention on the law applicable to contractual obligations, OJ (98) C 27, p.34.

[615] したがって、内容が一致する限りにおいては、同条約に基づく文献も参照できる。ローマⅠ規則8条が前身の1980年ローマ条約6条をほとんど引き継いだことについて、StaudingerBGB/*Magnus*, 2016, Art. 8 Rom I-VO Rn. 4、委員会の規則案への批判があり、その後の交渉によって内容的に1980年ローマ条約に近いものとなったことについて、StaudingerBGB/*Magnus*, 2016, Einl. zur Rom I-VO Rn. 28 f. 参照。

[616] Regulation (EC) 864/2007 of the European Parliament and of the Council of 11 July 2007 on the law applicable to non contractual obligations (Rome II), OJ (2007) L 199, p. 40.

題は、ここでは検討の対象外とする[617]。モデル事例のような場合の適用法に関して議論され、またECJ判例において扱われるのが、専らこの契約債務に関する適用法の問題だからである。

以下、個々の条文の確認に入るが、その前に次の3点を指摘しておくことが理解に資するであろう。第一に、ローマⅠ規則は国内で直接適用される第二次的EU法として、そのEUレベルでの統一的解釈が求められ、ECJにその解釈権限が属する[618]。第二に、抵触法的検討を行うにあたり、公法をその埒外にあるものと扱ったり、特別なものとみる必要は、必ずしもない。まず、公法とされる労働法規範についても、その適用範囲は多くの場合一方的抵触法規範によっているだけであって、あくまで抵触法によって決せられるものと理解できるからである[619]。また、ローマⅠ規則9条に規定される介入規範たる資格を認められるかという点でも、後述のとおり公法か私法かという区別は決定的でない[620]。第3に、ドイツでは、労働協約も、その規範的部分については、労働抵触法の指定対象としての法規範（労働実質法）たりうるとされていることである[621]。し

---

617) 両規則、また、ローマⅠ規則の前身である1980年ローマ条約については、国際裁判管轄に関するブリュッセルⅠ規則を含め、ドイツからの視点ではあるものの、マキシミリアン・ザイブル（芳賀雅顯訳）「ドイツにおける労働事件の国際私法および国際民事訴訟法」名古屋大學法政論集233号（2009年）45頁以下が詳しい。

618) MüKoBGB/*Martiny*, 7. Aufl., Vorb. Rom I-VO Rn. 21 ff. 参照。

619) *Deinert*, Internationales Arbeitsrecht, § 1, Rn. 32 参照。櫻田嘉章＝道垣内正人編『注釈国際私法（第1巻）』（有斐閣、2011年）26頁以下〔横溝大担当〕も参照。

わが国労働法学においては、山川隆一『国際労働関係の法理』（信山社、1999年）が既に、「準拠法選択のアプローチ」と地域的適用範囲の確定のアプローチ」という概念のもと、両アプローチを統一的に把握し、同旨を論じている（140頁以下および229頁参照）。

620) 本項Ⅱの3、後掲注687）参照。

621) AR-Blattei SD/*Hergenröder*, Nr. 1550.15, 2004, Rn. 45; *Deinert*, RdA 1996, S. 339, 344; Ders., Internationales Arbeitsrecht, § 9 Rn. 55, § 15 Rn. 10 ff., 50; StaudingerBGB/*Magnus*, 2016, Art. 8 Rom I-VO Rn. 34, 78 参照。

なお、協約が個別の労働関係を規律する準拠法となるには当該労働関係に対する拘束力を有する必要があるが、規範的効力や一般的拘束力の有無の判断は、労働契約準拠法ではなく、協約規範準拠法によることとなる（AR-Blattei SD/*Franzen*, Nr. 920, 2006, Rn. 322; *Deinert*, Internationales Arbeitsrecht, § 15 Rn. 11, 13, 50 ff.; MüArbR/*Oetker*, 3. Aufl., § 11 Rn. 118 参照——労働契約準拠法について定めるローマⅠ規則8条が労働協約関係を対象としないことについて、後掲注625）も参照）。ここでいう「協約規範準拠法（Tarifnormenstatut）」とは、抵触法上法規範として指定されるものとしての労働協約、すなわちその規範的部分に関するものであり、労働協約の契約としての側面、すなわち債務的部分に関する「労働協約準拠法（Tarifvertragsstatut）」とは区別している。この用語法は、*Dei-*

たがって、ローマⅠ規則8条に規定されるような労働契約準拠法となる場合も、同9条に規定されるような介入規範となる場合も考えられる[622]。本書は、以上3点を前提的認識として検討を進めるものである。

Ⅰ．労働契約準拠法（ローマⅠ規則8条）

> ローマⅠ規則8条
>
> 　　　　　　　　　　個別的労働契約
>
> (1)　個別的労働契約は、第3条に従い当事者により選択された法に服する。ただし、当事者による法選択は、法選択がない場合に本条第2項から第4項までの規定に従い適用されるべきであった法により合意で逸脱することが許されないものとされている規定によって労働者に与えられる保護を奪うものとなってはならない。
>
> (2)　労働契約に適用されるべき法が法選択によって指定されていない場合には、当該労働契約は、契約の履行において労働者が通常そこで労務を遂行する国（それがない場合にはそこから労務を遂行する国）の法に服する。労働者が一時的に他の国で労務を遂行したことをもって、通常労務が遂行される国に変更があったことにはならない。
>
> (3)　第2項により適用すべき法を決することができない場合には、当該契約は労働者が雇い入れられた営業所が所在する国の法に服する。
>
> (4)　全体の状況からみて当該契約が第2項または第3項において指定される国とは別の国により密接な関連を示している場合には、当該別の国の法が適用されるべきものとする。

---

　　　nert, Internationales Arbeitsrecht, §15 Rn. 17 ff. に従っている（区別の要否の議論については、そのRn. 22参照）。イギリスのような規範的効力を知らない国の法が協約規範準拠法として指定された場合、その結果として規範的効力が否定される（*Deinert*, Internationales Arbeitsrecht, §15, Rn 50参照）。
622)　ただし、介入規範たる可能性については、そこで要件とされる公益保持の目的ゆえに見解の相違がある（さしあたり、通常の労働協約について、*Deinert*, Internationales Arbeitsrecht, §9 Rn.35 を、一般的拘束力を付された労働協約については、そのRn. 37を参照されたい――一般的拘束力を付された労働協約の介入規範たる可能性に懐疑的なものとして、StaudingerBGB/Magnus, 2016, Art. 8 Rom I-VO Rn.257参照）。もっとも、後述する〔改正前〕越境的配置労働者指令の枠内においては、一般的拘束力を付与された労働協約のうち一定のものが介入規範とされているものと理解できる。

1. 単位法律関係

ローマⅠ規則8条は、その前身である1980年ローマ条約6条がドイツ語版では「個人の労働契約および労働関係（Arbeitsverträge und Arbeitsverhältnisse von Einzelpersonen）」とし、英語版では「個別的雇用契約（Individual employment contracts）」を同条による準拠法指定の対象となる法律関係（単位法律関係）としていたのに対して、ドイツ語版でも「個別的労働契約（Individualarbeitsverträge）」と単位法律関係を表現している。しかしこの表現変更は技術的なものにすぎず、内容的に異なるものが意図されているわけではない。[623]

当該単位法律関係の概念内容に関しては議論があるが、少なくとも、統一的な解釈の要請からして法廷地（lex fori）などの特定の国家法上の概念内容にのみ依拠することはできないこと[624]、また、「個別的労働契約」という表現に表れているように労働協約のような集団的契約関係は対象とされないこと[625]が指摘される。ドイツ語版の1980年ローマ条約6条からの技術的な表現変更にかかわらず、ドイツでいうところの労働関係（Arbeitsverhältnis）も、ここでの単位法律関係に含まれている。[626]

したがってここで大きく問題になるのは、このEU労働抵触法独自のものとしての「労働者」概念である。[627]こうした独自の概念の内容には未だ一致がないようであるが[628]、結局重要なのは、ローマⅠ規則8条が契約当事者としての「労働者」の保護を目的としていることであり（後述3）、その要保護性をどこに

---

623) StaudingerBGB/*Magnus*, 2016, Art. 8 Rom I-VO Rn. 5参照。

624) *Deinert*, Internationales Arbeitsrecht, § 4 Rn.14; MüArbR/*Oetker*, 3. Aufl., § 11 Rn. 8; MüKoBGB/*Martiny*, 7. Aufl., Art. 8 Rom I-VO Rn.19参照。

625) *Deinert*, Internationales Arbeitsrecht, § 15 Rn.19; *Giuliano/Legarde*, BT-Drs. 10/503, S. 33, 57; MüArbR/*Oetker*, 3. Aufl., § 11 Rn. 9; MüKoBGB/*Martiny*, 7. Aufl., Art. 8 Rom I-VO Rn. 154; StaudingerBGB/*Magnus*, 2016, Art. 8 Rom I-VO Rn. 34参照。規範的部分については、前掲注621）も参照。

626) MüKoBGB/*Martiny*, 7. Aufl., Art. 8 Rom I-VO Rn. 23; StaudingerBGB/*Magnus*, 2016, Art. 8 Rom I-VO Rn. 33参照。

627) StaudingerBGB/*Magnus*, 2016, Art. 8 Rom I-VO RN. 35参照。こうした「労働者」概念について詳細には、*Deinert*, Internationales Arbeitsrecht, § 4 Rn 14 ff. を参照されたい。

628) やや古いが、2009年のMüArbR/*Oetker*, 3. Aufl., § 11 Rn. 8によれば、まだそれにはほど遠いとされている。たしかに欧州司法裁判所は労働者の自由移動（EU運営条約45条）などEU法上の他の規定に関して「労働者」概念についての判示をしているが、それ（ら）を用いることには困難もある（*Deinert*, Internationales Arbeitsrecht, § 4 Rn. 14, 23も参照）。

見出すかという点にある。本書では詳細な検討は行わないが、大まかにいえば国内労働実質法の議論と類似して、「従属性（Abhängigkeit）」が中心的なメルクマールと考えられている点では共通点が窺える。

本節冒頭に示したモデル事例のような場合、そもそも「労働者」として設定しているので結論は既にでているが、労働者 b′ のような建設労働者の労働者性が問題になることは——国内実質法的な観点からいってしまえば——あまり考えられないし、その雇用・労働条件の問題がローマⅠ規則 8 条の単位法律関係の範疇に入ることは前提として議論を進めよう。

2. 準拠法選択の自由（1 項第 1 文）

ローマⅠ規則 8 条 1 項第 1 文によれば、準拠法選択の自由（同 3 条）は労働契約にも妥当する。労働契約当事者が行う準拠法選択はしたがって、3 条が適用される他の契約の場合と同じく、その自由が認められると同時に、3 条に設けられている制限にも服する。

準拠法選択の自由は事案の客観的な外国牽連性を要件とするものではないと解されている。そこで生じる問題は、準拠法選択条項を用いた強行法の回避である。

しかし 3 条においては、一般的に準拠法選択を制限する特別連結が 2 つ用意されている。まず、客観的には純粋国内事案である場合には、当該国内法上の強行法については、準拠法選択によって免れることができない（3 条 3 項）。そして、EU 法上の強行規定を回避するような準拠法選択についても、対応する規定がある（同 4 項）。同条にいう強行規定とは、単に当事者が合意によって逸脱できないことを意味するにすぎず、それが労働者保護に資するものかど

---

629) *Deinert*, Internationales Arbeitsrecht, § 4 Rn. 23; MüArbR/*Oetker*, 3. Aufl., § 11 Rn. 8 参照。
630) *Deinert*, Internationales Arbeitsrecht, § 4 Rn.23; MüKoBGB/*Martiny*, 7. Aufl., Art. 8 Rom I-VO Rn. 20; StaudingerBGB/*Magnus*, 2016, Art. 8 Rom I-VO Rn. 37 参照。
631) AR-Blattei SD/*Franzen*, Nr. 920, 2006, Rn. 118; MüArbR/*Oetker*, 3. Aufl., § 11 Rn. 11 参照。
632)「特別連結（Sonderanknüpfung）」とは、一定の分野に関して一般的な連結とは異なる連結をいう（*Deinert*, Internationales Arbeitsrecht, § 10 Rn. 1）。「連結（Anknüpfung）」とは、抵触法規範による準拠法の指定によって、問題となっている事象と当該事象を規律すべきものとしての準拠法とが結び付けられることに着目して用いられている用語である（a.a.O., § 1 Rn. 7 参照）。

うかは問われない。したがって理論的にいえば、準拠法選択が排除されることにより、労働者に不利な結果となる特別連結もありうる。

しかし、回避的に行われる労働者に有利な準拠法選択というのは、想定する実際上の意義に乏しい。対して、労働者に不利な準拠法選択が行われる場合には、労働者保護規定に関する限り労働契約特有の特別連結（後述）が生じる。また本節のモデル事例においては、これを純粋国内事案とするのは困難であるので、3項は意味をなさない。したがって労働関係一般にとってみても本節のモデル事例にとってみても、ローマⅠ規則3条に定められる特別連結規定の意義は相対的に低い。

3. 制限：有利原則に基づく特別連結（1項第2文）

そこで準拠法選択の制限としては、労働契約に特有の、有利原則に基づく特別連結（ローマⅠ規則8条1項第2文）が重要となる。これは、弱者たる契約当事者としての労働者の地位ゆえに無制限な準拠法選択の自由がもたらす弊害に鑑み、抵触法上の労働者保護を図るものである。このようにローマⅠ規則8条が、労働者保護という観点から準拠法選択の自由つまり抵触法上の当事者自治に制限を設けていることから、「個別的労働契約」という同条の単位法律関係の確定に際して「労働者」概念が問題となることについては、前述したとおりである。なお、さらにいえば、準拠法選択の自由を制限することは、法秩序間の保護水準格差を使用者が競争のために利用することを制限する効果も有する。

8条1項第2文によれば、準拠法選択は、同条2～4項の客観的連結による準拠法（後述）上の「合意で逸脱することが許されない規定」すなわち強行規

---

633) *Deinert*, Internationales Arbeitsrecht, §9 Rn. 42, 44; MüArbR/*Oetker*, 3. Aufl., §11 Rn. 27 参照。
634) *Schlachter*, NZA 2002, S. 1242, 1244 参照。さらに、*Deinert*, Internationales Arbeitsrecht, §9 Rn. 42, 44 参照。
635) ローマⅠ規則備考部（前文）の第23、35段落参照。ローマⅠ規則8条に関連して抵触法上の労働者保護について論じているものとして、*Deinert*, Internationales Arbeitsrecht, §9 Rn. 2 ff. 参照。労働契約に関係あるローマⅠ規則上の特別連結一般に弱者たる労働者保護という理由付けをするものとして、ErfK/*Schlachter*, 18. Aufl., Rom I-VO Rn.18 参照。
636) とりわけ、*Deinert*, Internationales Arbeitsrecht, §4 Rn. 23 参照。
637) A.a.O., §9 Rn. 15 参照。

定による保護を労働者から奪うものであってはならない。これは、準拠法として選択された法と客観的連結による準拠法上の強行規定との比較において、後者が有利であった場合にはその限りで同規定が適用されるという特別連結を示したものと解されている。[638] ただ、この特別連結は準拠法選択の合意の有効性を否定するものではなく、その他の場合には（つまり選択準拠法が客観的連結による準拠法より不利にならない限り）選択された法が準拠法となる。[639] したがって、この特別連結は、抵触法上の当事者自治の否定よりも、より緩く、また柔軟な（そしてその反面より複雑な）形で、それを制限したものといえる。[640] なお、後述の介入規範のような場合と比べて、特別連結のあり方として本規定が特徴的なのは、それがいわゆる一方的連結ではなく、国内法と外国法のいずれにも連結可能性が開かれていることである。[641]

ここでいう強行規定とは、まず文言から明らかなとおり、それが当事者の合意によって逸脱できないものであることを意味する。[642] 準拠法選択への一般的な制限である 3 条 3 項および 4 項にいう強行規定との違いは、8 条にいう強行規定とは労働者保護規定を意味するところにある。[643] ここでは労働者に不利な逸脱ができないという意味での強行規定が問題となっており、[644] 労働者に有利な片面的任意性は強行性認定の妨げとはならない。[645]

この特別連結の困難は、とりわけ、選択準拠法と客観的準拠法の有利性比較

---

638) *Deinert*, Internationales Arbeitsrecht, § 9 Rn. 49 ff.; MüArbR/*Oetker*, 3. Aufl., § 11 Rn. 20 ff.; ErfK/*Schlachter*, 18. Aufl., Rom I-VO Rn. 18 f. 参照。
639) MüKoBGB/*Martiny*, 7. Aufl., Art. 8 Rom I-VO Rn. 35; MüArbR/*Oetker*, 3. Aufl., § 11 Rn. 20 参照。したがって、この特別連結による客観的準拠法の適用は選択準拠法に重畳する（überlagern）ものである（ErfK/*Schlachter*, 18. Aufl., Rom I-VO Rn. 19 参照）。
640) *Deinert*, Internationales Arbeitsrecht, § 9 Rn. 13 参照。その複雑性に鑑みても、準拠法選択の自由を労働契約について原則として認めることの意義がいかほどのものか、疑問なしとはいえない（この点、a.a.O., Rn. 13 ff. を参照）。使用者からしてみても、「過剰な保護」の可能性を開くようなこうした法制度のあり方にはデメリットがあるといえる（この点、a.a.O., Rn. 13, dort Fn. 71 を参照）。
641) Deinert, Internationales Arbeitsrecht, § 10 Rn. 1 参照。
642) AR-Blattei SD/*Franzen*, Nr. 920, 2006, Rn. 121; *Deinert*, Internationales Arbeitsrecht, § 9 Rn. 53; MüKoBGB/*Martiny*, 7. Aufl., Art. 8 Rom I-VO Rn. 36; MüArbR/*Oetker*, 3. Aufl., § 11 Rn. 21 参照。
643) AR-Blattei SD/*Franzen*, Nr. 920, 2006, Rn. 121; *Deinert*, Internationales Arbeitsrecht, § 9 Rn. 53; MüKoBGB/*Martiny*, 7. Aufl., Art. 8 Rom I-VO Rn. 36 参照。
644) MüKoBGB/*Martiny*, 7. Aufl., Art. 8 Rom I-VO Rn. 36 参照。
645) MüArbR/*Oetker*, 3. Aufl., § 11 Rn. 21; また、ローマ I 規則備考部（前文）第 35 段落参照。

の方法にある。この点、特別連結の有無を労働者の意思に係らしめているわが国の法制（法の適用に関する通則法12条1項）とは状況が異なる。たしかに有利性比較を基軸とするEUの法制のもとでも、どの程度労働者の主観を考慮すべきかについては議論があるものの、基本的には法秩序の有利性比較という客観的判断基準による法律問題である。したがって、その基準が問題となる。

しかし本節のモデル事例を考えた場合、そもそもそこでの関心は（本節第1項も参照されたい）、B国法よりも労働者にとって有利な労働条件を規定する、受入国たるA国法の基準遵守を要求できるかどうかということであった。ということは、客観的連結による労働契約準拠法がA国法でなければ、ここでは8条1項第2文の適用可否を検討する意味はない。それゆえ前提として、客観的連結による契約準拠法が問われなければならない。

4. 客観的連結（2～4項）

準拠法選択ではなく客観的な基準によって準拠法が指定される場合を、客観的連結といい、労働契約について準拠法選択が行われない場合、そうして指定される客観的契約準拠法の確定が必要になる。また労働契約について、客観的契約準拠法は二重の機能を有する。すなわち、上記のように、準拠法選択が

---

646) 有利原則に基づく特別連結のもたらす困難一般については、*Deinert*, Internationales Arbeitsrecht, §9 Rn. 13 参照。

他方、わが国の法制度が採用した特別連結のあり方が抱える課題については、拙稿「経済統合下での労働抵触法の意義と課題―EU法の展開をてがかりに―」日本労働法学会誌128号（2016年）145頁以下参照。米津孝司「グローバル化と労働法の抵触ルール―法の適用に関する通則法を中心に―」日本労働法学会誌120号（2012年）90～93頁も参照されたい。米津教授はEU型の特別連結のあり方で十分との見解のようだが、そもそも、準拠法選択の自由を原則として否定するという方法も検討に値しよう。

647) 否定的見解として、MüArbR/*Oetker*, 3. Aufl, §11 Rn. 26; *Thüsing*, BB 2003, S. 898, 900; 主観を考慮する見解として、AR-Blattei SD/*Franzen*, a.a.O., Rn. 129; *Schlachter*, NZA 2000, S. 57, 61.

648) この点については、*Deinert*, Internationales Arbeitsrecht, §9 Rn. 58 ff.; MüArbR/*Oetker*, 3. Aufl., §11 Rn. 25 f.; ErfK/*Schlachter*, 18. Aufl., Rom I-VO Rn. 19 参照。

649) むろん、現実の事例においては、この「有利」の意味が問題となるわけであるが、モデル事例自体が（少なくとも水準的な）有利性を前提としている。

650) 理論的可能性としては、A国法よりも有利な第三国法の準拠法としての選択も考えうるが、わざわざそうした選択がなされる事態を想定する意義は低い（*Schlachter*, NZA 2002, S. 1242, 1244 参照）。

651) *Deinert*, Internationales Arbeitsrecht, §9 Rn. 1 参照。

あった場合にも最低限守られるべき基準を指定する機能をも有するからである[652]。それゆえ、未だ準拠法選択の自由を認めているとはいえ、客観的連結は労働契約準拠法にとってとりわけ重要性を有する。客観的連結については、ローマⅠ規則8条2～4項に定めがある。

(i) 原則的連結：通常の労務給付地（2項）

まず客観的連結の原則的規定である2項は、「労働者が通常（habitually / gewöhnlich）そこで労務を遂行する国（それがない場合にはそこから労務を遂行する国）の法」、すなわち通常の労務給付地国の法（lex loci labori）を指定する（第1文）。

労務給付地概念については、実際の労務給付の場所であることが強調される[653]。なお、ローマⅠ規則においては、労務給付地概念は、「そこで」働いている場所だけではなくて、「そこから」労務を提供する場所をも含むことになった。そのため、従来3項（後述）の適用範囲に入りえた複数国での就労事案が、2項によって規律できるようになった[654]。

通常の労務給付地は、「労働者が一時的に（temporarily / vorübergehend）他の国で労務を遂行したことをもって、……変更があったことにはならない」（第2文）。この「一時的」という概念をめぐっては、その反対が期間が「長期的である」ことなのか、当該外国への配属が「終局的（endgültig）」であることなのかに見解の相違がある。すなわち、一方では、外国での実際の就労が例えば1年や2年といった一定期間内であれば一時的と認めるのに対して、他方では、外国での就労について長さを問わず、当事者の意図として期間が限られていれば一時的とする。一部見解を除けば、一般的に後者の見解が支持されているようである[655]。こうした当事者の主観の考慮は、ローマⅠ規則備考部（前文）

---

652) AR-Blattei SD/*Franzen*, Nr. 920, 2006, Rn. 45, 121 参照。

653) *Deinert*, Internationales Arbeitsrecht, §9 Rn. 85 ff.; MüArbR/*Oetker*,3. Aufl., §11 Rn. 30 参照。ただ、契約上取り決められた場所、あるいは所属事業所の所在地がどの程度重要性を有するのか、問題がある。

654) *Deinert*, Internationales Arbeitsrecht, §9 Rn. 119 f. 参照。

655) AR-Blattei SD /*Franzen*, Nr. 920, 2006, Rn. 60 ff.; *Deinert*, Internationales Arbeitsrecht, §9 Rn. 102; MüArbR/*Oetker*, 3. Aufl., §11 Rn. 31、マキシミリアン・ザイブル（芳賀雅顯訳）「ドイツにおける労働事件の国際私法および国際民事訴訟法」名古屋大學法政論集233号（2009年）45頁、

の第36段落では、具体的には帰国（Rückkehr）の意思あるいは意図の重視という形で現れる[656]（「国外での労務遂行の終了後、労働者が母国（country of origin / Herkunftsstaat）で労働を再開することが予定されている場合には、外国での労務提供は一時的なものとみなされるべきである」）。

労働を「再開」するという文言からは、事前および事後に「通常の労務給付地」たる場所での就労を行うことが前提のようにも思われるが、第36段落は一時的とみなされること、すなわち準拠法が変わらないことを明確にしているものであって、必ずしも、そうでなければ通常の労務給付地が変更される、すなわち準拠法が変わることを述べているのではなく、仮に労働関係が外国での一時的就労で始まる、またはそれにより終わる場合でも、通常の労務給付地は帰国が予定されている地、または従来の通常の労務給付地であると指摘される[657]。

本節でのモデル事例に関して簡単に場合分けして考えてみれば、次のような可能性がある。まず、事前および事後に労働者b'が企業bとの労働関係上B国内の建設現場にて働くような場合、一般的に支持されている見解からすれば、A国での就労は一時的であり、当地での就労は意味をなさない[658]。6か月という期間の長さに拘わりなく、いずれにしてもこうした期間の設定がなされているからである。したがってこの場合には、（第三国法を考慮外に置けば）B国が通常の労務給付地であり、B国法が客観的契約準拠法だということになる。

対して、B国において企業bと労働者b'の基本的な労働関係が存在しない、すなわち、b'が専らA国での就労のためにのみ雇い入れられた場合である。この場合、B国への帰国の意図も事前のB国での就労もないのであるから、

109頁以下参照。

656) *Deinert*, Internationales Arbeitsrecht, § 9 Rn. 102 参照。また、AR-Blattei SD/*Franzen*, Nr. 920, 2006, Rn. 56 も参照。帰国予定の有無を判断するに合意（Vereinbarung）ではなく、いわば実質的な意図（Intention）を重視しているものとして、*Deinert*, Internationales Arbeitsrecht, § 9 Rn. 103 ff. 参照。

657) *Deinert*, Internationales Arbeitsrecht, § 9 Rn. 110 f. 参照。契約準拠法の安定性なども理由に挙げられている。もっとも、通常の労務給付地での事前の就労をも重視するものとして、AR-Blattei SD/*Franzen*, Nr. 920, 2006, Rn. 56

658) また、前記のようなローマⅠ規則備考部（前文）第36段落の限定的な理解からすれば、事前のみ、あるいは事後のみのB国での就労でも同じ結論になる。

通常の労務給付地はＡ国となり、Ａ国法が客観的な契約準拠法として指定される。仮にＢ国法を準拠法として選択されていたとしても、Ｂ国法とＡ国法の有利性比較の必要が生じ、有利である場合のＡ国法の適用は確保されることになる。ただし以上のようなＡ国法の適用は、客観的連結がローマⅠ規則8条2項により行われることを前提としていることに注意が必要である。

(ⅱ) 補完的連結：雇入れ営業所所在地（3項）

ところで、2項に定められる通常の労務給付地という連結点は常に確定可能なものではなく、そのような場合には補完的に労働者の雇入れ営業所（the place of business / die Niederlassung）の所在地への連結が行われる（8条3項）。この雇入れ営業所概念は、本拠（Sitz）概念や事業所（Betrieb）概念とは区別され、また契約相手方たる使用者を指すものでもないとされる。具体的に何を指すのかについては必ずしも見解の一致があるわけではない。

しかし、同項の連結点の細かい解釈をここで検討する意義はあまりない。というのも、3項による雇入れ営業所の所在地法への連結が登場すること自体、非常に限定的であることが指摘されるからである。すなわちまず、3項の文言上、2項によって準拠法が決せられない場合に初めて3項の連結が登場することが明らかにされている。そしてその2項が、既述のとおり従来3項の射程範囲内でありえた複数国での就労事案を規律しうることが明確になったので、3項は、どの国にも属さない地での就労といったように、極めて限定的な事案についてしか登場しないと指摘されるのである。

仮に3項が適用される場合でも、本節でのモデル事例のような場合には通例

---

659) AR-Blattei SD/*Franzen*, Nr. 920, 2006, Rn. 58 f.; *Hanau*, NJW 1996, S. 1369, 1372 参照。
660) とりわけ、後述の8条4項（回避条項）による連結がこれを覆しうる。
661) 「連結点」とは、ドイツ語で"Anknüpfungsmoment"ともされ、問題となっている事象とそれを規律する法秩序との連結を基礎付ける要素のことをいう（*Deinert*, Internationales Arbeitsrecht, § 1 Rn. 7 参照）。例えばローマⅠ規則8条2項においては、「通常の労務給付地」という連結点が、解釈を通じてＡ国法あるいはＢ国法とされることで、同国法を労働契約準拠法として指定する。
662) AR-Blattei SD/*Franzen*, Nr. 920, 2006, Rn. 70; MüArbR/*Oetker*, 3. Aufl., § 11 Rn. 34 参照。
663) AR-Blattei SD/*Franzen*, Nr. 920, 2006, Rn. 70 ff.; *Deinert*, Internationales Arbeitsrecht, § 9 Rn. 122 f. 参照。
664) *Deinert*, Internationales Arbeitsrecht, § 9 Rn. 119 f. 参照。

送出し国（すなわちＢ国）法が客観的契約準拠法となることが指摘される[665]。また結局のところ、次に説明する回避条項によって、雇入れ営業所への連結の可能性は相対的に排除されやすいことも指摘されている[666]。

(iii) 回避条項（４項）

ローマⅠ規則８条４項は、いわゆる回避条項（Ausweichklausel）である。同項は、８条２項および３項にかかわらず、そこで指定される国よりも「より密接な関連（more closely connected ／ eine engere Verbindung）」を有する国が存する場合には、当該国法を客観的契約準拠法とする。２項と３項とが——３項の適用範囲の狭さからすればほとんど２項に分け与えられているとはいえ——事案的に棲み分けを行っているものであるのに対して、４項は２項事案の場合にも３項事案の場合にも適用され、それを修正する規定である[667]。

より密接な関連は、客観的状況に基づいて、通常の連結を修正するに十分かつ明白にその存在が確認できるものでなければならない[668]。回避条項は、法的安定性の面で問題があるからである[669]。その不適用の裁量が法適用を行う機関にあるわけではないが[670]、他方、特に法廷地法を指定するためにその濫用がされてはならない。

より密接な関連の認定にあたっては結局のところあらゆる客観的事情の総合考量が必要となる[671]。厳格な解釈の必要性ゆえ、その際に個々の指標が十分なものでありうるかには疑問が呈されている[672]。具体的な指標には、労働者の住所、使用者の本拠、雇入れ営業所の所在地、契約締結地、契約の言語、労働者の国

---

665) *Schlachter*, NZA 2002, S. 1242, 1244 参照。
666) MüKoBGB/*Martiny*, 7. Aufl., Art. 8 Rom I-VO Rn. 69; *Thüsing*, BB 2003, S. 898, 900 参照。また、AR-Blattei SD/*Franzen*, Nr. 920, 2006, Rn. 79 も参照。
667) AR-Blattei SD/*Franzen*, Nr. 920, 2006, Rn. 78; *Deinert*, Internationales Arbeitsrecht, §9 Rn. 126; MüKoBGB/*Martiny*, 7. Aufl., Art. 8 Rom I-VO Rn. 75 参照。
668) AR-Blattei SD/*Franzen*, Nr. 920, 2006, Rn. 80; *Deinert*, Internationales Arbeitsrecht, §9 Rn. 128, 132; MüArbR/*Oetker*, 3. Aufl., §11 Rn. 35 参照。
669) *Deinert*, Internationales Arbeitsrecht, §9 Rn. 126, 131 参照。
670) *Deinert*, Internationales Arbeitsrecht, §9 Rn. 127 参照。
671) MüArbR/*Oetker*, 3. Aufl., §11 Rn. 35 参照。
672) *Deinert*, Internationales Arbeitsrecht, §9 Rn. 134 参照。複数の指標を求める点では、おそらく AR-Blattei SD/*Franzen*, Nr. 920, 2006, Rn. 80 も同じ。

籍など様々なものが挙げられる[673]。その中でも、労働契約当事者に共通する国籍についてはおおむね共通して指標としての意義が見出されている[674]。

回避条項の目的は、あくまで個々の事案における国際私法上の正義の確保であって、実質法的な意味においても抵触法的な意味においても、労働者保護にあるのではないといわれる[675]。そうとすると、回避条項にとって労働者保護の水準というのは問題とならない[676]。

本節でのモデル事例のような場合、仮に通常の客観的連結によってA国法が準拠法となりうるとしても、共通の国籍ならびに住所および本拠が重視され、B国法への連結が主張される[677]。上記のとおりここでは、B国法が受入国たるA国法よりも低水準なものであるかどうかということは意味をなさない。

5. 小括

以上の検討から確認できるのは、本節でのモデル事例のような場合、つまり低水準国から高水準国への一時的な労働力流入を想定する場合、受入国であり労働者b′の現実の労務提供地であるA国法ではなくて、それよりも水準の低い送出し国すなわちB国法が、労働者b′の雇用・労働条件について適用されるという結論が導かれる可能性が、相当程度あるということである。

たしかに、労働者bが専らA国での就労のためだけに企業bに雇入れられたような場合には、通常の労務給付地は受入国たるA国であり、ローマⅠ規則8条2項による客観的連結によればA国法が客観的契約準拠法となり、有利性原則に基づく特別連結によってそれが最低基準としての機能を果たしうる。しかしそれも、あくまでローマⅠ規則8条2項によって客観的連結が行われる場合であって、最終的には、8条4項の回避条項によって、その水準に関係な

---

673) AR-Blattei SD/*Franzen*, Nr. 920, 2006, Rn.81 f.; *Deinert*, Internationales Arbeitsrecht, § 9 135 ff.; MüArbR/*Oetker*, 3. Aufl., § 11 Rn. 36 参照。
674) 特に *Deinert*, Internationales Arbeitsrecht, § 9 Rn. 135 はこれを強調する。ErfK/*Schlachter*, 18. Aufl., Rom I-VO Rn. 17 は、これに加え、共通の居所／住所を重要とする。
675) *Deinert*, Internationales Arbeitsrecht, § 9 Rn. 126, 128.
676) *Deinert*, Internationales Arbeitsrecht, § 9 Rn.128, 143.
677) *Schlachter*, NZA 2002, S. 1242, 1244 参照。また、それを示唆するものとして、AR-Blattei SD/*Franzen*, Nr. 920, 2006, Rn. 58 f. 参照。もっとも、回避条項において労働者の国籍が限定的な指標としてしか役割を果たさないことも指摘されている（MüArbR/*Oetker*, 3. Aufl., § 11 Rn. 36）。

くB国法への連結が主張されうる。他のケースでは、8条2項（通常の労務給付地）も8条3項（雇入れ営業所所在地）も基本的にB国法を指定する可能性が高い。そしてこのようにB国法が客観的契約準拠法となる場合、より高水準のA国法が当事者により準拠法として選択されるという想定する意義に乏しい事態が生じない限り、ローマI規則8条の枠組みでいえば、B国法が準拠法としての地位を保つことになる。

むろん、以上の確認にかなりのあいまいさ、ないし不確定要素が存することは認めざるをえない。しかしここでの関心にとって重要なのは、モデル事例のような場合に、ローマI規則8条という労働契約準拠法についてのルールの枠内では、少なからず送出し国たるB国法の適用が想定されるということである[678]。したがってローマI規則8条の枠内でいえば、自国の規制水準未満で働く労働力の流入という形で、受入国たるA国内の同業労働者・企業への強烈な競争圧力が生じうる。当該A国労働者および企業からすれば、「ソーシャル・ダンピング」として批判すべき事態であろう。しかしこれは、法的にいえば遵守すべき法秩序に違反しているわけではないのであって、いわば合法的な「ソーシャル・ダンピング」なのである。

II．介入規範（ローマI規則9条）

当然、かかる事態を受入国が黙認することは期待できない。受入国としては、ローマI規則8条により導かれる契約準拠法に拘わらず、自国法の適用を確保しようとする。そしてこれに根拠を与えうるのが、同規則9条の介入規範（Eingriffsnorm／英語版では 'overriding mandatory provision'）である。通常の連結規範によれば「ソーシャル・ダンピング」の合法性が否定できないとしても、介入規範という特別連結に、受入国の労働市場・サービス市場への影響を防ぐあるいは和らげる役割を期待しうる。

---

678) ドイツからの視点として、*Kort*, NZA 2002, S. 1248, 1248; *Schlachter*, NZA 2002, S. 1242, 1244 参照。イギリスからの視点として、C. Barnard, *ILJ*, Vol. 38, No. 1, 2009, p. 122, at 123-124 参照。また、S. Deakin, *CYELS*, Vol. 10, 2008, p.581, at 593-594; *Krebber*, Jahrbuch Junger Zvilrechtswissenschaftler 1997 [Europäisierung des Privatrechts], 1998, S. 129, 130 も参照。ただし、多くの場合そうした理解が示されることに対して疑問を呈するものとして、*Hanau*, in: Due/Lutter（Hrsg.）, FS Everling, Baden-Baden 1995, S. 415, 423 f. 参照。

> ローマⅠ規則9条
>
> 介入規範
>
> (1) 介入規範とは、ある国家にとって、とりわけその政治的、社会的、または経済的な体制（organisation／Organisation）のような公益の保持のために、その適用範囲下にある限り、本規則の他の規定による契約準拠法にかかわらず適用されるべきこととなるほどに、その遵守が重大（crucial／entscheidend）である強行規定をいう。
>
> (2) 本規則は、法定地方上の介入規範の適用を妨げるものではない。
>
> (3) 〔略〕

1. 規定内容

この介入規範については、ローマⅠ規則の前身である1980年ローマ条約にも対応する規定が存在した。「強行規定（Mandatory rules／Zwingende Vorschriften）」と題されたその7条は、2項において、「この条約は、契約準拠法にかかわらず当該状況に適用されるべき、法廷地法上の強行規定の適用を妨げるものではない」としていた。対して「介入規範」と題されたローマⅠ規則9条は、上記のとおり第1項においてより具体的な定義規定を置いている。これは、日本ではしばしば絶対的強行法規と呼ばれるものを[679]、立法上明記したものといえる。

2. 法律効果にみる特徴

(i) 一方的な特別連結

ローマⅠ規則9条1項に定義付けられる介入規範について、同条2項は法廷地法上の当該規定の適用を確保するという、一方的な特別連結を定めている[680]。

---

679) 一般的説明については、櫻田嘉章＝道垣内正人編『注釈国際私法（第1巻）』（有斐閣、2011年）34頁以下〔横溝大担当〕を参照されたい。

680)「一方的連結（einseitige Anknüpfung）」とは、「双方的連結」（ドイツで"allseitige Anknüpfung"とされるところのもの）に対する概念である。後者においては、国内法も外国法も含めて（したがって双方的に）、複数の法秩序の間から適用されるべき法を指定する形で連結が行われるのに対して（したがって'which'が問われる）、前者は、1か国すなわち国内法にしか連結が行われず（したがって

なおその効果は、8条1項第2文のような準拠法選択に対する制限にとどまるものではない。すなわち、準拠法選択に対してだけでなく、客観的連結にも及ぶ[681]。

　国際私法的な観点からみた介入規範適用の問題は、それが国際的な判断の一致を阻害する危険性を孕む点にある。2項はあくまで法廷地の介入規範の特別連結を定めているものであり、同一の事実関係のもとで、A国の裁判所がA国法を介入規範として適用しても、B国の裁判所ではそれが行われないからである。こうした問題を回避する1つの方法は、外国法上の介入規範の適用を認めることである。この点たしかにローマⅠ規則9条3項においてはその可能性が認められており、それにより国際的な判断の一致が促進されることを期待できる。ただ同規定には、それが可能性にとどまる点、またその射程において、限界が指摘される[682]。

(ⅱ)　国際的強行法規としての介入規範

　その前身たる1980年ローマ条約7条2項から、また、英語版での'overriding mandatory provision'という表現から分かるように、ローマⅠ規則9条に定められる介入規範も強行規定である。しかしそれは、効力として国際的強行性を有するという意味で理解されなければならない。

　たしかに、「合意で逸脱することが許されない」という意味での単なる強行規定は、3条3項や8条1項第2文においても問題となる。しかしこれらの規定では、ある特定の法秩序内における強行性が意味されているにすぎない。したがって、準拠法選択あるいは客観的連結の結果として準拠法として指定されなければ、その適用は否定されうるものである[683]。

　対して介入規範は、そうした特定の法秩序内ないし国内での強行性にとどま

　　一方的）、そこでは専ら、国内法が適用できるかどうかが問われている（したがって 'if' が問われる）。以上については、*Deinert*, Internationales Arbeitsrecht, §1 Rn. 32 f., §10 Rn. 12参照。
681）MüArbR/*Oetker*, 3. Aufl., §11 Rn. 45. なお、ここでは規定の有利性が問題とならないため、理論的には8条1項2文（有利原則に基づく特別連結）による準拠法との衝突が生じうる。この点は、*Deinert*, Internationales Arbeitsrecht, §10 Rn. 42; MüArbR/*Oetker*, a.a.O., Rn. 50 f.参照。
682）*Deinert*, Internationales Arbeitsrecht, §10 Rn. 13参照。
683）もっとも、例えば8条1項第2文などの準拠法選択を制限する規定によって特別連結が行われる場合はありうる。

らず、準拠法選択にも客観的連結によっても左右されず、国際的な次元においてもその適用を貫徹させるものである。かかるより強い強行性、すなわち国際的強行性を具備しているところに介入規範の特徴がある。このことは、ローマⅠ規則9条1項の文言（「本規則の他の規定による契約準拠法にかかわらず適用される」）からも明らかである。

3. 介入規範たる資格

ある実質法に以上のような意味での国際的強行性が与えられるには、まず最低限、単なる（ないし国内的な）強行性を有しなければならない。しかし単に国内法上強行法規として捉えられることが、介入規範たる資格として十分なわけではない。このことは、ローマⅠ規則備考部（前文）の第37段落にも明記されている（「加盟国裁判所は例外的な（exceptional / außergewöhnlich）状況下において……介入規範を適用しうる」のであり、この「『介入規範』という概念は、『合意で逸脱することが許されない規定』とは区別され、より狭く解されるべきである」）。

ローマⅠ規則9条1項に明らかにされているように、ある実質法が介入規範となるには、当該実質法が、「ある国家にとって、とりわけその政治的、社会的、または経済的な体制のような公益の保持のために……その遵守が重大」なものだといえなければならない。なお、このように介入規範たる資格の認定にあたっては公益の保持が問題となるのであって、公法か私法かという区別は決定的でない。

---

684) *Deinert*, Internationales Arbeitsrecht, § 10 Rn. 14; MüKoBGB/*Martiny*, 7. Aufl., Art. 9 Rom I-VO Rn. 7 f.; StaudingerBGB/*Magnus*, 2016, Art. 9 Rom I-VO Rn. 13, 52, 54 参照。

685) また、ローマⅠ規則備考部第37段落は、介入規範が「合意によって逸脱しえない規定」とは区別されることを確認している。

686) MüArbR/*Oetker*, 3. Aufl., § 11 Rn. 48; StaudingerBGB/*Magnus*, 2016, Art. 9 Rom I-VO Rn. 13, 52 参照。なお、規定の片面的強行性が国際的強行性の有無にどのような影響を与えるのかについては、見解の相違がある（国際的強行性を含まないことの推定を行う見解として、MüArbR/*Oetker*, a.a.O., 指標としての価値を認めない見解として、*Deinert*, Internationales Arbeitsrecht, § 10 Rn. 24 参照）。

687) *Deinert*, Internationales Arbeitsrecht, § 10 Rn. 5, 7, 15, 19; MüArbR/*Oetker*, 3. Aufl., § 11 Rn. 48; MüKoBGB/*Martiny*, 7. Aufl., Art. 9 Rom I-VO Rn. 12; StaudingerBGB/*Magnus*, 2016, Art. 9 Rom I-VO Rn. 50 参照。

　もっとも、この介入規範の基礎に、抵触法的なその把握があるのか、それとは関係ない自発的な法適用という考え方があるのかには問題がある（*Deinert*, a.a.O., Rn. 5, 参照）。本書では、少なくと

9条1項のこうした定義は、サービス提供の自由の観点から労務給付地法の適用の適法性が問題となったArblade事件におけるECJ先決裁定の判示をもととしている[688][689]。ローマⅠ規則になってこの定めが挿入されたることで、介入規範たりうる規定の範囲が単なる強行規定よりも狭いということが明らかにされたのであった[690]。

4. 各国の決定裁量

ある実質法に介入規範として国際的強行性が与えられるには、さらに、当該規定に絶対的適用意思ないし国際的適用意思が、すなわちそれが準拠法如何にかかわりなく適用されるべきものであるという意思が確認できなければならない[691]。それが認められるのは、まず、規定自体が明示的にそうした意思を示している場合である[692]。明示的にそうした規律がなされていない場合、立法目的に照らした解釈が求められる[693]。

重要なのは、ここにみられる、介入規範についての加盟国の決定裁量である。ローマⅠ規則9条による介入規範の統一的定義は、介入規範として指定を加盟国に強制するものではなくて、何が介入規範として考慮にいれられうるかという、いわば介入規範たる資格を規定するものだということである。かかるEU法の枠内で、自国にとっての公益が何たるかを検討し、当該公益を保持するた

もローマⅠ規則の体系上は抵触法的な把握がなされているとの理解に従う（a.a.O., Rn. 31 参照）。
688) ECJ judgment of 23.11.1999, Joined Cases C-369/96 and C-376/96 [*Arblade*] ECLI:EU:C:1999:575, para. 30. 本件については、第1章第3節第2項Ⅰを参照されたい。
689) この点については、COM（2005）250 final, p. 7; StaudingerBGB/*Magnus*, 2016, Art. 9 Rom I-VO Rn. 46 参照。
690) *Deinert*, Internationales Arbeitsrecht, § 10 Rn. 15; MüKoBGB/*Sonnenberger*, 5. Aufl., Einl. IPR Rn. 41 参照。
　国際私法上の観点からいえば、それがもたらしうる国際的な判断の不一致や通常の連結規範の無効化の恐れからいって、こうした抑制的な態度が求められる（*Deinert*, a.a.O., Rn. 13 f., 28 参照）。
691) MüArbR/*Oetker*, 3. Aufl., § 11 Rn. 48; StaudingerBGB/*Magnus*, 2016, Art. 9 Rom I-VO Rn. 54 参照。
692) *Deinert*, Internationales Arbeitsrecht, § 10 Rn. 26; MüKoBGB/*Martiny*, 7. Aufl., Art. 9 Rom I-VO Rn. 9 参照。
693) MüArbR/*Oetker*, 3. Aufl., § 11 Rn.48; MüKoBGB/*Martiny*, 7. Aufl., Art. 9 Rom I-VO Rn. 9; StaudingerBGB/*Magnus*, 2016, Art. 9 Rom I-VO Rn.54 参照。

めにある規範に対して絶対的適用意思を与えるのは、加盟国の権限である[694]。さらにいえば、当該立法を行うこともまた制定国の裁量であるから、介入規範として指定される実質法の具体的な適用範囲もまた、基本的には制定国の政策により決せられるといえる[695]。

5. 小括

以上のように、EU 域内で労働者の一時的な国外配置が行われる場合、通常の連結によれば合法的「ソーシャル・ダンピング」が生じえたところ、配置先国は、介入規範という手段を用いることで、与えられた裁量の範囲内で自国法を適用し、それを防ぐことが可能だということになる。

本節でのモデル事例においては、ローマⅠ規則8条の労働契約準拠法にかかわらず、したがってそれがB国法であったとしても、受入国たるA国法に介入規範としての特別連結がありうる[696]。もちろん、介入規範については上述のとおり加盟国に決定裁量があるので、かかる特別連結が行われるとは限らない。しかし重要なのは、モデル事例の受入国たるA国にも、そうした政策的な余地が残されているということである。

第3項　サービス提供の自由による限界付け

しかしこうした加盟国の裁量には、EU 法に独特な制約がもたらされる。すなわち、経済統合のための中核的原則である自由移動原則が、ここでの法規の国際的適用関係にも影響を与えるのである。というのも、たしかに低廉労働力の受入れ先たる加盟国としては、介入規範という手段を用いて「ソーシャル・ダンピング」を防ぐことが可能といえる。しかしそれは他面、送出し国の企業からみれば、その競争上の優位を奪うものである。かかる措置は、サービス貿

---

694) *Deinert*, Internationales Arbeitsrecht, § 10 Rn. 17, 26; StaudingerBGB/*Magnus*, 2016, Art. 9 Rom I-VO Rn. 53 f. 参照。
695) なお、公法の「属地性原則」という概念の不正確性について、*Deinert*, Internationales Arbeitsrecht, § 1 Rn. 32, § 1 Rn.181 ff. 参照。
696) ただし、A国が法廷地となるか、他国がA国法上の介入規範を外国の介入規範として特別連結する場合に限られる。

易に対する障壁として、したがってサービス提供の自由という自由移動原則の観点から、まったく問題がないものとはいえない。[698]

実は、必ずしも抵触法的な議論が展開されているわけではないものの、受入国法の適用と自由移動原則との相克ということ自体は、比較的古くから問題となってきた。以下では、この点に関するECJの判例を中心として、この相克の基本的な法的構造を確認しておこう。[699]

Ⅰ．サービス提供の自由の適用（労働者の自由移動の問題ではない）

既に紹介済みの量的制限にかかるECJ判例からも分かることではあるが（本節第1項Ⅰ参照）、ここでの問題の法的な出発点は、本節のモデル事例のような

---

697) ここで取り扱っているような一時的な労働力流入が「労働者」の移動ではなくて「サービス」の移動の問題と扱われることについては、前述の本節第1項および後述Ⅰを参照されたい。

698) なお、ローマⅠ規則以前は、抵触法はとりわけ国内法だったため、EU法の適用優位という意味で、EU法への国内法の適合性が問題となるものであった。他方、現在のローマⅠ規則のもとでは、上位法としての第一次法に対して、①同規則のような第二次法たる抵触法規範それ自体が適合するかという問題と、②同規則の枠内で加盟国に残されている裁量に基づく特別な法適用が適合するかという問題の、2つの問題がありうる（以上について、*Deinert*, Internationales Arbeitsrecht, § 3 Rn. 6 参照）。本書では、このうち②を扱っている。

　付言しておけば、介入規範としての受入国法の適用と自由移動原則との間のかかる相克というのは、抵触法規範としての自由移動原則が上位法としてそれと異なる法適用のあり方を排除しようとするものでもなければ、介入規範を用いた法適用それ自体が自由移動原則違反とされるものでもない。前者の点でいえば、とりわけ「隠された抵触法規範」が第一次的なEU法上に存在するかという問いについて、会社法分野での例外を除けばそれは否定されている（MüKoBGB/*Sonnenberger*, 5. Aufl., IPR Einl., Rn. 135 ff.; *Deinert*, Internationales Arbeitsrecht, § 3 Rn. 4, 6）。後者の点でいえば、抵触法規範それ自体がEU法違反であるということは例外的で、むしろ違反は通例、抵触法によって指定された実質法規範が適用されることによって生じる。いわば、抵触法と実質法が一緒に作用して初めて、EU法に違反する結果を招来するのである（*Deinert*, a.a.O., Rn. 4, 7 参照）。

　この点、本文において関心としている介入規範についてみれば、問題は、ローマⅠ規則のもとで加盟国に残されている裁量に基づく特別な法適用それ自体ではなくて、特定の状況下において、介入規範としてある特定の労働実質法が適用されることが、自由移動原則に反するかどうかが問題となる。このことの証左に、例えば本節のモデル例で企業aの労働者aがA国からB国に送り出されるような場合に、B国法が仮に介入規範として適用されるとして、そのことが企業aの競争上の優位を奪うがゆえに自由移動原則の観点から問題となるという議論は、通常生じないであろう。

699) 前掲注698) に述べたように、EU法違反は通常、ある特定の状況下である特定の実質法が適用されることによって生ずるものであるとすれば、必ずしも抵触法的な議論が展開されているのではなくても、以下に紹介するECJ判例を参考にする価値はあると考える。というのも、一時的かつ越境的な労働者の配置という状況のもとで、受入国の特定の国内労働実質法が適用されていることが問題となっているという点で共通性があるからである。

場合に、あくまでサービス提供の自由（現EU運営条約56条）が適用されるのであって、労働者の自由移動（同45条）は原則適用されないということである。ECJは一貫してかかる判示を行ってきた。

1. Webb事件先決裁定（1981年[700]）

本件は、イギリス企業のオランダ国内への労働者派遣が、オランダ法上の事業許可を欠いていた（イギリスでは取得）ことを理由に、当該企業の経営者がオランダ国内で刑事告訴された訴訟で、ECJへの先決裁定の付託が行われたものである。

そうした追加的な事業許可取得の要求がサービス提供の自由に反するかどうかが問題となったが、その前提として、こうした労働者派遣がEEC条約60条（現EU運営条約57条）に定義付けられるところの「サービス」にあたるか、すなわちサービス提供の自由規定が適用されるかが問題となった。ECJは、次のように述べて適用を肯定した。

> 「ある企業が報酬を得て、ユーザーとの間で雇用契約を結ばない、その雇用に留まる職員を派遣する場合、その活動は」現EU運営条約57条にいう「『サービス』と考えられなければならない」。〔Para. 9.〕

2. Mazzoleni事件先決裁定（2001年[701]）

本件もまた刑事事件であるが、事案の概要については、既に述べた（第1章第3節第2項Iの2）。本件でECJは、具体的な判断に入る前に次のように確認している。

> 「ISAはフランスに本拠を有し、一時的な性格の活動を本拠国でない加盟国（本件においてはベルギー）において行うものであるから」、現EU運営条約56条および57条の意味での「サービスを提供する会社である」。〔Para. 20.〕

---

700) ECJ judgment of 17.12.1981, Case 279/80 [*Webb*] ECLI:EU:C:1981:314.
701) ECJ judgment of 15.3.2001, Case C-165/98 [*Mazzoleni*] ECLI:EU:C:2001:162.

3. Finalarte事件先決裁定 (2001年)[702]

本件は上記2つの事案とは異なり民事事件であるが、ここではECJの考え方がより鮮明になってくる。本件についても事案の概要は既に述べた（第1章第3節第2項Iの3)。ここで注目したいのは、ドイツ国内裁判所（ヴィースバーデン労働裁判所）からの付託に対して、ECJが次のような判示を行っていることである。

> 労働者の自由移動規定とサービス提供の自由規定のいずれも解釈が求められているが、「国内訴訟が、ドイツ以外の加盟国内に所在し、その労働者を一定期間ドイツ国内の建設現場にサービス提供の目的で労働者を配置した企業に関するものであり、」現EU運営条約56条および57条の適用（サービス提供の自由）を受けるものであることに争いはない。「当裁判所は、ある加盟国に所在する企業に雇用され、サービス提供のために一時的に他の加盟国に送り出される労働者は、仕事の完了後その母国もしくは居住国に帰るものであれば、いかなる意味においても配置先国の労働市場への参入を試みるものではない、ということを判示してきた」(Rush Portuguesa事件 para.15、Vander Elst事件 para.21 参照)。したがって、労働者の自由移動規定は適用されない。問題は、ただEU運営条約56条および57条のみに照らして判断されるべきものである。〔Paras. 19-23, 26.〕

4. 小括

したがって、まさに本節でのモデル事例のような一時的かつ越境的な労働者の配置の場合に、かかる労働力の移動に適用されるのは労働者の自由移動ではなく、企業の国際的な経済活動を保障するものであるサービス提供の自由なのである。

労働者の自由移動（現EU運営条約45条）が適用されるわけではないということの確認が重要なのは、次の事情による。すなわち、労働者の自由移動は国籍に基づく差別を禁じており（同条2項）、EEC規則1612/68の7条やEC指令2004/38の24条に照らしても、他の加盟国からやってきた労働者に対して

---

702) ECJ judgment of 25.10.2001, Joined Cases C-49, C-50, C-52-54 and C-68-71/98 [*Finalarte*] ECLI:EU:C:2001:564.

国内の労働条件を適用しないことは、労働者の自由移動に反するのではないかという疑問が生じうるからである。実際、このことから労務給付地法上の労働条件が妥当すべきことを肯定する見解もあった[703]。もっとも、抵触法規範による連結が国籍に基づくものでない限り、差別が成立しないとの指摘もある[704]。いずれにしても、そもそも労働者の自由移動が適用されないのであれば、法的にはそれへの違反が認定される余地はない[705]。

ECJ がサービス提供の自由の適用のみを認めている根拠は、Finalarte 事件先決裁定によれば、「ある加盟国に所在する企業に雇用され、サービス提供のために一時的に他の加盟国に送り出される労働者は、仕事の完了後その母国もしくは居住国に帰るものであれば、いかなる意味においても配置先国の労働市場への参入を試みるものではない」ということであった[706]。

---

703) Hanau, in: Due/Lutter (Hrsg.), FS Everling, Baden-Baden 1995, S. 415, 417; Ders., NJW 1996, S. 1369, 1371.
704) MüArbR/*Oetker*, 3. Aufl., § 11 Rn. 6.
705) むしろ比較的に高水準な労務給付地国法が適用されることによって「間接的に労働者の自由移動も損なわれている」とするものとして、MüArbR/*Rieble/Klumpp*, 3. Aufl., § 179 Rn. 123 参照。
706) なおこうした判示は、もともとは、労働者の自由移動に関する経過措置を適用し、あるいは労働者が第三国国民であることを理由として、つまり労働者が自由移動を享受しないこととの関連で、労働許可の取得義務を課すことができるかという問題についてなされていたものである。すなわち、本節第1項Iで紹介した Rush Portuguesa 事件および Vander Elst 事件における判示である。Finalarte 事件先決裁定はこれらの判例を明示的に援用している。また学説上も、これらの判例を受けて、サービス提供の自由のみの適用を主張し、労働者の自由移動規定の適用を否定する見解が示されていた（*Däubler*, EuZW 1997, S. 613, 614）。

労働許可の取得義務の文脈で、2011 年の Vicoplus 事件先決裁定（ECJ judgment of 10.2.2011, Joined Cases C-307 to 309/09 [*Vicoplus*], ECLI:EU:C:2011:64）も同様の判示を行っている。本件は、ポーランドの3つの会社と、オランダ社会雇用省大臣との間で生じたオランダ国内訴訟において、ECJ に先決裁定を求める付託が行われた事案である。争われたのは、これらの会社が労働許可を得ずにポーランド人労働者をオランダ会社に派遣していたことに対して、それがオランダ国内法である外国人雇用に関する法律（Wav 法）に違反するとして過料が科されたことの EU 法適合性である。Wav 法および同法施行規則によれば、労働者がその使用者の本拠国において当該使用者に雇用される者として就労資格を有するなどの条件を満たしており、かつ単に使用者のサービス提供の一環としてオランダで一時的に就労する場合であっても、当該サービス提供が労働力派遣にその本質がある場合には、オランダ国内の労働許可を有しない労働者を使用することが使用者に禁じられている。オランダ雇用省大臣の見解によれば、問題となった労働者配置はいずれも労働力派遣にその本質があった。なお、当時既にポーランドは EU 加盟国であり、ポーランドの企業にサービス提供の自由は（一部の国に対する例外を除いて）保障されていた。一方で、問題となった労働者配置が行われたときには、依然として労働者の自由移動については移行措置期間であり、Wav 法の上記規定は当

Ⅱ. 差別禁止、そして、市場参入制限の正当化の要求

次に、こうして適用されるべきサービス提供の自由が、内容的に変化してきたことが重要である。すなわち ECJ によって、それが差別禁止としてだけでなく、市場参入制限禁止としても解釈されるようになったことである（第1章第3節第1項Ⅱの1参照）。もっともそのような枠組みのなかでも、一定の正当化可能性が認められてきた。

1. 差別禁止

サービス提供の自由を差別禁止としてのみ理解すれば、その帰結は、比較的高水準な受入国の労働法を適用したとしても、通例それは自由移動原則違反とはならないということである。何故なら、例えば最低賃金規制に関してみれば、それは同じく国内企業にも適用されるはずのものであり、したがってサービス提供のための労働力の利用に関して企業が支払うべき最低限のコストは、国内外の企業ともに同一だからである[707]。

むろん、Webb 事件で問題となったような二重負担の差別的効果は EU 法違反を問われうる[708]。また、先に紹介した Portugaia Construções 事件（第1章第3節第2項Ⅰの4参照）[709]で問題となったように、一見同じ労働条件の遵守を求めており、しかも事業許可のような二重負担がないような場合であっても、事実上国内の企業にのみ当該労働条件を下回る可能性を与えるような法制は、差別禁止に違反する。そしてこうした差別が認定される場合、公の秩序、公共の安全、および公衆衛生上の理由でそれが正当化されない限り（EU 運営条約 62 条

該移行措置規定に依拠して存在したものであった。国内裁判所が先決裁定を求めたのは、それでもサービスの自由移動(EU 運営条約 56 条および 57 条)は当該国内制度を禁止するものかどうかであった。欧州司法裁判所は、「ある企業が有償で、当該企業の雇用下に留まり、ユーザーとの間で何ら雇用契約を結ばない職員を派遣する場合、その活動は……EU 運営条約 57 条にいう『サービス』と考えられなければならない」(*Vicoplus*, para. 27) とした（しかし、paras. 28-33）。

707) *Schlachter*, NZA 2002, S. 1242, 1245 参照。
708) もっとも、Webb 事件においても、一定の条件下で、母国において既に事業許可を得ている派遣企業への労働者の配置先国での追加的な事業許可取得義務の認められる余地が残された（*Webb*, para. 21 参照）。
709) ECJ judgment of 24.1.2002, Case C-164/99 [*Portugaia Construções*] ECLI:EU:C:2002:40.

により準用される同52条1項)、EU法違反を免れることができない。[710]

しかし重要なのは、この差別という要件によって、受入国法の労働法適用がEU法違反となる範囲が相当程度制限されていたことである。むしろWebb事件においては、一部加盟国から、EU運営条約57条3項の文言(「サービス提供者は、サービスを提供するため、サービス提供が行われる加盟国において、当該国が自国民に課すのと同じ条件で、一時的に自己の活動を行うことができる」)から、サービス提供者に対しては受入国法が全体として適用されなければならないという主張までなされていた。[711]

2. 市場参入制限禁止

既述のとおり、こうした差別禁止アプローチに加えて、サービス提供の自由は今日ではいわゆる(市場参入)制限禁止としても理解されている。そしてこのことこそが、母国のそれに比べて高水準な受入国労働法の適用を、自由移動原則違反としうる可能性を開いたものとされている。[712]実際このアプローチのもとで、国内外の企業に区別なく適用される受入国の労働法規範も、サービス提供の自由への違反を問われてきた。

そのうちArblade事件先決裁定によれば(第1章第3節第2項Iの1参照)、「加盟国における政治的、社会的、または経済的な秩序を守るために、当該加盟国領域内に存在する全ての個人および全ての法律関係によるその遵守が求められるほどに重要である国内規定」[713]であっても、そうであることが基本条約上の規定の免除をもたらすものではない。そのような事情は、あくまで、サービス提供の自由への制限に際しての「公益上の強行的な理由」に基づく正当化のように、基本条約上の規定の正当化の枠組み内で考慮されるにすぎない。[714]したがって明らかになるのは、介入規範としてある国内労働法規範が適用されるとしても、それはサービス提供の自由のような基本条約規定の枠組み内で、正当化さ

---

710) *von Danwitz*, EuZW 2002, S. 237, 242; *Kort*, NZA 2002, S. 1248, 1251 参照。
711) ただ、こうした解釈はECJによって明確に否定されている(*Webb*, paras. 15-16 参照)。
712) C. Barnard, in: Marc De Vos (ed.), *European Union Internal Market and Labour Law: Friends or Foes?*, Antwerp-Oxford-Portland 2009, p.19, at 23-26; *Schlachter*, NZA 2002, S. 1242, 1245 参照。
713) *Arblade*, para. 30.
714) *Arblade*, paras. 31-34.

れるものでなければならないということである。[715]

3. 制限の正当化：「(配置) 労働者保護」

しかしECJは、受入国の労働法の適用がサービス提供の自由への制限でありうることを認めてきた一方で、同時に、労働者保護目的の制限は正当化可能であることも判示してきた（第1章第3節第2項I参照）。すなわち、労働者保護が「公益上の強行的な理由」に含まれるのである。

受入国における最賃規制を適用することは、原則的にEU法適合性を有する。[716] 繰り返し行われてきたこの判示も、そうした最賃規制の適用が原則的に「労働者保護」を追求するものと認められ、その枠内で正当化されているからである。[717]

なお、ここで「労働者保護」という場合に想定されているのは、当該法適用が行われることによって保護を与えられる労働者、換言すれば、実際に移動している労働者（配置労働者）の保護であることに注意が必要である。本節のモデル事例でいえば、労働者b′に保護が与えられるかどうかが重要なのであって、受入国たるA国労働市場の労働者の競争圧力からの保護は、少なくとも明確には、意味されていない。むしろいくつかのECJ判例によって明らかにされてきたのは、国内企業の保護、「ソーシャル・ダンピング」からの国内労

---

715) *Deinert*, Internationales Arbeitsrecht, § 10 Rn.67 参照。ローマI規則9条の介入規範の定義が、Arblade事件先決裁定をもとにしていることについては、前述第2項IIの3参照。

　もっともこうした正当化の要求も、介入規範の適用がサービス提供の自由への「制限」となることが前提なはずである。この点ドイツでの議論をみる限り、あまり議論が深められているとはいえない。むしろ、そうした制限性が自明のものとして議論を出発させる点に特徴があるようにも思える（*Krebber*, Jahrbuch Junger Zvilrechtswissenschaftler 1997 [Europäisierung des Privatrechts], 1998, S. 129, 141 ff. は、明らかにそうした態度を示す）。ただ、本来は母国法に服すべき労働関係をより高水準な受入国法に服せしめることを、制限としてみているとも理解できる（例えば、*Kort*, NZA 2002, S. 1248, 1248; MüArbR/*Rieble/Klumpp*, 3. Aufl., § 179 RN.Rn. 123 f. を参照）。そのような意味において、ECJは、「サービス提供者に対する受入れ国国内規定の適用は、それが支出ならびに追加的な行政的および経済的な負担を伴うものである限りにおいて（to the extent / soweit）、サービス提供を禁止し、妨げ、またはより魅力的でなくすものである」ということを判示してきた（*Mazzoleni*, para.24; *Finalarte*, paras.30, 35; *Portugaia Construções*, para. 18）とも理解可能である。そうすると、「本来は母国法に服すべき」ものであったかどうかについて、より綿密な検討が要されよう。

716) *Rush Portuguesa*, para. 18; *Vander Elst*, para. 23; *Arblade*, para. 41; *Mazzoleni*, paras. 28-29; *Portugaia Construções*, para. 21. ただ、Rush Portuguesa事件においては「最低賃金」との限定がみられないことには注意を要する。

717) *Mazzoleni*, paras. 30-34; *Portugaia Construções*, paras. 22-24 参照。

働市場の保護、国内の失業改善といった経済的な目的は認められないということであった[718]。

また、正当な目的たる「労働者保護」を追求するものであるかどうかは、そうした法規範の適用の実際の効果ないし機能をもって判断される[719]。したがって、立法者の意図がどうであったかは決定的な要素とはならない。

---

[718] *Finalarte*, para. 39; *Portugaia Construções*, paras. 12, 25-26 参照。*Krebber*, Jahrbuch Junger Zvilrechtswissenschaftler 1997 [Europäisierung des Privatrechts], 1998, S. 129, 145 f. は、経済的目的が判例および圧倒的多数の学説によって排除されているし、そうした結論は自明のこととしたうえで、市場保護的な目的を正当事由から排除している。また、*Krebber*, EuZA 2013, S. 435, 444 も参照。

もっとも、Arblade 事件先決裁定が「労働者保護」を正当な目的として認める際に援用している Webb 事件においては、「当該活動が労働市場における良好な関係を害しうる、または、影響を受ける労働者の利益が適切に守られない（to safeguard / wahren）ということの合理的な恐れが存する場合、その領域内で行われる労働力供給を許可制に服せしめることは、加盟国に許容されることであり、また、当該加盟国にとって公益に基づいて行われた正当な政策決定である」（*Webb*, para.19）とされており、この点では、明らかに受入国の労働市場、したがって受入国の労働者の利益擁護を考慮に入れている（ibid., para. 18 も参照）。Webb 事件のこのような判示は、労働力供給に限定された特別な判示とみることができるかもしれない（労働者派遣ないし労働力供給が、労働者の自由移動に対する経過措置の適用に関しては特別な扱いを受けることについては、前掲注 607) 参照)。ただし、後にみる〔改正前〕越境的配置労働者指令の解釈を示した Laval 事件先決裁定において再び、ソーシャル・ダンピングからの受入国労働者の保護が正当な目的として認められている（*Laval*, para. 103）。このことの理解については、また後述する。

[719] *Finalarte*, paras. 40-42; *Portugaia Construções*, paras. 27-29 参照。

第2節　〔改正前〕越境的配置労働者指令（PWD）

　最終的には Arblade 事件先決裁定から明らかになったように、一時的な労働力流入に際して、介入規範としての受入国労働法規範の適用は、サービス提供の自由のような基本条約上の規定を遵守することが前提であるし、もしそれを制限する場合には、労働者保護のような正当事由によって正当化が行われなければならない。原則的に、最賃規制の適用は正当化される。しかしそれ以上に、どの程度介入規範としての受入国法適用が、したがってそれによる「ソーシャル・ダンピング」の防止が可能なのかは、必ずしも明らかでない。

　実はこの点、モデル事例のような越境的かつ一時的な労働者の配置の場合に関しては、第二次法による解決が試みられている。それが、〔改正前〕越境的配置労働者指令（PWD）[720]である。そして本指令をめぐる欧州司法裁判所（ECJ）の解釈が、上記のような不明確性に、一定の決着をつけている。以下、その内容および沿革、そして ECJ の解釈について、それぞれ確認していこう。

　なお、本書の内容は 2018 年 6 月 28 日の同指令の改正[721]を反映していないことには注意されたい。

第1項　〔改正前〕PWD の内容および沿革

〔改正前〕PWD

1条　適用範囲
（1）　本指令は、3項に従って国境を超えるサービス提供の形で加盟国の主権領域に労働者を配置する、加盟国内に本拠（Sitz）を有する企業に適用される。
……

---

[720] Directive 96/71/EC of the European Parliament and of the Council of 16 December 1996 concerning the posting of workers in the framework of the provision of services, OJ (97) L 18, p. 1.
[721] Directive (EU) 2018/957 of the European Parliament and of the Council of 28 June 2018 amending Directive 96/71/EC concerning the posting of workers in the framework of the provision of services, OJ (2018) L 173, p. 16.

(3) 本指令は、1項にいうところの企業が、以下の国境を超える措置のうちのいずれかを講じる場合に適用される。
  (a) 労働者を、その名（account／Name）の下において、かつ、その指揮の下において、配置企業とある加盟国において活動するサービス受領者との間で締結された契約に基づき、当該加盟国の主権領域に配置する場合であって、当該配置企業と労働者の間に配置期間中労働関係が存する場合；または、
  (b) ある加盟国の主権領域内に存する営業所もしくは当該企業グループに属する企業に労働者を配置する場合であって、当該配置企業と労働者の間に配置期間中労働関係が存する場合；または、
  (c) 労働者派遣企業もしくは労働者供給企業として、加盟国の領域内に本拠を有しもしくはそこで活動するユーザー企業に、労働者を配置する場合であって、当該労働者派遣企業もしくは労働者供給企業と労働者の間に配置期間中労働関係が存する場合。

2条　定義
(1) この指令において、「配置労働者」とは、限られた期間において、通常働いている国ではない加盟国の主権領域内においてその労務を遂行する労働者を意味する。
(2) この指令において、労働者の定義は、その主権領域に当該労働者が配置される加盟国の法に従う。

PWD は、他の加盟国内に労働者を配置する、加盟国に本拠を有する企業に適用される（1条1項）。労働者配置（posting of workers／Arbeitnehmerentsendung）とは、ある加盟国の企業が、その雇用する労働者を、通常（normally／normalerweise）働いている国ではない加盟国内において、一時的に、派遣、請負等のサービス提供のために働かせることである（同条3項および2条1項参照）。出向のような形態も含まれる。このような定義からすれば、かかる労働者の配置は「越境的労働者配置」、配置される労働者は「越境的配置労働者」と呼ぶこともできよう。なお、「労働者」の定義は、配置先国法に従うこととなっている（同条2項）。

PWD は、一定の法源における一定事項についての配置先国の規定が、越境的労働者配置についても適用されるべきことを定めている(I)。これは限られた範囲での介入規範の具体化ということができ、PWD はこれにより、サービスの自由移動の促進と「ソーシャル・ダンピング」の防止という2つの要請を、妥協的に調整しようとしたものである(II)。

I. 国際的強行法規の範囲指定

〔改正前〕PWD

3条　雇用・労働条件
(1)　加盟国は、当該労働関係の適用法にかかわりなく、1条1項にいうところの企業が、その主権領域内に配置された労働者に対して、労務が遂行される加盟国において定められた、以下の事項に関する労働条件を保障することを、確保する。
　　— 法律、規則、もしくは行政規定による、および／または
　　— 附則に挙げられる活動に関する限りで、8項における意味で一般的効力を宣言された労働協約もしくは仲裁裁定による。
　(a)　労働時間の上限および最低限の休息時間（rest periods／Ruhezeit）；
　(b)　最低限の年次有給休暇；
　(c)　時間外手当を含む、最低賃金額；これは、追加的な事業所退職年金制度にはあてはまらない；
　(d)　特に労働者派遣企業による労働者派遣の場合の、労働者派遣に関する条件；
　(e)　職場の健康および安全衛生；
　(f)　妊産婦、児童および若年者の雇用条件に関する保護的措置；
　(g)　男女間の平等取扱いおよび他の差別禁止規定。
……
(7)　第1項ないし第6項は、労働者にとってより有利な労働条件の適用を妨げるものではない。

(8)　「一般的効力を宣言された労働協約もしくは仲裁裁定」とは、その地理的範囲下にありかつ関連する活動もしくは業務を行う全ての企業によって遵守されなければならない労働協約もしくは仲裁裁定を意味する。

　第1文おける意味で労働協約もしくは仲裁裁定の一般的拘束力宣言制度が存在しない場合、加盟国は、以下のものに依拠することを決定できる。

　── その地理的範囲下にありかつ関連する活動もしくは業務を行う全ての同様の企業に対して一般的に効力を有する（applicable / wirksam）労働協約または仲裁裁定、および／または、

　── 全国レベルで最も代表性の高い労使団体（employers' and labour organization / Tarifvertragsparteien）によって締結され、全国内領域に適用される労働協約。

……

(10)　本指令は、加盟国が、EC条約を遵守する形で、平等取扱いを基礎として、国内企業および他国企業に対して以下のものを適用することを妨げない：

　── 公序（public policy / öffentliche Ordnung）規定である場合の、1項第1文のもの以外の事項に関する労働条件、

　── 附則のもの以外の活動に関する、8項にいうところの労働協約または仲裁裁定に規定される労働条件。

附則

3条1項第2ダッシュにいう活動とは、建物の建築、修繕、保全、改築または取り壊しに関する全ての建設労務を含むものであり、特に以下のものを指す：

1．掘削
2．土工
3．建築労務（actual building work/ Bauarbeiten im engeren Sinne）
4．組み立て式材料の組み立ておよび解体
5．備え付けまたは設置
6．改築
7．改装
8．修繕

9. 解体
  10. 取り壊し
  11. 整備
  12. 保全（塗装および清掃労務）
  13. 改良。

1. 義務的適用

　PWDの解釈上争いがないのは、労働者配置に対しては、PWD上明記される法源の適用が、準拠法如何にかかわらず、加盟国によって行われなければ・・・・・ならないということである。つまり、そのような法源に国際的な強行性を与えなければならない。そうした義務の範囲は、同指令3条1項において、①法源の存在形式、②（法源が一般的拘束力のある労働協約または仲裁裁定であった場合に）対象産業、③労働条件によって画されている。

　まず法源の存在形式としては、法律、規則、もしくは行政規定、および／または、一般的拘束力を宣言された労働協約もしくは仲裁裁定といった要件が定められている。ここでいう「一般的拘束力を宣言された労働協約もしくは仲裁裁定」については、PWD3条8項において定義が与えられており、同項第2文においては、そうした制度のない場合に加盟国が代わりに依拠することのできる制度が規定されている。

　このように義務的に適用が求められる「一般的拘束力を宣言された労働協約もしくは仲裁裁定」については、対象産業に限定があり、附則において建設業が指定され、特にあてはまる活動が列挙されている。法律、規則、および行政規定については、対象産業の限定はない。

　対象となる労働条件は、(a)〜(g)のリストとして列挙されている。(a)労働時間の上限および最低限の休息時間、(b)最低限の年次有給休暇、(c)最低賃金額、(d)労働者派遣に関する条件、(e)健康・安全衛生、(f)妊産婦・児童・若年者保護、(g)男女平等取扱いおよび他の差別禁止規定である。

2. その他の配置先国法適用の許容

　PWD上特にその解釈が問題となるのは、その3条7項の規定である。同項は、

「第1項……は、労働者にとってより有利な労働条件の適用を妨げない」と定める。この規定が、3条1項に義務的適用が定められるものを超えて、追加的に高水準の受入国法の適用を行うことを認めているものかが問題となるのである。

また、3条1項に定められる以外のものの適用を認めている規定としては、同条10項も存在する。3条1項(a)～(g)以外の労働条件を定めるものであっても、ある法規範が「公序規定」である場合、または、建設業以外の活動に関する一般的拘束力を有する労働協約もしくは仲裁裁定である場合には、その適用が妨げられないのである。後者についていえば、それが建設業以外の産業のものである場合、それに国際的強行性を与えることが義務とされるわけではないが、加盟国がそうすることは認められるのである。ただし3条10項で定められるいずれの場合も、基本「条約を遵守する形で、平等取扱いを基礎として、国内企業および他国企業に対して」適用されることが条件とされている。

Ⅱ. 沿革にみるその目的

以上の内容からもわかるように、PWDは、ローマⅠ規則8条のような原則的な抵触法規律に対して、労働者配置に特別な抵触法ルールを明確化するために定められたものである[722]。したがってその関心は、越境的かつ一時的な労働者配置に対して、どこまで配置先国法が適用されるべき、あるいは適用されうるのかということであったといえよう。しかし、それでは何故かかる関心がもたれたのであろうか。適用法規の明確化の目的は、どこにあったのだろうか。以下、立法経緯をみてみることで、PWDの目的を探りたい。

PWDそれ自体の立法手続の出発点は、1991年夏に欧州委員会により提出された「サービス提供の形での労働者配置に関する理事会指令案」である[723][724]。委

---

722) *Deinert*, Internationales Arbeitsrecht, §3 Rn.5; MüKoBGB/*Martiny*, 7. Aufl., Art. 8 Rom I-VO Rn.5 参照。
723) Commssion Proposal: COM (91) 230 final.
724) しかしさらにそれよりも前の議論に淵源を求めることも可能である（*Borgmann*, Die Entsendung von Arbeitnehmern in der Europäischen Gemeinschaft, Frankfurt a.M. 2001, S. 197 f. 参照）。少なくとも、第1章で扱った1989年共同体憲章の実施にかかる行動計画が、その「移動の自由」の章においてこうした越境的労働者配置への共同体措置を予定していたことは指摘しておくべきであろう（COM (89) 568 final, pp. 23-24; *Borgmann*, a.a.O., S. 199; C. Barnard, *EU Employment Law*, 4th ed.,

員会は、1980年ローマ条約7条——既述のとおりこれに対応するのが、介入規範の特別連結を規定する現在のローマI規則9条である——が、何がそこでいう強行規定にあたるのか具体的な基準を設けていないとしたうえで、指令案は同条約7条に含まれるところの、保護的な最低労働条件の「中核 (hard core)」を構成する「公序規律 (public oder rule)」を明確にしようとするものであると述べ、続けて次のようにいう。「外国企業に、受入れ国内で効力を有する保護的労働条件の最低限の『中核』を遵守することを義務付けることによって、国内外の企業間の公正な競争にとって有害なものとなりえ、かつ、長い目でみて経済的自由の実現に対する偏見につながりうる慣行を根絶する」ことが本指令案の目的であり、他方で本指令案は、「外国企業が、母国で効力を有する……労働法の大部分に服することを許容することによって、……欧州司法裁判所によって示された解釈を、全ての……国内立法が……他の加盟国に所在する企業の一時的な活動に全体として適用されうる……わけではないという意味において、尊重するものである」。また、労働者配置に適用されるべき労働条件についての法的確実性を増大させることによって、経済的な自由、特にサービスの自由な提供の実現に資するものであることも示されている。さらに、指令原案の備考部(前文)には、国境を超えるサービス提供の促進のためには「公正な競争環境」が必要であるとされ、それは「労働者の権利を確保する措置なしには達成されえない」とされている。

まず明らかになるのは、本指令は、労働者配置事案において適用されるべき介入規範の具体化だということである。このことの意義については、後に言及する (第3節)。

ここで着目したいのは、PWDが二重の目的を有しているようにみえること

---

p. 13 参照)。

725) Commission Proposal, p. 12.
726) Ibid., pp.13-14. なお、ここで言及されているECJの先例とは、Webb事件とRush Portuguesa事件である (Ibid, pp.10-11)。
727) Ibid., p.13.
728) Ibid., p.18.
729) *Deinert*, Internationales Arbeitsrecht, § 10 Rn. 59; *Hanau*, in: Due/Lutter (Hrsg.), FS Everling, Baden-Baden 1995, S. 415, 428 参照。

である。同指令はその立法根拠を旧EC条約57条2項（66条により準用）に有すべきものとされていたのであり、したがってサービス提供を「より容易にする」ためのものであった。しかし他方で指令案においては、労働者の権利を確保することによって「公正な競争」をもたらすことが強調されていたのである。

実はこうしたこともあって、PWDの上記のような立法根拠選択に対しては、批判があった。というのも、同指令はサービスの自由な移動ではなくて、そうしたサービス提供を行う使用者と労働者との内部関係を規律しているものであり、しかもPWDは実際には、逆にサービス提供の自由を制限するものと考えられたからである。しかし上記立法根拠選択がされたのには、専ら全会一致手続の回避という実利があったにすぎない。それゆえ、当初の指令案にみられた社会政策的な目的というのは、その後の展開においてより明らかになってくる。

その後の立法手続において重要なのは、欧州議会による修正提案と、欧州委員会がそれを部分的に受容した形で出した修正指令案である。欧州議会は、約1年半にわたる議論の末、1993年2月にその意見を表明した。そこでは、社会政策的な目的がより前面に押し出されている。さらに、欧州議会における所管評議会による報告書には、以下のようにも述べられている。「提案されている指令の重要な目的は、トランスナショナルな労働市場の発展に鑑み、労働者を搾取から保護し、労働市場に対する『ソーシャル・ダンピング』を防ぐことにある」。

---

730) PWDの二重の目的を指摘するものとして、Klumpp, NJW 2014, S. 3473, 3475 f.
731) その後のEC条約47条2項および55条。
732) この点については、参照も含め *Borgmann*, Die Entsendung von Arbeitnehmern in der Europäischen Gemeinschaft, Frankfurt a.M. 2001, S. 211; *Löwisch*, in: Bettermann/Löwisch/Otto/Schmidt (Hrsg.), FS Zeuner, Tübingen 1994, S. 91, 92 参照。
733) 当時いまだ、安全衛生分野を例外とすれば社会政策外の立法根拠に依拠せざるをえず、そのうえで全会一致手続を避けようとすれば、特定多数決を定めていたこの立法根拠規定の利用が有用であった（*Borgmann*, Die Entsendung von Arbeitnehmern in der Europäischen Gemeinschaft, Frankfurt a.M. 2001, S. 212参照）。とりわけ、イギリスとポルトガルの態度を考えれば（*Borgmann*, a.a.O., S. 209; *Hanau*, NJW 1996, S. 1369, 1372 f. 参照）、全会一致を避けることは重要であった。
734) Parliament opinion (first reading): OJ (93) C 72, p. 78.
735) Amended Commission proposal: COM (93) 225 final.
736) Parliament opinion (first reading), Amendment No.1.
737) Europäisches Parlament, Bericht Papayannakis 1993, A-0022/93, S.16 (*Borgmann* Die Entsend-

一方欧州委員会は、1993年6月にその修正指令案を公表し、欧州議会の31の修正提案のうち半分以上を受入れた。結果として、配置先国法が適用される範囲は、当初の指令案よりも広がった。その上、修正指令案には、サービス提供の自由が公益に基づいて制限されうることが明記されたのである。[738]

その後は、特に適用除外期間などについて議論がなされ、ようやく1996年に閣僚理事会による共通見解が採択され、最終的に1996年9月18日に、欧州議会によって閣僚理事会の共通見解が受け入れられた。[739][740]

以上のような経緯からすると、PWDは、サービス提供の自由の促進と「ソーシャル・ダンピング」の防止という2つの要請を、介入規範の具体化という形で調整しようとしたものとみることができる。実際に採択された指令の備考部（前文）において、その第1段落以下でサービス提供の自由の促進の重要性が述べられつつ、その第5で指令原案と同じく、国境を越えたサービス提供の促進のために「公正な競争環境」と「労働者の権利を確保する措置」の必要性が謳われていることも、そうしたPWDの性格のあらわれとみることができよう。

第2項　欧州司法裁判所の解釈

以上のように、越境的労働者配置事案における、自国法適用による「ソーシャル・ダンピング」の阻止という配置先加盟国の政策と、サービス提供の自由という市場開放のための中核的原則との間の相克関係について、EUは、越境的配置労働者指令（PWD）という第二次法による調整を試みている。その内容をみてみれば、広範囲にわたって適用法の調整が行われているといえる。

しかし同指令については、その具体的な文言の意味（例えば「最低賃金」）に加えて、2つの根本的な疑問が残る。まず、PWDを上回る範囲の配置先国法の適用が可能か、また、可能だとしてどの程度かということである。次に、そ

---

　　ung von Arbeitnehmern in der Europäischen Gemeinschaft, Frankfurt a.M. 2001, S.203 より引用）。
738) Amended Commission proposal. 以上については、*Borgmann*, Die Entsendung von Arbeitnehmern in der Europäischen Gemeinschaft, Frankfurt a.M. 2001, S. 205 ff. 参照。
739) Council common position: OJ (96) C 220, p. 1. なお、サービス提供の自由が広い範囲で制限されることに懸念を抱いたため、イギリスは反対票を投じ、ポルトガルは棄権した（*Borgmann*, Die Entsendung von Arbeitnehmern in der Europäischen Gemeinschaft, Frankfurt a.M. 2001, S.209 参照）。
740) OJ C (96) C 320, p. 73.

もそも、第二次法たる PWD の第一次法たるサービス提供の自由への適合性の問題である。

　これらの疑問に対する答えは、ラヴァル・カルテットの中の一連の ECJ 判例のなかで、一応明らかにされていくこととなる。すなわち、既に労働基本権との関係で紹介した Laval 事件先決裁定と、ラヴァル・カルテットの残り 2 つ、つまり Rüffert 事件先決裁定（2008 年 4 月 3 日）および Commission v Luxembourg 事件判決（2008 年 6 月 19 日）である。これらの判例の判示の意味については後に検討するとして（第 3 節）、以下ではまず判示内容を概観することとする。

Ⅰ．Laval 事件先決裁定[741]

　事実関係は既に紹介したが（第 2 章第 1 節第 2 項Ⅰ）、本件は、EU 法上——実際にはリップ・サービス程度のものであるが——基本権としての保障が肯定された争議行為の、サービス提供の自由への違反有無が問われたものである。したがって、越境的労働者配置に係る適用法規を規定する PWD とは、直接的には関わりない。しかし ECJ は、サービス提供の自由を具体化する基準として PWD を用いたので（第 2 章第 1 節第 2 項Ⅱの 1）、必然的にその内容について解釈を示している。

　まず ECJ は、PWD の目的について以下のような解釈を示す。

> 「最低限の保護のための強行規定の中核が遵守されることを確保するため」PWD 3 条 1 項のような規定が置かれている。〔Para. 73.〕
> 「当該規定は、第一に、国内企業と越境的にサービスを提供する企業との間での公正な競争環境を確保することを目的としており」、後者に対して、「最低限の保護のための強行規定を構成する」限定列挙としての雇用・労働条件をその労働者に与えることを求めている。〔Para. 74.〕
> 「当該規定はしたがって、他の加盟国に所在する企業が、母国において当該事項について通用する雇用・労働条件をその労働者に適用することによって、社会的保護水準のより高い受入国たる加盟国の企業に対して、越境的なサービス

---

741) ECJ judgment of 18.12.2007, Case C-341/05 [*Laval*] ECLI:EU:C:2007:809.

提供の枠組みで不公正な競争を行いうる状況を防ぐものである」。〔Para. 75.〕

「第二に、当該規定は、配置労働者にとって、受入国たる加盟国の主権領域において一時的に活動する一方で、当該事項の雇用・労働条件について当該加盟国の最低限の保護のための規定が適用されることを確保することを目的としている」。〔Para. 76.〕

「そのような最低限の保護を与えることの結果は、――もし母国たる加盟国において配置労働者に与えられる雇用・労働条件から生じる保護の水準が……受入国たる加盟国において与えられる最低限の保護の水準よりも低いものであれば――それらの労働者にとって受入国たる加盟国におけるより良い雇用・労働条件の享受を可能にすることである」。〔Para. 77.〕

そして、批判されることになるのは次のような3条7項の解釈であった。

「3条7項は、最低限の保護のための強行規定を超えるような雇用・労働条件の遵守を、受入国たる加盟国が自国領域内でのサービス提供にとっての条件とすることを許容しているものとは解されえない」。3条1項（a）から（g）は、「受入国たる加盟国が他の加盟国に所在する企業に対して遵守を要求しうる……配置労働者のための保護の程度を明確に規定している。加えて、そのような解釈は指令の有効性を奪い去るものとなろう」。〔Para. 80〕

「したがって、……受入国たる加盟国の領域内に配置された労働者に与えられる保護の水準は、原則的に、……3条1項……（a）から（g）に規定されているものに限られ」る。例外は、「母国たる加盟国における法律または労働協約によれば、同規定に挙げられる事項について当該労働者が既により有利な雇用・労働条件を享受する」場合である。〔Para. 81.〕

Ⅱ．Rüffert事件先決裁定[742]

本件は、ドイツ国内での配置企業と配置先国（州）との間の訴訟について、EU法の解釈につきECJに先決裁定を求める付託が行われた事案である。本件

---

742) ECJ judgment of 3.4.2008, Case C-346/06 [*Rüffert*] ECLI:EU:C:2008:189.

も直接的には介入規範による労働法適用の適法性を扱うものではないが、PWDの解釈が示されている。

国内訴訟における当事者は、ドイツ・ニーダーザクセン州（以下「Nds州」）と、Objekt und Bauregie 社（以下「OB社」）の倒産管財人である。OB社は、2003年の秋に、Nds州が公募した刑務所建設工事の粗構建築（Rohbauarbeit）の契約を獲得したものであり、下請けとしてポーランドの会社（以下「P社」）を用いていた。国内訴訟は、P社が当該地域の代表的協約（以下「本件建設業協約」）上の賃金額を遵守していなかったことについて、OB社の責任が問われ、Nds州により契約の即時解約、違約金請求がなされたことに関するものである。

こうした事件が発生した背景には、Nds州法上のいわゆる協約遵守規整（Tariftreue-Regelung）があった。本件でその適用が問題になる、州公契約法（LVergabeG）である。本件州公契約法には、以下のような定めが存在した（まず、公的な建設工事を州当局が発注する場合、その発注は、建設業務を実行する地の労働協約に定められる賃金を支払うことを約する企業に対してのみされうる（3条1項「協約遵守宣言」）——また、請負人が下請けを使用する場合には、当該下請け企業にも協約遵守義務を課し、その遵守を監督することも約さなければならない（4条1項「下請けの使用」）——これらの義務違反の効果として、違約金および即時解約を約すべきことも定められている（8条「制裁」1項および2項））。本法に基づき、Nds州とOB社との間の契約には協約遵守義務の合意が盛り込まれており、遵守すべき協約としては本件建設業協約が指定されていた。

P社は、建設現場においてポーランド人労働者を使用していたが、2004年の夏、同社が当該労働者に対して本件建設業協約以下の賃金しか支払っていない疑いが生じ、調査が行われた。調査により、実際には46.57%しか支払っていなかったことが判明している。

調査開始後に、Nds州は協約遵守義務違反を理由にOB社に対して解約告知をし、工事契約価格の10%の違約金を請求したが、他方OB社側は請負代金請求をした。[743]

第1審たるハノーファー地方裁判所は、Nds州の違約金請求の一部（契約価

---

743) 以上については、併せてOLG Celle, Vorlagebeschluß vom 3.8.2006（NZBau 2006, 660）および Opinion of AG in *Rüffert* も参照。

格の1％分）を認め、OB社の請負代金請求権はそれによって相殺されているとした（その余の請求については棄却）。

　当事者双方からの控訴を受けたツェレ高等裁判所は、当該訴訟についての判断が、本件州公契約法（特にその8条1項）の適用可否に左右されるものであるとし、その判断には本件州公契約法（特にその8条1項）がEC条約49条（現EU運営条約56条——サービス提供の自由）に違反するものであるかどうかの判断が必要であるとし、その点につき先決裁定を求める付託をECJに対して行った。

　このように基本条約の解釈が求められたところ、しかしECJは、まず以下のように判示している。

> 「付託裁判所に対して適切な回答を与えるためには、付託事項を検討するにあたって指令96/71〔PWD〕の規定を考慮に入れることが必要である」。〔Para. 18.〕
> 　国内訴訟で問題とされているような措置によって定められる賃金額が、PWDに定められる方式のいずれかに従って定められたものかどうかを検討する必要がある。〔Para. 23.〕

そして、本件州公契約法による協約拡張がPWDの枠内に収まるものかどうかの判断を行っている。

> 　PWD3条1項において配置労働者に保障されるべきものとされているもののなかには、最低賃金が含まれているが、「これらの労働ないし雇用条件は、法律、規則、もしくは行政規定および／または一般的拘束力を宣言された労働協約もしくは仲裁裁定によって規定されるものである。本指令の3条8項第1文によれば、当該規定にいう労働協約もしくは仲裁裁定とは、その地理的範囲下にありかつ関連する活動もしくは業務を行う全ての企業によって遵守されなければならない労働協約若しくは仲裁裁定のことである」。〔para. 21.〕
> 　「PWDの3条8項第2文は加えて、労働協約もしくは仲裁裁定の一般的拘束力宣言制度が存在しない場合に、加盟国が、その地理的範囲下にありかつ関連する活動もしくは業務を行う全ての同様の企業に対して一般的に効力を有する労働協約又は仲裁裁定、または、全国レベルで最も代表性の高い労使団体によっ

て締結され全国内領域に適用される労働協約に依拠することを可能としている」。〔para. 22.〕

「国内訴訟で問題とされているような措置によって定められる賃金額は、公契約に関するNds州法上の規定によるものであり、OB社の下請け企業のような企業に対してこの賃金額を定める労働協約を拘束力のあるものとすることを目的としているが、これが上記para. 21および22に説明した方式のいずれかに従って定められたものかどうかを検討する必要がある」。〔para. 23.〕

「第一に、それ自体として最低賃金額を定めるものではない本件州公契約法のような法規範は、PWD3条1項(c)に規定されている最低賃金額を定める、同項第1文第1ダッシュにいう法律とはみなされえない」。〔para. 24.〕

「第二に、国内訴訟で問題とされているような労働協約が、PWD3条8項第1文との関連で解釈される同条1項第1文第2ダッシュにいう一般的拘束力を宣言された労働協約であるかどうかということについていえば」、本件建設業協約はドイツ国内法上の一般的拘束力の制度に基づいて一般的拘束力を宣言された労働協約ではない。〔paras. 25-26.〕

「第三に、PWD3条8項第2文に関しては、労働協約の一般的拘束力宣言制度が存しない場合にのみ適用されるものであることが、本規定の文言から明らかである。そして、ドイツにはこのことがあてはまらない」。〔para. 27.〕

「いずれにせよ、国内訴訟で問題となっているような労働協約は、3条8項第2文にいう労働協約、なかんずく同規定の第1ダッシュにいわれるところの『その地理的範囲下にありかつ関連する活動もしくは業務を行う全ての同様の企業に対して一般的に効力を有する』ような労働協約であるとはみなされえない」。「というのも、……問題となっているような労働協約の拘束力は、当該協約の地理的範囲下にある建設部門の一部のみを対象にするものだからである。その理由は、第一には、当該拘束力を与える法律が公契約の発注についてのみ適用されるものであって私的契約の発注については適用されないものであること、第二に、当該労働協約は一般的に拘束力を有するものとは宣言されていなかったことである」。〔paras. 28-29.〕

「以上より、国内訴訟で問題となっているような措置は、PWD……に規定されているいずれかの方式に従って賃金額を定めたものではない」。〔Para. 30.〕

このように、ECJによれば本件での協約拡張は、PWDによって適用が要請されている雇用・労働条件ではないことになる。それでは、その他に加盟国が任意に、つまり上乗せ的に特定の雇用・労働条件を越境的労働者配置に課すことはできないのであろうか。とりわけ、PWD3条7項が「労働者にとってより有利な労働条件」の適用が妨げられないことを明記していることが問題になる。この点、ECJは上記判示に続けて以下のように判示している。

> PWD3条7項は、「受入れ国が……最低限の保護のための強行規定を超える労働条件…を課すことを許容しているものとは解されえない」。PWD3条1項(a)～(g)は、「受入れ国が他の加盟国の企業に対して遵守を求める権限が与えられている、……配置労働者のための保護の程度を明確に規定しているのである。加えて、そのような解釈は指令の有効性を奪い去るものとなろう」。〔Para. 33.〕
>
> 「受入れ国の主権領域内に配置される労働者に保障される保護水準は、原則的にPWD3条1項(a)～(g)……に規定されているものに限られる」。ただし、母国法の基準がより有利なものである場合にはこの限りでない。〔Para. 34.〕
>
> 「このようなPWDの解釈は、これを、EC設立条約49条〔現EU運営条約56条――サービス提供の自由〕を考慮して解釈することによって裏打ちされる。何故なら、本指令は特に、EC設立条約によって保障される基本的自由の1つであるサービス提供の自由を実現する（to bring about / Verwirklichung）ことを目的としているからである」。〔Para. 36.〕
>
> 「契約受注者に対して、そして間接的にその下請け企業に対して、本件建設業協約に定められるような最低賃金の支払いを義務付けることによって、本件州公契約法のような法規定は、最低賃金額がより低い他の加盟国に所在するサービス提供者に、追加的な経済的負担を課すものであって、受入れ国におけるそのサービス提供を禁止し、妨げ、またはより魅力的でないものとしうるものである。したがって、国内訴訟において問題となっているような措置は、EC設立条約49条にいう制限となりうる」。〔Para. 37.〕

以上のような判示のうえで、結論としては、本件のような協約遵守規制による義務付けは「EC設立条約49条を考慮して解釈されるPWDによって排除さ

れている」(para. 43) とされた。

Ⅲ．Commission v Luxembourg 事件判決[744]

本件は、国内裁判所からの先決裁定付託事案ではなく、欧州委員会が配置先加盟国の自国法適用の措置が基本条約上の義務違反であるとして、ECJ に直接当該加盟国を提訴した（EU 運営条約 258 条参照）事案である。

共同体法違反が問われたのは、PWD を国内法化したルクセンブルク法である（2002 年法）。同法は、複数の国内労働法規を「国内的公序（national public policy / nationale öffentliche Ordnung）」として全ての配置労働者に適用されるべきものとしていた。その中には、①使用者の通知義務に関する EEC 指令 91/533[745] に従った書面（2002 年法 1 条 1 項 1 号）、②最低賃金および生活コストの変化に応じた報酬の自動的調整（同 2 号）、③パートタイムおよび有期労働（同 8 号）、そして④労働協約（同 11 号）に関する、法律や一般的拘束力を有する労働協約等が含まれていた。

欧州委員会は、このような国内法適用のあり方が PWD の求めるものを超えるなどとして、当該ルクセンブルク国内法が共同体法に違反する旨を、正式通知書（現 EU 運営条約 258 条に則った手続）でもってルクセンブルクに通告した。しかしルクセンブルクは、上記諸規定の適用が PWD の枠内のものであると回答し、結局その後の理由付き意見書（同じく現 EU 運営条約 258 条に則った手続で、欧州委員会は期限を定めて国内法改正を求めた）にも従わなかった。それを受け、欧州委員会が PWD 違反およびサービス提供の自由への違反を理由に、ルクセンブルクを ECJ に提訴したものである。

ECJ は結論としてルクセンブルクが共同体法に違反することを認めたが、まず総論的に、以下のような判示を行っている。

「配置先国に労働者を配置する使用者によって守られるべき、最低限の保護の

---

744) ECJ judgment of 19.6.2008, Case C-319/06 [*Commission v Luxembourg*] ECLI:EU:C:2008:350. 本件の評釈としては、後述に参照するもののほか、S. Krebber, *Common Market Law Review*, Vol. 46, 2009, p. 1725 も参照した。

745) Council Directive 91/533/EEC of 14 October 1991 on an employer's obligation to inform employees of the conditions applicable to the contract or employment relationship, OJ (1991) L 288, p. 32.

ための核心的強行規定について定めるよう、加盟国の法が調整されなければならないということは……明らかで……、PWD3条1項は当該事項を限定列挙しており、それらにつき、加盟国は配置先国の……規定を優先できる」。〔Paras. 24-26.〕

「しかしながらその一方で、PWD3条10項第1ダッシュにより、加盟国は、公序領域の規定である限りにおいて、……同条1項のもの以外の事項に関する雇用・労働条件を適用できる」。〔Para.27〕

ルクセンブルクは明らかに3条10項第1ダッシュに依拠して自国法適用を行おうとしているが、「加盟国によってなされる国内の諸規定が公秩序立法（public-order legislation / Polizei- und Sicherheitsgesetze）であるとの分類は、その遵守が、当該加盟国の国内領域に存在するすべての者および当該加盟国内のすべての法律関係による遵守を必要とするほどに、当該加盟国の政治的、社会的、および経済的な秩序を守るために必須のものと考えられる国内の諸規定についてのみ妥当する」（Arblade事件、para.30 参照）。〔Paras. 28-29.〕

「公序による例外は、サービス提供の自由という基本原則からの逸脱で、厳格に解されなければならず、加盟国はその射程を一方的に定めえない」。〔Para. 30.〕

PWDとの関連でいえば、3条10項第1ダッシュは、配置先国法適用の範囲を限定列挙している3条1項という「原則からの逸脱を定めており、したがって厳格に解釈されなければならない」。〔Para. 31.〕

「いずれにせよ、PWD3条10項は、それの規定するオプションを利用することが、加盟国に、そのEC条約上の義務、特に、その促進が当該指令の備考部第5段落において言及されている、サービス提供の自由に関する義務の遵守を免除するものではないことを規定している」。〔Para. 33.〕

そして具体的に問題となった上記①〜④の各規定について、次のように判示し、PWD3条10項による正当化を認めなかった。

① （使用者の通知義務に関するEEC指令91/533に従った書面）について
「共同体法は、加盟国が、その立法または……労働協約を、……一時的にでも雇用されているすべての労働者に適用することを妨げるものではないが、それ

は、配置先国加盟国において一時的に働いている当該労働者が、その使用者が本拠加盟国においてすでに服している義務により、既に同一の保護または本質的に比較可能な保護を享受していない場合」に限られる。〔Para. 42.〕

「特に、裁判所は既に以下のように判示している。EC条約の基本的原則たるサービス提供の自由は、以下の場合に制限されうる。すなわち、公益上の強行的理由によって正当化され、かつ、サービスが提供される国家の領域において活動する全ての企業および全ての個人に対して適用されるべき規定によってのみ、また、当該利益が、そのようなサービスの提供者が所在する加盟国において服している規定によって守られていない限りにおいてである」。〔Para. 43.〕

「後者のことが指令91/533により保障されて……いる労働者保護に関してあてはまり、それゆえ、2002年法1条1項1号に定められている要求は、EC条約を遵守する形で適用されていないという意味において、PWD3条10項……を遵守していないものと判断されなければならない」。〔Para. 44.〕

② (最低賃金および生活コストの変化に応じた報酬の自動的調整) について

「公序規定である場合に、PWD3条1項……以外の事項に関する雇用・労働条件を適用する可能性を与えている……3条10項……は、当該指令により機能している体制からの、また、指令が基礎を置くサービス提供の自由という基本原則からの逸脱であり、厳格に解されなければならない」。〔Para. 49.〕

よって、「いまだ原則的に加盟国は国内のニーズに配慮して公序たる要求が何かを決する自由を有するが、共同体の文脈での公序の概念は、特にサービス提供の自由という基本的な原則からの逸脱を正当化するために援用される場合、その射程が共同体の制度によるいかなるコントロールも受けることなく加盟国により一方的に決せられぬよう、厳格に解されなければならない」。「公序は、社会の基本的利益に対する真正かつ十分に重大な脅威が存在する場合にのみ、依拠することができるものであることになる」。〔Para. 50.〕

また、そうした「サービス提供の自由という原則からの逸脱を正当化……しうる理由に加えて、加盟国は、自身が採用する制限的措置の合目的性および比例相当性に関する分析、ならびに、その主張が実証されうる正確な証拠を示さなければならない」。〔Para. 51.〕

「ルクセンブルクは、……一般的に、労働者の購買力および良好な労使関係を

保護するという目的を挙げるだけで」、「2002年法1条1項2号がPWD3条10項……における意味での公序規定に属するということを法的に十分には証明していない」。〔Para. 54.〕

③（パートタイムおよび有期労働）について

パートタイム指令97/81/EC[746]および有期労働指令1990/70/EC[747]によって、「加盟国が当該諸指令を遵守するに必要な法律、規則、および行政規定を公布するべきものであったことは明らかである」。〔Para. 59.〕

「したがって、問題となっている措置の正当化のためにPWD3条10項の公序による例外に依拠することはできない。その理由は」上記①の理由に同様である。〔Para. 60.〕

④（労働協約）について

「労働協約に関する規定……が何故それだけで……公序の定義に当てはまるべきかということについて」説明がなく、また2002年法1条1項11号は「明らかに単なる労働協約に言及するものであり」PWD3条10項にいう一般的拘束力を宣言された労働協約でもないから、「2002年法1条1項11号はPWD3条10項……を遵守していない」。〔Paras. 65-68.〕

---

[746] Council Directive 97/81/EC of 15 December 1997 concerning the Framework Agreement on part-time work concluded by UNICE, CEEP and the ETUC - Annex : Framework agreement on part-time work, OJ (1998) L 14, p. 9.

[747] Council Directive 1999/70/EC of 28 June 1999 concerning the framework agreement on fixed-term work concluded by ETUC, UNICE and CEEP, OJ (1999) L 175, p. 43.

第3節　介入規範とサービス提供の自由

　〔改正前〕越境的配置労働者指令（PWD）をめぐる以上の欧州司法裁判所（ECJ）の一連の判断は、第2節冒頭に掲げた根本的な疑問に、どのような答えを与えているのであろうか。

　まず、1つ目の疑問、すなわち、PWDを上回る範囲の配置先国法の適用が可能か、また、可能だとしてどの程度かということである。この点でECJが示したのは、原則としてそのような上乗せ的な配置先国法適用は許されず、ただ例外的に、同指令3条10項に規定される公序規定や一般的拘束力を付与された労働協約等が、上乗せ的に適用できるに過ぎない、という解釈であった。かかる解釈は、とりわけ3条7項の解釈との関連において、PWDに上限としての役割をも付与した点において1つの特色がある。

　次に、2つ目の疑問、すなわち、第二次法たるPWDの第一次法たるサービス提供の自由への適合性の問題である。実はこの点、当事者間で争点となっていなかったこともあってか、ECJは明確な判示を行っていない。しかし、PWDを巡る一連のECJ判例の判示には、同指令の第一次法適合性の黙示的な承認が含意されているものと思われる。

　以下本節では、PWDの位置付けに係るECJの判示をもとに、上記2点の確認を行う（第1項）。そのうえで、かかる作業を通じて確認ができたPWDとサービス提供の自由との関係を、同指令上に定められる介入規範とサービス提供の自由との関係に着目して整理する（第2項）。最後に、それらの検討を通じて見えてくるEU法の在り方について、評価を加えておきたい（第3項）。そこでは、PWDという特殊EU的な個別立法の位置付けにとどまらず、同指令上に定められる介入規範と、サービス提供の自由という国際的経済活動の自由との関係について、若干の検討を試みる。

第1項　PWD の位置付け

I．完全調和としての PWD の理解

　既述のとおり PWD は、加盟国がそれを適用しなければならない配置先国労働法規範の範囲を明らかにしており、このことには争いがない。Commission v Luxembourg 事件においても、そのことは認められている[748]。問題は、PWD が他方で、加盟国が適用できる配置先国法の範囲の上限をも定めるものであるかである（これを、指令の専占効（pre-emptive effect）[749]とか完全調和としての指令（Vollharmonisierungsrichtlinie）[750]ということがある）。

　なお既述のとおり、最低基準性が認められる通常の社会政策領域の指令（現 EU 運営条約 153 条 2 項(b)および 4 項参照）とは異なって、PWD は、形式的には社会政策の枠外で立法されたものである。すなわち同指令は、その立法根拠を EC 条約 47 条 2 項（55 条により準用）に有したのである。したがって、自動的にその最低基準性が認められるものではない。むろん、そのことから直ちに PWD が上限としても働くことが導かれるべきものでもないし、そもそもこのような立法根拠の選択というのは、これも既述のとおり、全会一致手続の回避という実利によるものにすぎない[751]。したがって、解釈が求められる。

　この点、Laval 事件先決裁定と Rüffert 事件先決裁定は同様に、PDW3 条 1 項(a)〜(g)が、「受入国たる加盟国が他の加盟国に所在する企業に対して遵守を要求しうる……配置労働者のための保護の程度を明確に規定して」おり[752]、「受入国たる加盟国の領域内に配置された労働者に与えられる保護の水準は、原則

---

748) *Commission v Luxembourg*, paras. 24-25 参照。実際、本件においては、配置労働者が毎週ごとの休息時間とは別に、配置先国法上の他の休息時間（日ごとの休息時間）を与えられることを保障していないことが、指令の不完全な国内法化であるとして、PWD に違反しているとされ（PWD3 条 1 項(a)参照）、このことに関してはルクセンブルクも違反を認めている。

749) S. Deakin, *CYELS*, Vol. 10, 2008, p. 581, at 596-597（「専占効とは、加盟国が指令に定められた基準以上のものを定めることを不可能にする解釈のことである」。ある規定が、「その規定から逸れるような全ての国家の行動を不可能にする」ような場合、当該規定は「専占効」を有する）。

750) *Deinert*, Internationales Arbeitsrecht, § 10 Rn. 69 ff.（当該用語が用いられるのは、Rn. 70 f.）参照。

751) S. Deakin, *CYELS*, Vol. 10, 2008, p. 581, at 599 参照。

752) *Laval*, para. 80; *Rüffert*, para. 33.

的に、……3条1項……(a)から(g)に規定されているものに限られ」るとし、指令が上限としても働くことを判示している[753]。Commission v Luxembourg 事件においても ECJ は、こうした先例を前提として、限定列挙としての3条1項に規定されている事項につき、加盟国は配置先国法の規定を優先できるとしている[754]。

Ⅱ．3条7項の意味（PWDの最低基準性を示すものではない）

このような解釈に対しては、PWD3条7項が、3条1項の規定は「労働者にとってより有利な労働条件の適用を妨げない」としていることとの関係で批判がありうる。つまり、3条7項は、PWDがあくまで加盟国の最低限の義務を定めるものであって、上限としては働かないことを明確にしているはずであって、ECJ の解釈はそれと矛盾するという批判である[755]。この場合、文言解釈としていえば、同項にいう「より有利な労働条件」とは、配置先国法が高水準である場合の当該配置先国法を含むことになる。

しかし、ECJ の解釈はこれとは異なった。ECJ は、かような PWD3条7項の解釈を明確に否定し[756]、代わりに、次のような解釈を示している。すなわち、同項にいう「より有利な労働条件」とは、原則的に、送出し国法が高水準な場合の当該送出し国法を指すにすぎない[757]、というものである。したがって、本規定が意味を有するのは、例えば、最低賃金が高い国から低い国へと越境的労働者配置が行われる場合に、3条1項により配置先国法が適用されることで、配置労働者の賃金が母国の水準を下回るのを防ぎうる、という点においてということになろう[758]。

なるほど、PWD3条7項が PWD の最低基準性を裏付けるものではないとい

---

753) *Laval*, para. 81; *Rüffert*, para. 34.
754) *Commission v Luxembourg*, para. 26.
755) PWD が明らかに同項によって最低基準性を意図していたということを述べるものとして、S. Deakin, *CYELS*, Vol. 10, 2008, p. 581,at 608-609 がある。
756) *Laval*, para. 80; *Rüffert*, para. 33.
757) *Laval*, para. 81; *Rüffert*, para. 34.
758) しかし、欧州司法裁判所の判示を前提としても、こうした場合でなければ配置先国法とは異なる法が適用できないというわけでもないといわれる（*Deinert*, Internationales Arbeitsrecht, § 10 Rn. 69 参照）。

う意味では、ECJ の判示ある程度理解できる。立法資料をみる限りにおいては、同項は、最低基準性よりもむしろ、まさに ECJ がいうように送出し国法が高水準な場合を想定して定められたものであるように思われるからである[759]。その証左に、PWD の立法過程においてドイツがその支持に回った背景には、本項によってこうした低水準国に配置される労働者の保護が確保されたことがあると指摘されている[760]。

しかしながら、3 条 7 項が PWD の最低基準性を裏付けるものではないとしても、そのことと PWD に上限としての性格も付与されるということとは、論理必然的な関係にあるものではない。立法時に最低基準性が排除されていたことを示す明確な証拠も、今のところ見当たらない。

Ⅲ. サービス提供の自由の具体化基準としての PWD

むしろ実質的な理由を示しているように思われるのは、ECJ の次のような判示である。すなわち ECJ は、3 条 7 項が PWD の最低基準性を示すものであると解するような解釈は、「指令の有効性を奪い去る」とし[761]、PWD に上限性を与えることを正当化している。しかし、どのような意味で指令の有効性が奪われるのかは、これだけでは不明確である。この点重要なのは、Rüffert 事件において欧州司法裁判所が、Laval 事件での判示をさらに進めて、次のように判示していることである。すなわち、そうした解釈が、指令の「EC 設立条約 49 条〔現 EU 運営条約 56 条――サービス提供の自由〕に照らした解釈」から裏打ちされると述べていることである。いわく、「何故なら、本指令は特に、EC 設立条約によって保障される基本的自由の 1 つであるサービス提供の自由を実現する（to bring about / Verwirklichung）ことを目的としているからである」[762]。そして続けて、配置先国法の適用がサービス提供の自由への制限であるということを強調している[763]。

---

759) Parliament opinion (first reading), Amendment No. 29; Amended Commission proposal, Art 3 (3) および同提案についての注釈（explanatory memorandum）を参照。
760) C. Barnard, *ILJ*, Vol. 38, No. 1, 2009, p. 122, at 127.
761) *Laval*, para. 80; *Rüffert*, para. 33.
762) *Rüffert*, para. 36.
763) *Rüffert*, para. 37.

以上のECJの判示を要するに、PWDはサービス提供の自由を保障するものであって、それへの制限となる配置先国法の適用を無制約に認めるような解釈はあり得ない、ということになる。こうしたロジック自体は、理解できないではない。

　しかし、とりわけPWD3条1項は、配置先国法を適用することを要請しており、それが如何なる意味においてサービス提供の自由を保障するものであるのか、にわかには理解し難い。この点は、ECJの明示的な判示からは必ずしも明らかでないので、PWDとサービス提供の自由との関係をめぐるECJの理解を、もう少し掘り下げて確認してみる必要がある。

　第一に着目すべきは、ECJが、Laval事件およびRüffert事件において、PWDを間接的・直接的な判断基準として用いたことである。Laval事件においてPWDがサービス提供の自由の具体化の基準として、間接的に判断に用いられたことは既に述べた（第2章第1節第2項Ⅱの1および2）。対して直接的な例が、Rüffert事件先決裁定である。本件で国内裁判所がECJに対して問うたのは、そこで問題となったドイツ・ニーダーザクセン州法の適用が、「サービス提供の自由への不当な制限であるか」ということであった[764]。それにもかかわらずECJがその主文において判示したのは、「PWDが」同法の適用を排除するということであった[765]。また同州法の審査にあたって用いられた基準も、専らPWDであった。以上のようなECJの判示というのは、PWDがサービス提供の自由を具体化する基準であるという理解を示しているものと解される[766]。

　第二に、こうした判断手法の含意も確認しておく必要がある。第2節冒頭に根本的な疑問の2つ目として指摘したように、PWDのような指令は第二次的EU法であるので、そのサービス提供の自由との整合性が問題となりうる。もともとPWDは、前述したようなその立法根拠とは裏腹に、サービス提供の自

---

764) OJ (2006) C 294, p. 22 参照。
765) *Rüffert*, para. 43 も参照。
766) *Deinert*, Internationales Arbeitsrecht, § 10 Rn. 69 f. 参照。*Krebber*, EuZA 2013, S. 435, 446 は、PWDが（自由移動原則の）一般的審査枠組みに組み込まれ、指令3条に適法な受入国法適用の範囲を限定的に具体化する役割が与えられた、とする。また、C. Barnard, *CYELS*, Vol. 10, 2008, p. 463, at 477-478; S. Deakin, *CYELS*, Vol. 10, 2008, p. 581, at 595-596 も参照。このような理解は、Laval事件の法務官意見Mengozziによっても採用されている(Opinion of AG, Case C-341/05 [*Laval*], paras. 145, 149)。

由を制限するものであるとの指摘がなされていた。[767]それゆえ、かかる整合性の問題は、実際に学説上は早くから問われてきた。[768]ところが上記のようにECJは、そのことを問題とすることなく、サービス提供の自由の代わりにPWDを基準として用いている。こうしたECJの姿勢に含意されているのは、その他の判示も合わせてみれば、——その枠外であればEU法違反とされるのとは逆に——その枠内であればサービス提供の自由への違反とされないということである。そして、かかる位置付けにおいて暗黙のうちに前提とされているのは、PWDのサービス提供の自由との整合性である。[769]

このようにみてくると、PWDとサービス提供の自由の関係、そして、PWDが上限としても理解されたロジックが、より明らかになってくる。すなわち、ECJにおいてPWDは、サービス提供の自由を具体化するものとして理解されている。しかもそれは、同自由の射程と制限の両面において具体化を行うものなのである。[770]PWDは、それ自体のサービス提供の自由への適合性が前提とされることで、そこで定められる介入規範によるサービス提供の自由への制限が、それにもかかわらず正当化される範囲を明確化している。しかし他方でPWDは、サービス提供の自由が保障される範囲を(いわば逆から)定めるものでもあって、そうして加盟国に与えられた権限の逸脱は、サービス提供の自由に対する違反を意味する。[771]この後者の点、すなわちサービス提供の自由の保障という側面が、PWDの上限性を導いているのである。[772]

第2項　PWD上の介入規範とサービス提供の自由

続いて、以上のようなPWDとサービス提供の自由の関係を、PWD上に定められる介入規範とサービス提供の自由との関係に着目して捉えなおしておき

---

767) それゆえに立法根拠の選択に批判ないし疑問があったことについては、*Borgmann* Die Entsendung von Arbeitnehmern in der Europäischen Gemeinschaft, Frankfurt a.M. 2001, S. 211参照。
768) *Däubler*, EuZW 1997, S. 613, 614 ff.; *Deinert*, RdA 1996, S. 339, 351; *Kort*, NZA 2002, S. 1248; *Krebber*, Jahrbuch Junger Zvilrechtswissenschaftler 1997 [Europäisierung des Privatrechts], 1998, S. 129参照。
769) *Bayreuther*, NZA 2008, S. 626, 627; *Deinert*, Internationales Arbeitsrecht, § 10 Rn. 70参照。
770) *Deinert*, Internationales Arbeitsrecht, § 10 Rn. 69 f.参照。
771) Opinion of AG Mengozzi, Case C-341/05 [*Laval*], para. 149参照。
772) S. Deakin, *CYELS*, Vol. 10, 2008, p. 581, at 599参照。

たい。かかる作業を行うのは、それによって、PWD という特殊 EU 的な個別立法の位置付けにとどまらず、同指令上に定められる介入規範と、サービス提供の自由という国際的経済活動の自由との関係について、検討を試みることが可能になると思われるからである。

I．2種類の介入規範

まず PWD 上に定められる介入規範といった場合に、そこに2種類のものが存在することが確認されるべきである。

既述のとおり、本来 EU 法上の定義の枠内で自国法に国際的強行性を与えるのは、加盟国の権限である。しかし、これも既に確認したように、PWD3 条 1 項に掲げられる範囲での法規範の適用が少なくとも加盟国の義務とされていることからすれば、3 条 1 項に示されている分類は、EU 法上加盟国に強制された介入規範であるということが明らかになる。[773]

対して、Commission v Luxembourg 事件で問題となったような 3 条 10 項の「公序規定」も、指令原案の用語法からすれば介入規範という意味で理解されるが、[774] それは、加盟国に決定裁量が残された介入規範といえる。[775] Laval 事件、Rüffert 事件先決裁定に続く Commission v Luxembourg 事件において ECJ が、限定列挙たる PWD3 条 1 項からの逸脱は 10 項によってのみ可能としたのも、[776] こうした位置付けを示している。

II．加盟国に決定裁量の残された介入規範

PWD3 条 10 項のもと加盟国独自に決定される介入規範については、そのサービス提供の自由との関係が問題になる。そもそも 3 条 10 項の文言上、基本条約の遵守という条件が課されているが、このことのみによって何かが明らかに

---

773) *Deinert*, Internationales Arbeitsrecht, § 10 Rn. 59, 75 参照。ただし、そうした実質法自体の形成が強制されるものではない（*Laval*, para. 68 参照）。
774) *Commission v Luxembourg*, para. 29 も参照。この点、C. Barnard, *ILJ*, Vol. 38, No. 1, 2009, p. 122, at 128 も参照。
775) *Deinert*, Internationales Arbeitsrecht, § 10 Rn. 63, 69 参照。*Commission v Luxembourg*, para. 50 も参照。
776) *Commission v Luxembourg*, paras. 27, 31.

されるわけではない[777]。以下では、この点にかかる ECJ の判示を再確認し、解説を加えておこう。

1. サービス提供の自由による限界付け

加盟国に決定裁量の残された介入規範とサービス提供の自由との間の関係について、ECJ として答えを与えたのが、Commission v Luxembourg 事件判決である。本判決は、まず、加盟国による国内法の「公序立法」への分類は、「その遵守が、当該加盟国の国内領域に存在するすべての者および当該加盟国内のすべての法律関係による遵守を必要とするほどに、当該加盟国の政治的、社会的、および経済的な秩序を守るために必須のものと考えられる国内の諸規定についてのみ妥当する」とした[778]。これは、介入規範の定義を定めるローマⅠ規則9条1項のもととなった Arblade 事件の判示を援用していることからも明らかなとおり、介入規範の定義にあてはまらなければならないことを示したものである[779]。もっとも、PWD 上の3条1項という原則からの、また、PWD が具体化しているサービス提供の自由からの逸脱であるがゆえに、そうした分類は厳格に解されなければならないという[780]。

このような厳格な意味での介入規範の適用について、PWD3条10項自体が基本条約の遵守を課していることについて、ECJ は、「特に、……サービス提供の自由に関する義務の遵守を免除するものではないことを規定している」という解釈を示したのである。実際のところ、そうした前提的な判示のあと、問題となった4つの法規定それぞれについての具体的な判断においては、2つについてはそもそもそうした厳格な意味での「公序立法」(すなわち介入規範)であることの証明ができていないとの判示がなされる一方[781]、もう2つについては、介入規範性を問題にしないで、「EC 設立条約〔現 EU 運営条約〕を遵守する形で適用されていないという意味で」PWD 違反であるとしたのである[782]。

---

777) *Deinert*, Internationales Arbeitsrecht, § 10 Rn. 67 参照。
778) *Commission v Luxembourg*, para. 29.
779) この点、C. Barnard, *ILJ*, Vol. 38, No. 1, 2009, p. 122, at 128 も参照。
780) *Commission v Luxembourg*, paras. 30-31. この点、para. 50 も参照。
781) *Commission v Luxembourg*, paras. 54-55, 64-68.
782) まず、*Commission v Luxembourg*, para. 44. また para. 61 も、para. 60 の判示からしてこうした理

以上から明らかになるのは、加盟国独自に決定される介入規範が、サービス提供の自由の遵守を前提としてのみ許容されるということである。

ただ、このこと自体は、Arblade 事件先決裁定からしても、さして驚くべきことではないといえる（第1節第3項Ⅱの2）。以上だけみれば、これまでも受入国労働法の適用に対して求められてきたサービス提供の自由への適合性を満たす限りにおいて、3条1項を超える介入規範適用について一定の柔軟性が確保されているとも理解できるのである。

2. 審査の厳格性

もっとも、3条10項の範囲での介入規範への分類が、また、サービス提供の自由への適合性が、サービス提供の自由の保障を強調するあまり、疑問の残るほど厳格に審査されていることには留意されねばならない。

(i) まず介入規範（「公序規定」）への分類に対して ECJ は、単に Arblade 事件そしてローマⅠ規則9条に定められるような定義にとどまらず、「社会の基本的利益に対する真正かつ十分に重大な脅威」の存在や[783]、「制限的措置の合目的性および比例相当性に関する分析、ならびに、その主張が実証されうる正確な証拠」[784]という追加的な要求を行っている。サービス提供の自由の具体化基準である PWD の原則的枠組みを示す3条1項に対して、3条10項が例外をなすがゆえの厳格さである。

この点では、前者の基準の由来が、加盟国による個人の強制退去の措置が人の自由移動の観点からいって正当化されるかという問題を扱った先例であったこともあり[785]、このような要求は PWD3条10項の意味をほとんどなくすものだとも指摘されている[786]。

(ii) また、仮に介入規範として分類されうるとしても、それがサービス提供の

解を採用していることが明らかである。
783) *Commission v Luxebourg*, para. 50.
784) *Commission v Luxebourg*, para. 51.
785) ECJ judgment of 17.10.1977, Case 30/77 [*Bouchereau*] ECLI:EU:C:1977:172, para. 35.
786) C. Barnard, *ILJ*, Vol. 38, No. 1, 2009, p. 122, at 129.

自由に適合するためには、母国たる加盟国において「同一の保護または本質的に比較可能な保護」が確保されていないという要件が強調されている[787]。母国法によっても同等の保護が与えられるのであれば、配置先国によるその点での介入規範の適用は許されないということである。

こちらの判示について見過ごすことができないのは、こうした同等の保護が与えられているとみなされる場合に、指令によって加盟国法が調和されている場合が含まれていることである[788]。思い起こされるべきは、これらの労働関係指令における調和というのは、完全調和ではなくて最低基準としてのものであって、各国法には未だ多様性ないし保護水準格差が存在しうるということである。ECJはおそらく、指令は最低限の保護を定めるのであるから、同じく最低限の保護の確保というPWDの目的、したがって同指令3条10項による介入規範適用の目的も、その限りで達成されると考えたのであろう。しかし、最低基準としての指令という手法は、高水準国の保護水準を引き下げず、同時に低水準国に過大な要求をしないという考慮から生まれたものであって（第1章第1節第1項Ⅰの3の(ⅲ)参照）、PWDが目指している「受入れ国内で効力を有する保護的労働条件の最低限の『中核』」の明確化という目的（本章第2節第1項Ⅱ参照）とは趣旨を同じくするものではない。むしろ、どのような事項が問題となっており、加盟国がどのような目的から介入規範適用を行おうとしているのか、そして（原則的な準拠法として想定されるところの）母国法と配置先国法との間でどのような規範の違いないし保護水準格差が存するのかが、問題であったはずである。

また、このように指令による調和を重視して配置先国法の介入規範適用を認めないという手法は、3条1項自体がそのような調和された事項についての規定を含んでいることと相いれないようにも思われるし、差別禁止を含むはずのパートタイム労働や有期労働に関する規定という、3条1項の範疇に含まれ[789]

---

787) *Commission v Luxebourg*, para. 42. また、para. 43 も参照。
788) 使用者の通知義務に関するEEC指令91/533について、*Commission v Luxembourg*, para. 44、パートタイム指令97/81/ECおよび有期労働指令1990/70/ECについて、paras. 59-60 参照。
789) *Deinert*, Internationales Arbeitsrecht, § 10 Rn. 72 参照。

るはずの規範までもが適用を否定されたことは、明らかに行き過ぎである。

Ⅲ．EU法上強制された介入規範

1．強制・許容された「ソーシャル・ダンピング」の防止

以上のように、3条10項の範囲での従来型の、つまり加盟国に決定裁量の残された介入規範については、ECJによりその許容範囲が厳格に制限される一方、3条1項の範囲で強制された介入規範については、別の意味で注目されるべき地位が与えられている。

まず、PWD3条1項が、ECJによってどのように捉えられているかを、確認しておこう。Laval事件先決裁定においてECJは、同規定が「第一に、国内企業と越境的にサービスを提供する企業との間での公正な競争環境を確保することを目的とし」ていると述べた。たしかにこうした「公正な競争」という目的は、指令の制定過程でも、また実際に採択された指令（備考部第5段落）においても、見出されるものである。しかし、「公正な競争」というのは、法制定時からの文脈をみても分かるとおり、「ソーシャル・ダンピング」として批判されるところの事態から自国市場を守るということに他ならない。想起されるべきは、もともとECJの判例においては、国内企業の競争圧力からの保護のような目的は、サービス提供の自由への制限を正当化しうるものとしては認められていなかったということである（第1節第3項Ⅱの3）。

---

790) この点、*Commission v Luxembourg*, para. 57 も参照されたい。
791) C. Barnard, *ILJ*, Vol. 38, No. 1, 2009, p. 122, at 130 参照。
792) *Laval*, para. 74.
793) PWD立法時の関心につき、*Krebber*, Jahrbuch Junger Zivilrechtswissenschaftler 1997 [Europäisierung des Privatrechts], 1998, S.129, 132 参照。また、同指令を国内法化したものであるドイツ国内法（AEntG）について MüArbR/*Rieble/Klumpp*, 3. Aufl., § 179 Rn.124 参照。1996年の同法立法時の目的には、明らかに自国市場保護の目的が見出される（BT-Drs. 13/2414, S. 6 参照）。
794) このようなこれまで正当と認められてこなかった目的に、欧州司法裁判所がPWDの枠内で親和的な姿勢を示していることは、次の点にも顕われている。すなわち、労働組合の争議行為の適法性を、PWDを解釈基準として判断したLaval事件先決裁定が、「受入国の労働者を、起こりうるソーシャル・ダンピングから保護するための団体行動の権利は、当裁判所の判例でいわれるところの公益上の強行的な理由を構成しえ、原則的に、基本条約上保障される基本的自由……への制限を正当化する」（*Laval*, para. 103）と述べていることである。いまだこれを争議行為事案における特殊性と捉えることも可能であろうが、しかし、まさに「ソーシャル・ダンピング」からの国内労働市場の保護というのも、正当事由としては認められていなかったものである。

また、加えて確認されるべきは、介入規範としての分類について、Arblade 事件先決裁定が示したような公益保持のための重大性という要件を前提とすれば、3 条 1 項に含まれる雇用・労働条件に関わる法規範がすべて当該要件を満たすかには、疑問も存することである。[795]

　要するに、PWD は、その原則的規定である 3 条 1 項の目的においても範囲においても、サービス提供の自由への適合性に疑念を生じさせうるものである。それにもかかわらず ECJ は、前述のとおり、PWD のサービス提供の自由への適合性を承認しているのである。したがって、これまで加盟国が独自に自国法の適用を決定していた場合に認められていなかった正当事由が、EU 法上強制された介入規範のもとでは許容されている。

2. 労働協約という手法への制限

　とはいえ、PWD3 条 1 項において許容されている配置先国法適用が、合理的な根拠が不明なまま狭く解されていることも否めない。Rüffert 事件において ECJ は、問題となった協約拡張が PWD3 条 1 項（により参照されている同条 8 項）において認められている法源によるものではないと判断した。

　その理由はいくつかあるが、第一に、当時ドイツの各州において採用されていた協約遵守規制は、州公契約法そのものには遵守すべき賃金額を記載せず、当該地域の代表的協約を参照するという形式を採っていたところ、「それ自体として最低賃金額を定めるものではない本件州公契約法のような法規範は、……最低賃金額を定める……法律とはみなされえない」[796]ということであった。そこでその後ドイツの各州は、法律そのものに最低賃金額を記載する方式を導入するようになり、かかる新たな州公契約法が、結果として EU 法適合性を認められることになる。しかし、当該最低賃金額は、当地の代表的な協約上の賃金表の下限額を引き写したものであったり、労使団体の関与のもとで決められたものとなっている。[797]かかるごく表面的ともいえる変更によって、サービス

---

795) C. Barnard, *ILJ*, Vol. 38, No. 1, 2009, p. 122, at 128-129.
796) *Rüffert*, para. 24.
797) *Schulten*, Newsletter Vergaberecht, 2014, S. 4, 5 参照。Regio Post 事件（ECJ judgment of 17.11.2015, Case C-115/14 [*Regio Post*] ECLI:EU:C:2015:760）では、ラインラント・プファルツ州の公契約法が、（ECJ の整理によれば）越境的配置労働者事案において問題となり、結果としてその

提供の自由への制限が正当化されるとすれば、いったい何故か。にわかには理解し難い。

　第二に、ECJ は、問題となった労働協約が、一般的拘束力を宣言されていなかったことを問題にし、また、一般的拘束力宣言の制度があるドイツにおいては PWD3 条 8 項第 2 文に認められている代替手段の利用も認められない等と判断することによって、当該労働協約の法源としての PWD 適合性も否定した。しかしながら、PWD の目的上、一般的拘束力制度の利用に固執する合理的理由は見出し難い。むしろ、PWD が法源の形式として「一般的拘束力を宣言された労働協約」であることを求めているのは、ドイツ労働協約法上の「一般的拘束力」のようなものを厳密に指しているのではなく、EU 法上の「特別な差別禁止」を定めているものと理解できるとの指摘がある[798]。つまり、PWD 上「一般的拘束力」が求められているのは、「国内使用者と外国使用者がある同一の活動を行う際に、完全に同じに取扱われる」ことに重点があるのであって、その点では、Nds 州で公的な建設工事を受注しようとする限りにおいては同州の公契約法が適用され、本件建設業協約に拘束されることには、国内・国外の区別がないのであるから、本件建設業協約は PWD にいう「一般的拘束力を宣言された労働協約」たりうるというのである。かかる解釈の方が、サービス提供の自由を保障するという PWD の目的から、理解が容易であろう。

第 3 項　検討

Ⅰ．何故 PWD の第一次法適合性は不問とされたか

　以上に確認できたことの中で、まず注目されるのは、PWD3 条 1 項に規定される介入規範の適用は、これまでサービス提供の自由の観点からはその正当性に疑義のあった「ソーシャル・ダンピング」防止を目的としているにも拘わらず、EU により加盟国に強制されており、しかも、同指令をサービス提供の自由の実現のためのものと位置付ける ECJ において、同指令の第一次法適合

　EU 法適合性が認められたが、同州は後者のパターンによって公契約法上の最賃額が決定されている。
798) *Bayreuther*, NZA 2008, S. 626, 627.

性が不問とされていることである。これはいったい、どのように理解することができるであろうか。

1. 目的の観点から

この点、PWDは当初から、サービス提供の自由の促進と「ソーシャル・ダンピング」の防止という相反するような2つの要請を追求するものであった（第2節第1項Ⅱ）。欧州司法裁判所も、PWDをサービス提供の自由の実現のためのものと位置付け、その保障のための解釈（典型的にはPWDの上限としての理解）を示し、他方で、PWDは公正な競争の確保を目的としているとし、国内企業を競争圧力から保護することを容認する姿勢を示している。

しかしECJは同時に、PWDが配置労働者保護の側面も有することも指摘している[799]。そして、配置労働者保護というのは、サービス提供の自由への正当な制限の理由として承認されてきたものである（第1節第3項Ⅱの3参照）。これらのことに鑑みれば、ECJは、PWDによる介入規範の具体化を、サービス提供の自由と「ソーシャル・ダンピング」からの自国市場の保護という相反する目的の間で、「配置労働者保護」を第三の価値基準として調整を図ったものと捉えている、と解するのが整合的であろう。

2. 高度な政治的妥協の尊重？

もっとも、第二次的EU法による調整には、EU法上の規範の序列の観点からは疑問が残らざるを得ない。PWDが適切な「配置労働者保護」を具体化している保障はどこにもないのである。それでもECJがその自由移動原則違反を問うていないのは、加盟国間での高度な抵触法統合という政治的な努力を尊重したものといえるかもしれない。

既に確認したことであるが、PWDは3条1項によって、加盟国に対して、自国法規範の介入規範としての性質決定を、超国家的なレベルで強制している。しかし、これも既述のことであるが、もともとローマⅠ規則9条では、介入規範たる資格の定義は与えられているものの、その範囲内にある自国法に絶対的適用意思を付与するかは、各国の裁量に委ねられていた。PWDはそれを強制

---

799) *Laval*, para. 76.

しているのであり、各国（配置先国）の「公益の保持」のために遵守が必要な規定の範囲の決定にまで踏み込んだ、特別な統一抵触法であるといえる。

このように、公益の決定にまで踏み込んで超国家的なレベルで共通の規範形成を行ったのが、PWD なのである。ECJ が加盟国によるかかる高度な政治的妥協の産物を軽々に第一次法により審査できなかったとすれば、法理論上は別としても、理解はできよう。

Ⅱ．根本的問題

しかし、どのように理解するにしても、PWD をめぐる ECJ の解釈には、明確な基本的視点の欠如を指摘せねばならない。仮に基本的視点を上記のとおり「配置労働者保護」と理解するにしても、それでは、何をもって「配置労働者保護」とみるかの視点が問題となる。

ECJ は、その点の説明もなく、合理的な理由が分からない PWD の文言解釈を展開するのみであり、これでは説得力を伴わないであろう。現に、PWD が上限ともなるかどうか（完全調和と理解すべきかどうか）という基本的な解釈問題をめぐっても、未だに ECJ の解釈には批判がある[800]。また、PWD3 条 1 項や 10 項といった中心的規定についても、首をかしげたくなるような解釈が展開されていることについては、既に紹介した（第 2 項Ⅱの 2 およびⅢの 2）。

学説においては、越境的に配置されているのが現実の労働者であることを強調し、平等取扱原則を支配的な規律原則とする「個人労務提供者（personal work providers）」の自由移動を基本的視点としようとする見解も示されている[801]。これは、そもそも専ら「サービス」の移動としてしか捉えられていなかった越境的労働者配置の根本的認識を変えようという試みであり、興味深い。そのような根本的な変化がもたらされることになるかどうか、今後の展開が注目されるが、ECJ が基本的な視点を明確にしないのであれば、立法の役割が期待され

---

800) ECJ とは異なって、PWD3 条 7 項によって労働者にとってより有利な配置先国法上の規定の適用が認められているとの解釈を示し ECJ を批判する最近の論稿として、ニコラ・コントリス（拙訳）「EU における労働者の越境的配置—サービス分野での地域的自由貿易論と労働者の権利との対立—」比較法雑誌 50 巻 2 号（2016 年）268 頁および 270 頁参照。

801) コントリス・前掲注 800) 論文 274～275 頁。

よう。[802]

---

[802] この点、2018年6月28日にPWDの改正が行われている。同改正についての考察は他日を期したい。

結論

以上本書では、ラヴァル・カルテットと呼ばれる一連の欧州司法裁判所（ECJ）判例を主たる素材として、しかし同時にその前史および後日譚も交えながら、EU 経済統合下における国際的経済活動の自由（自由移動原則）と労働法との間の相克関係について考察を加えてきた。かかる考察の根底には、経済統合下で労働法（学）に如何なる課題が突き付けられる可能性があり、労働法（学）はそれにどのように対応できるか／すべきか、という問題関心があった。ただ本書では、かかる問題関心を抱きつつも、EU に対象を限定していくつかの検討課題を設定したところである。以下では、本書の検討内容を要約したうえで、それら設定課題に応じた結論を確認し、加えて、本書において残された課題を指摘したい。

I．要約

　EU 労働法の発展は、共通／域内市場創設による「ソーシャル・ダンピング」への不安を背景として、独自の領域としての社会政策、換言すれば統一的労働法が、漸進的に形成されてきた過程といえる。そしてそれは、固有の立法権限の付与（およびそれに基づく個別立法）ならびに基本権保障体制の構築という、2 つの関連する側面において行われた。

　かかる過程の中で、当初競争政策的なコンセプトから生まれた EU 労働法は、政治的な意思と ECJ 判例に支えられて、労働者保護それ自体を目的とした本来の意味での EU 労働法へと進化してきた。その 1 つの到達点といえるのが、マーストリヒト条約改正に際してイギリスを除く形で締結された社会政策協定であった。そして社会政策協定がアムステルダム条約によって EC 条約に組み込まれ、以来、EU 労働法ないし狭義の社会政策は、わずかばかりの変更を除き現在までほぼそのままの形を維持している。

　もっとも、そのようにして形成された EU 労働法には、長らく、団結・団体交渉・争議による労使の自治的な規範形成（本書でいうところの「交渉制自治」）の領域が、少なくとも明確な形では欠如していた。むしろ、条約の主人たる加盟国は、賃金・団結権・スト権・ロックアウト権に関して EU 運営条約 153 条 5 項のような権限排除規定を堅持することによって、当該領域での労働法統合に消極的姿勢を示し続けてきた。

とはいえ、誤解のないように補足しておけば、EU が高度な社会政策統合を実現しているのは事実である。そして、EU 労働立法は基本的に最低基準としての指令によって行われることもあり、また、ECJ が社会政策立法の実現のために——Mangold 事件のようにときには物議をかもすようなものであったが——積極的解釈を展開してきたため、EU 法が直接にもたらしたのは、域内での労働者保護水準の引き上げであったといってよい。こうした EU 労働法の影響を受けた典型例が、皮肉にも——あるいは、影響が大きいと考えられたからこそ反対していたとみれば必然的に——ヨーロッパ社会政策の発展に対する抵抗勢力として常に立ちはだかったイギリスの国内労働法であり[803]、規制緩和に悩まされ続けてきたイギリスの労働組合にとって ECJ は「思いがけない味方」[804]と映っていた。そういった意味では、EU 法は域内での労働法の発展に寄与してきたのであり、両者の間には蜜月関係が存したといってよいであろう。

　また、経済統合を推進すべき EU 域内市場法は、自由移動原則の射程の大幅な拡大もあって、各国労働法制との間で法的緊張関係をももたらすものであったが、ECJ は、労働法の独自性への一定の配慮を行ってきたともいえる。特に、自由移動原則と同じく域内市場法に属するヨーロッパ競争法の適用に関しては、団結への一定の特権が付与され、その限りでは域内市場法と労働法との衝突が避けられていた。

　ところが、かかる蜜月関係は、ラヴァル・カルテットにおいて崩れ去る。最初に加盟国に衝撃を与えたのは、争議行為の EU 法適合性が問われた Viking 事件および Laval 事件における ECJ 先決裁定である。これらの事件では、一方では、企業が低労働条件を求めて国外に逃避するのを、他方では、低廉労働力が外国から国内に流入するのを、それぞれ労働組合が結果として争議行為で阻んだことの適法性が問われた。とりわけ、加盟国の企業に保障される国際的な経済活動の自由（具体的には、開業の自由とサービス提供の自由）を不当に制限するものではないか、ということが問題となった。労働法の独自性に一定の

---

803) この点については、有田謙司「EU 労働法とイギリス労働法制」日本労働研究雑誌 590 号（2009 年）17 頁を参照。とりわけ、差別禁止、安全衛生、労働者参加の分野が影響を受けた分野として挙げられる（P.Syrpis, *ILJ*, Vol.37, No.3, 2008, p. 219, at 228 参照）。
804) C.Barnard, *NZA Beil*. 2011, p.122, at 125.

配慮を行ってきたECJも、団結が今度は域内市場法の最も根幹的な原則である自由移動原則に対峙したことによって、認識を一変させたようである。ECJは、争議権という社会的基本権を企業の国際的経済活動の自由に劣位させ、実質的に争議権特有の保障を何ら認めなかった。

次に、各国の労働抵触法上の連結政策にも、同様の観点から制限が課せられることになる。Laval事件先決裁定、Rüffert事件先決裁定、そしてCommission v Luxembourg事件判決においてECJが明らかにしたのは、加盟国が、他の加盟国からやってきて自国領域内で一時的に働く労働者に対して行う、介入規範（わが国でしばしば絶対的強行法規と呼ばれるところのもの）としての自国労働法規範の適用も、企業の国際的経済活動の自由（ここではとりわけサービス提供の自由）を侵害するものであってはならない、ということであった。その背景には、かかる労働関係に対しては、抵触法上本来は当該労働者の母国法が適用されるべきであるという理解があることに鑑みれば、結果としては、当該労働者の母国における規制レジームの「輸出可能性」ないしは「レジーム・ポータビリティ」が、ECJにより認められたものともいえる。[805]

以上のように、企業の国際的経済活動の自由の観点から労働組合や国家の政策に制限があることを明らかにすることによって、ECJは、「ソーシャル・ダンピング」として批判されるところの企業の行動が、EUにおいては法的に保障されるものであることを明らかにしたのである。

前記のとおり、EU労働法形成の背景には、経済統合の負の側面、すなわち「ソーシャル・ダンピング」への不安があった。EU労働法は、少なくともEU加盟各国の認識としては、「ソーシャル・ダンピング」を防ぐ必要に迫られて形成されたものであったといえよう。そしてラヴァル・カルテットは、ある意味両面から、その認識が正しかったことを示していると思われる。すなわち、一方では、労働組合が「ソーシャル・ダンピング」の防止に役割を果たそうとすることについて厳しい判断が下されているところ、その背景には、必要性が指摘されていたにもかかわらず交渉制自治の領域において十分に統合が進めら

---

805) ニコラ・コントリス（拙訳）「EUにおける労働者の越境的配置―サービス分野での地域的自由貿易論と労働者の権利との対立―」比較法雑誌50巻2号（2016年）265頁、S.Deakin, *CYELS*, Vol. 10, 2008, p. 581, at 609参照。

れなかったという事情があったのではないだろうか。他方で、越境的労働者配置による一時的低廉労働力流入の問題に関しては、各国にとっての公益の決定にまで踏み込んだ高度な労働抵触法統合（越境的配置労働者指令：PWD）を進めたことによって、「ソーシャル・ダンピング」の阻止を一定程度適法に行える状況がもたらされているのである。

もっとも、かかる政治的な妥協の結果、いったい如何なる基本的視点が定立されたのかが不明確な点で、PWDの解釈には混乱があるといってよい。企業の国際的経済活動の促進と「ソーシャル・ダンピング」の防止という相反する2つの要請を調整する明確な基本的視点の定立が求められる。これまでのEU法の展開を踏まえれば、「配置労働者保護」とは何を意味するのかの解明が必要であろう。この点では、越境的配置労働者が単に「サービス」の一環なのではなくて、現実に国際的に移動している人間であることに着目する見解が注目される。

Ⅱ．設定課題に応じた結論

以上の検討結果を踏まえて、本書で設定した課題に応じた結論をまとめておこう。

① 国際的経済活動の自由（自由移動原則）と労働法との間の相克関係は如何にして生じたのか。

(ⅰ) 企業の「ソーシャル・ダンピング」的な行動が、国際的経済活動の自由（とくに開業の自由とサービス提供の自由）の行使として捉えられることによる。企業が安い労働力を求めて海外に逃避するのは、その開業の自由の範疇であるし、一時的な低廉労働力流入は、企業のサービス提供の自由の行使の一環として捉えられる。それを阻止するような労働組合の基本権行使や、加盟国による自国労働法規範の適用は、EU法適合性を問われることになる。

(ⅱ) こうした捉え方が可能になった一因として、自由移動原則の射程の拡大がある。何より、差別禁止アプローチに加えて市場参入制限禁止のアプローチが採用されたことの影響が大きい。労働組合にとっては、自由移動

原則に私人間効力が承認されたことが意味を有した。
　(iii)　また、明確な EU の権限排除規定がある領域も、経済統合の中核的要素たる自由移動原則からは聖域視されなかったことも重要である。各加盟国が自国に権限を残そうとしていた領域においても、国内法に対する審査が行われることが明らかになった。

② かかる相克関係はどのように調整されており、それをどのように評価すべきか。
　(i)　まず、労働基本権と自由移動原則との間の相克は、自由移動原則による労働基本権行使の審査という形で処理された。これは、社会的基本権の保障の意味を失わせるものとして批判されるべきものである。
　(ii)　次に、介入規範を用いた低廉労働力流入の阻止については、国際的なレベルでの共通の抵触法（PWD）に基づいて適法性が判断されている。高度な政治的妥協が「ソーシャル・ダンピング」の防止に寄与している一例として評価すべきであるが、他方で、規範の序列という法理論上の問題にとどまらず、調整の基本的視点がはっきりしないという問題がある。

③ 調整が適切でないとすれば、どの点に課題があるのか。
　(i)　まず、集団的労働法の重要領域（交渉制自治の領域）で、未だに積極的な統合に踏み出せていない点に、課題が見出せる。
　(ii)　次に、労働抵触法（ここでは PWD）上の「（配置）労働者保護」を具体化する基本的視点が定立できていないことが問題といえる。
　(iii)　この点に関連して、越境的労働者配置のような一時的な労働力移動を専ら「サービス」の移動の問題として捉え、生身の人間の移動であることを無視するような EU 法上の取扱いの妥当性が、改めて問われるべきであろう。

III. 残る課題

1. 本来の関心事項への研究成果の応用

繰り返しになるが、本書は、経済統合下で労働法（学）に如何なる課題が突

き付けられる可能性があり、労働法（学）はそれにどのように対応できるか／すべきか、という問題関心のもと行われた研究の成果である。その意味では、かかる本来の関心事項に今回の研究成果を応用することが、著者に課せられた今後の課題といえる。

2. 一般的教訓の抽出

もっともそのためには、まず、EUの経験から一般的教訓を導き出さなければならない。本来は、EUの特殊性と普遍性を慎重に分けて考えるべきことであるが、ここで若干のコメントないし仮説を残しておこう。

まず、上記結論①(i)から導き出しうる教訓は、労働者の自由移動を保障しないことが、必ずしも、「ソーシャル・ダンピング」の法的な否認にはつながらないということである。しばしば、本書のような研究に対しては、「日本は移民を認めず、労働者の自由移動は保障されないから、EUと同様の問題は生じえない」という指摘が行われる。しかし、ラヴァル・カルテットにおいては、「サービス」の移動や「開業」の自由が問題となっていたことが想起されるべきであろう。例えば、越境的労働者配置は、まさに、労働者の自由移動が保障されていない場合にも、サービスの自由移動の一環として保障されていた。

次に、上記結論①(iii)、②(i)、③(i)が示すように、労働法を国内法にとどめておくこと、つまりその分野での統合を進めないことは、必ずしも、国際的な体制による国内労働法の侵食を防ぐものではない。上記結論①(ii)のように、労働法の統合が足踏みしている間に、国際的な経済活動の自由の保障が肥大化することも考えられる。

逆に、上記結論②(ii)が示唆するのは、労働法領域での公益の決定にまで踏み込んだ国際的なレベルでの共通の規範形成が、それ自体適切な調整と評価され、その範囲での国内労働法の浸食を防ぐ可能性を高めるのではないか、ということである。

EUにおいては、2000年代に入って特に、EUの「社会政策の赤字」という問題が指摘されている。かかる標語のもとでは、要するに、市場開放、すな

---

806) この点については、Damjanovic, *Common Market Law Review*, Vol. 50, 2013, p.1685、庄司克宏「リスボン条約とEUの課題『社会政策の赤字』の克服に向けて」世界776号（2008年）204頁を参照。

わち域内市場実現のためのルール（域内市場法）が各国の社会政策領域の制度にも適用され、それにより規制緩和が進む一方で、（労働法の観点からいえば）労働者保護のための権利保障や社会政策立法措置は講じられないことが、問題視されている。ラヴァル・カルテットから引き出されうる上記のいくつかの教訓は、要するに、経済統合ないし市場統合を進めるのであれば社会政策統合も同時に求められる、ということを示唆しているのではないだろうか。

そしてこの点、上記結論②(ii)および③(ii)からは、単に政治的妥協として統合を進めるのではなくて、基本的な視点、換言すれば理念・原理を根底に据えた統一規範の形成が要請されているようにも思われる。加えて、かかる規範形成においては、上記結論③(iii)のとおり、労働力を提供する個人を現実の人間としてみる視点が必要であろう。

3．EU法研究としての不十分さ

最後に、EUに限った経済統合と労働法との間の緊張関係についての研究としてみても、本書の内容には限界がある。

まず、必ずしも最新の動向をフォローできていないことである。本書においては、ラヴァル・カルテットを主たる素材としたため、その後の展開を十分に整理検討することができていない。例えば、Viking事件やLaval事件で問題となったような団体行動権の行使に関して第二次法上の調整を図ろうとして2012年3月に欧州委員会より提案された規則案（いわゆるMonti II規則案）[807]は、同年9月に12の加盟国議会からその内容やそもそもの権限の存否について懸念が示されたために撤回されたとはいえ、労働基本権と国際的経済活動の自由との間の相克関係の調整のアプローチを考えるにあたって、1つの検討素材となりうるものである。さらに、越境的労働者配置をめぐっては、2014年に越境的配置労働者指令（PWD）の履行確保を強化するための指令の立法が、そ[808]

---

[807] Proposal for a Council Regulation on the exercise of the right to take collective action within the context of the freedom of establishment and the freedom to provide services, COM (2012) 130 final.
　本規則案については、濱口桂一郎「EUにおける経済的自由と労働基本権の相克への一解決案」労働法律旬報1766号（2012年）44頁以下において紹介されている。

[808] Directive 2014/67/EU of the European Parliament and of the Council of 15 May 2014 on the en-

して何度か言及しているように今般、PWD そのものの改正が実現している[809]。本書で指摘したような EU 労働法の課題が、これらの立法によって克服された（しえた）か、検討が必要である。

　また、経済統合と労働法との間の緊張関係を、労働基本権と労働抵触法という 2 つの観点からのみ語りつくせるかにも、疑問が残ろう。Rüffert 事件で直接問題となったのは、公共調達における最低労働条件規制であり、かかる規制と国際的経済活動の自由との間の緊張関係という観点からの考察も成り立つ。この点について、著者は判例評釈という形でフォローはしているが[810]、より体系的な検討が求められる。

　さらに、EU 法研究としての精度を追い求めるのであれば、本来、加盟国内法にまで踏み込んだ検討を行うことが必要である。例えば ECJ はその先決裁定において判断基準のみを明示して事案に係る具体的な判断は国内裁判所に委ねることが少なくないように、EU 労働法が具体的事案においてどのような結論を導くかは、各国内の裁判にまで踏み込んで研究を進めなければ明らかにならない。あるいは、ECJ が各国の国内労働法規範のあり方を EU 法違反と判断しても、その後の立法等の対応は各加盟国において行われるものであって、EU 法がどのような帰結をもたらすのかは、やはり各国内の動向にまで目を向けなければならない。本書では、著者の語学能力その他の能力上の限界に加えて、一部の加盟国における EU 法の具体的発現の仕方を過度に一般化することの危険も考慮して、加盟国内法にまで踏み込んだ検討を基本的に行わなかった[811]。

---

　　forcement of Directive 96/71/EC concerning the posting of workers in the framework of the provision of services and amending Regulation (EU) No 1024/2012 on administrative cooperation through the Internal Market Information System, OJ (2014) L 159, p. 11.
　　　本指令については、濱口・EU の労働法政策 412〜414 頁において紹介がある。
809) Directive (EU) 2018/957 of the European Parliament and of the Council of 28 June 2018 amending Directive 96/71/EC concerning the posting of workers in the framework of the provision of services, OJ (2018) L 173, p. 16.
　　　改正案段階での動向の紹介として、濱口・EU の労働法政策 414〜415 頁がある。
810) 拙稿「国外事業者への州公契約法上の最賃規制の EU 法適合性 ECJ judgment of 18.9.2014, Case C-549/13 [Bundesdruckerei]」労働法律旬報 1850 号（2015 年）32 頁以下、同「ドイツの州公契約法上の最賃規制と EU 法上のサービスの自由移動─ECJ judgment of 17.11.2015, Case C-115/14 [RegioPost]」労働法律旬報 1879・80 号（2017 年）61 頁以下。
811) ドイツ労働法と EU 労働法の関係を幅広く整理検討したものとして、名古道功『ドイツ労働法の変容』（日本評論社、2018 年）321 頁以下を参照されたい。

最後に、欲をいえば、法学内外の他の学問領域とも連携した多角的検討を行うことが理想的であった。こうした多角的検討の有効性は、既に、ラヴァル・カルテットを考察するにあたっての１つの大局的な視点を提供する、政治学の文献が示している[812]。

以上のように本書は、その本来の問題関心からしても、また、EU法研究としても、多くの課題を残すものであることは否定できない。しかしながら、それらの課題は今後の研究によって補うことが可能なものである。EUを素材として、「経済統合と労働法」という新しいテーマについて行った一連の考察が、今後のわが国労働法学にとっての基礎研究としての役割を果たしうることを願って、本書の結びとする。

---

[812] すなわち、網谷龍介「オルド自由主義の呪縛？―EU社会労働政策における集団と個人―」EU-IJ-Kyushu Review, Issue I, 2011, 123頁以下である。著者は、同論文に着想を得て、「交渉制自治モデル」（第１章第２節参照）という補助線を用いてEU労働法を観察する視点を得た（拙稿「EU域内市場における集団的労働法（交渉制自治モデル）の受容の困難」EU学会年報35号（2015年）299頁以下も参照されたい）。

市場保護的性格を有するPWDが第一次法適合性を不問にされる一方で、労働組合の基本権行使は第一次法（自由移動原則）によって厳しく制限され、むしろその保障を無意味にするような解釈すら展開されていた（第２章参照）。PWDがEU法の体系上受け入れられやすかった背景には、それが「配置労働者の保護」という個人の権利保護に関わるものであったことも指摘できるかもしれない。

たしかに、〔改正前〕PWD上は一般的拘束力を付与された労働協約が介入規範として適用されるが、そのような国家的な関与の強い協約拡張に厳格に対象を限定することによって、自治的な色彩を弱めたものだからそれが許容されているともいえなくない。一般的拘束力宣言制度を欠く場合に代わりに依拠できる手段を定めている（改正前）PWD3条8項第２文について、Laval事件先決裁定が、そうした手段に依拠するには、加盟国がそうした決定を行わなければならないということを強調している点も（Laval, para. 66）、そうした観点からみると理解ができる。

参照・引用文献一覧

本書では、「略記文献一覧」に掲げた諸文献のほか、以下のものを参照・引用した。

網谷龍介「オルド自由主義の呪縛？—EU社会労働政策における集団と個人—」EUIJ-Kyushu Review, Issue I, 2011, 123頁

荒木尚志「EUの労使関係と労働法制」連合総研編『参加・発言型産業社会の実現に向けて』（連合総研、1997年）296頁

同「労働組合法上の労働者と独占禁止法上の事業者—労働法と経済法の交錯問題に関する一考察—」渡辺章先生古稀記念『労働法が目指すべきもの』（信山社、2011年）185頁

有田謙司「EU労働法とイギリス労働法制」日本労働研究雑誌590号（2009年）17頁

ヴィンフリート・ベッケン（拙訳）「ドイツにおける労働契約の期間設定の許容性」比較法雑誌47巻2号（2013年）133頁

川田知子「高齢者を優遇する労働市場政策とEU指令の年齢差別規制」労働判例912号（2006年）96頁

黒岩容子「労働組合活動の権利と企業活動の自由の衝突」労働法律旬報1722号（2010年）21頁

毛塚勝利「企業統治と労使関係システム」石田眞・大塚直編『労働と環境』（日

本評論社、2008年）47頁

同「日本における『共同決定制』の必要性と可能性」経営民主主義48号（2011年）8頁

同「産業民主主義のあらたな姿を求めて」ビジネス・レーバー・トレンド2012年12月号19頁

同「日本における労働者代表制度の整備とその方法」経営民主主義63号（2016年）6頁

後藤究「独立自営業者に関する労働協約とEU競争法」労働法律旬報1874号（2016年）26頁

小場瀬琢磨「各国憲法からEC・EU法秩序への立憲的諸原則の要請」中村＝須網・EU判例集32頁

佐藤進『EU社会政策の展開』（法律文化社、2006年）

ジャック・ペルクマンス（田中素香訳）『EU経済統合―深化と拡大の総合分析―』（文眞堂、2004年）

首藤若菜『グローバル化のなかの労使関係―自動車産業の国際的再編への戦略―』（ミネルヴァ書房、2017年）

庄司克宏「欧州人権裁判所の『同等の保護』理論とEU法」慶應法学6号（2006年）285頁

同「EU憲法の放棄と『改革条約』案」世界769号（2007年）25頁

同「リスボン条約とEUの課題『社会政策の赤字』の克服に向けて」世界776号（2008年）204頁

同「リスボン条約（EU）の概要と評価」慶應法学10号（2008年）195頁

同「リスボン条約とEUの課題」日本EU学会年報31号（2011年）13頁

須網隆夫＝中村民雄「EC条約規定の直接効果　ファン・ヘント・エン・ロース事件」中村＝須網・EU判例集3頁

辰巳浅嗣「欧州統合からECへ」同編『EU―欧州統合の現在［第3版］』（創元社、2012年）8頁

田中素香「EU単一市場―統合以前と以後、そして現在の挑戦―」日本EU学会年報32号（2012年）29頁

中内哲「EU指令の影響とドイツ労働法制の現状」日本労働研究雑誌590号（2009年）62頁

中西優美子「リスボン条約」海外事情56巻4号（2008年）21頁

中村民雄「EC法の国内法に対する優位性　コスタ対エネル事件」中村＝須網・EU判例集14頁

同「EC条約規定の水平的直接効果と男女労働者の同一賃金原則」中村＝須網・EU判例集43頁

名古道功「ドイツ有期労働契約法とEU指令との抵触」国際商事法務534号（2006年）1650頁

同『ドイツ労働法の変容』（日本評論社、2018 年）

ニコラ・コントリス（拙訳）「EU における労働者の越境的配置―サービス分野での地域的自由貿易論と労働者の権利との対立―」比較法雑誌 50 巻 2 号（2016 年）261 頁

西村純『スウェーデンの労使関係―協約分析を中心に―』（労働政策研究・研修機構、2014 年）

根岸哲「EU 競争法と市場統合の総合的検討」日本 EU 学会年報 32 号（2012 年）18 頁

橋本陽子「年齢差別の成否と平等指令への国内法の強行的適合解釈義務―指令の水平的直接効果と同然の結果の達成―」貿易と関税 2006 年 9 月号 75 頁

同「労働組合の争議権と会社設立の自由の調和」貿易と関税 2008 年 9 月号 70 頁

濱口桂一郎「EU 労働法政策の形成過程」日本労働研究雑誌 590 号（2009 年）8 頁

同「EU における経済的自由と労働基本権の相克への一解決案」労働法律旬報 1766 号（2012 年）44 頁

細川良『現代先進諸国の労働協約システム―ドイツ・フランスの産業別協約―（第 2 巻フランス編）』（労働政策研究・研修機構、2013 年）

本田雅子「EU 拡大と労働移動―第 5 次拡大におけるスウェーデンとラトビアのケース―」大阪産業大学経済論集 11 巻 1 号（2009 年）97 頁

同「EU における国外派遣労働者―イギリスで生じた労働争議に関する一考察―」大阪産業大学経済論集 12 巻 2 号（2011 年）97 頁

同「EU における経済的自由と社会民主的権利の衝突―ヴァイキング事件、ECJ 先決裁定、モンティ規則を巡って―」大阪産業大学経済論集 14 巻 2 号（2013 年）121 頁

前田充康『EU 拡大と労働問題』（日本労働研究機構、1998 年）

マキシミリアン・ザイブル（芳賀雅顯訳）「ドイツにおける労働事件の国際私法および国際民事訴訟法」名古屋大學法政論集 233 号（2009 年）45 頁

両角道代「変容する『スウェーデン・モデル』？―スウェーデンにおける EC 指令の国内法化と労働法」日本労働研究雑誌 590 号（2009 年）46 頁

山本陽大『現代先進諸国の労働協約システム―ドイツ・フランスの産業別協約―（第 1 巻ドイツ編）』（労働政策研究・研修機構、2013 年）

ユルゲン・シュヴァルツェ（出口雅久＝工藤敏隆訳）「欧州連合の発展―共通市場から政治統合へ―」立命館法学 306 号（2006 年）524 頁

米津孝司「グローバリゼーションと国際労働法の課題」日本労働法学会編『講座 21 世紀の労働法（第 1 巻）21 世紀労働法の展望』（有斐閣、2000 年）268 頁

同「グローバル化と労働法の抵触ルール―法の適用に関する通則法を中心に―」日本労働法学会誌 120 号（2012 年）88 頁

同「国際労働関係法の課題」日本労働法学会編『講座労働法の再生（第 6 巻）労働法のフロンティア』（日本評論社、2017 年）295 頁

ロルフ・ヴァンク（拙訳）「ドイツにおける集団的労働法」日独労働法協会会報13号（2013年）77頁

渡辺章「労使関係と『社会的対話』について」日本労働法学会誌124号（2014年）3頁

A.C.L. Davies, *ILJ*, Vol. 37, No. 2, 2008, p. 126

A.C.L. Davies, *EuZA* 2010, p. 37

Bayreuther, EuZA 2008, S. 395

Bayreuther, NZA 2008, S. 626

Bayreuther, Der Betrieb 2011, S. 706

Birk, RdA 1992, S. 68

Blanke, in: Schubert (Hrsg.), Sozialer Dialog in der Krise – Social dialogue in crisis?, 2009, S. 131

Borgmann, Die Entsendung von Arbeitnehmern in der Europäischen Gemeinschaft, Frankfurt a.M. 2001

Bryde, Soziales Recht 2012, S. 2

Buchner, RdA 1993, S. 193

Busch, Die Mitbestimmung 1988, S. 647

Buschmann, AuR 2010, S. 522

B. Bercusson, *Modern Law Review*, Vol. 53, 1990, p. 624

B. Bercusson, in: Schulz/Becker (Herg.), Die Auswirkungen der Rechtsprechung des Europäischen Gerichtshofs auf das Arbeitsrecht der Mitgliedstaaten, 2009, reprinted in: Bruun/Lörcher/Schöman (eds.), *Labour Law and Social Europe, Selected writings of Brian Bercusson*, 2009, p.459

B. Bercusson, *ILJ*, Vol. 13, No. 3, 2009, p.279, reprinted in: Bruun/Lörcher/Schöman (eds.), cited above, p.415

Coen, EuZW 1995, S. 50

C. Barnard, *CYELS*, Vol. 10, 2008, p. 463

C. Barnard, in: M. Rönnmar (ed.), *EU Industrial Relations v. National Industrial Relations*, The Netherlands 2008, p. 137

C. Barnard, in: Marc De Vos (ed.), *European Union Internal Market and Labour Law: Friends or Foes?*, Antwerp-Oxford-Portland 2009, p. 19

C. Barnard, *ILJ*, Vol. 38, No. 1, 2009, p. 122

C. Barnard, *NZA Beil.* 2011, p.122

C. Barnard, *The Substantive Law of the EU*, Oxford 2013

Damjanovic, *Common Market Law Review*, Vol. 50, 2013, p. 1685

Däubler, EuZW 1997, S. 613

Däubler, in: Ders., Sozialstaat EG?, S. 35

Däubler, AuR 2008, S. 409

Davulis, RdA 2012, S.258

Deinert, RdA 1996, S. 339

D. Schiek, in: M. Rönnmar (ed.), *EU Indeustrial Relations v. National Industrial Relations*, The Netherlands 2008, p. 83

D. Schiek, *Economic and Social Integration*, Cheltenham 2012

Evju, EuZA 2010, S. 48

Fernando Valdés Dal-Ré, in: Dieterich/Le Friant/Nogler/Kezuka (eds.), *GS Zachert*, Baden-Baden 2010, p. 121

Fuchs, in: Schuster (Hrsg.), Die Unternehmung im internationalen Wettbewerb, Berlin 1994, S. 37

Giuliano/Legarde, BT-Drs. 10/503, S. 33

Grabenwarter/Pabel, Europäische Menschenrechtskonvention, 5. Aufl., München 2012

Hanau, in: Due/Lutter (Hrsg.), FS Everling, Baden-Baden 1995, S. 415

Hanau, NJW 1996, S. 1369

Heinze, in: Leinemann (Hrsg.), Kasseler Handbuch zum Arbeitsrecht, Bd. 2, 2. Aufl., Neuwied-Kriftel 2000, S. 2681

Henssler, in: Henssler/Braun (Hrsg.), Arbeitsrecht in Europa, 3.Aufl., Köln 2011, S.1

Hilf/Pache, NJW 1998, S.705

Höpner, Mitbestimmung 5/2008, S.46

Jacobi, Die Mitbestimmung 1988, S. 609

Joussen, ZIAS 2000, S.191

Kingreen, Soziales Fortschrittsprotokoll – Potenzial und Alternativen–, Frankfurt a.M. 2014

Kingreen/Pieroth/Haghgu, NZA 2009, S. 870

Kocher, AuR 2008, S. 13

Kocher, Juridikum 4/2010, S. 465

Konzen, EuZW 1995, S. 39

Konzen, in: Dörr/Dreher (Hrsg.), Europa als Rechtsgemeinschaft, Baden-Baden 1997, S. 53

Konzen, in: Joost/Oetker/Paschke (Hrsg.), FS Säcker, München 2011, S. 229

Kort, NZA 2002, S. 1248

Krebber, Jahrbuch Junger Zivilrechtswissenschaftler 1997 [Europäisierung des Privatrechts], 1998, S. 129

Krebber, RdA 2009, S. 224

Krebber, EuZA 2013, S. 435

Krebsbach, Europäische Sozialpolitik – Hemmschuh der Integration?, Hamburg 1974

Langer, in: Bergmann/Lenz (Hrsg.), Der Amsterdamer Vertrag, Köln 1998, S.93

L. *Betten*, in: L. Betten/D. M. Devitt (eds.), *The Protection of Fundamental Social Rights in the European Union*, the Hague 1996, p.3

Le Friant, EuZA 2010, S. 23

Lenze, NZS 1996, S. 313

Lörcher, AuR 2000, S. 241

Löwisch, in: Bettermann/Löwisch/Otto/Schmidt (Hrsg.), FS Zeuner, Tübingen 1994, S. 91

Löwisch/Rieble, Tarifvertragsgesetz, 3. Aufl., München 2012

L. Nogler, *The Concept of <<Subordination>> in European and Comparative Law*, Trento 2009

Lübker/Schulten, WSI-Mindestlohnbericht 2018, WSI Report Nr. 39, 2018, S. 3

M. Rönnmar, *CYELS*, Vol. 10, 2008, p. 493

M. Weiss, in: L. Betten/D. M. Devitt (eds.), *The Protection of Fundamental Social Rights in the European Union*, The Hague 1996, p. 33

Oppermann/Classen, NJW 1993, S. 5

Piazolo, Der Soziale Dialog nach dem Abkommen über die Sozialpolitik und dem Vertrag von Amsterdam, Frankfurt a.M. 1999

Pipkorn/Bardenhewer-Rating/Taschner, in: von der Groeben/Schwarze (Hrsg.), Kommentar zum EU-/EG-Vertrag, 6. Aufl., München 2003, EG Art. 95

Preis, NZA 2006, S. 401

P. Syrpis, *ILJ*, Vol. 37, No. 3, 2008, p. 219

P. Syrpis, *ILJ*, Vol. 40, No. 2, 2011, p. 222

Rebhahn, ZESAR 2008, S. 109

Rebhahn, EuZA 2010, S. 62

Rengeling/Szczekalla, Grundrechte in der Europäischen Union, Köln 2004

Schlachter, NZA 2000, S. 57

Schlachter, NZA 2002, S. 1242

Schlachter, ZESAR 2011, S. 156

Schnorr, RdA 1981, S. 329

Schubert, Der Vorschlag der EU-Kommission für eine Monti-II-Verordnung, Saarbrücken 2012

Schubert, in: Däubler/Hjort/Schubert/Wolmerath (Hrsg.), Arbeitsrecht Individualarbeitsrecht mit kollektivrechtlichen Bezügen Handkommentar, 4. Aufl., Baden-Baden 2017, AEUV

Schulte, in: Kaelble/Schmid (Hrsg.), Das europäische Sozialmodell, Berlin 2004, S.75

Schulten, Newsletter Vergaberecht, 2014, S. 4

Schuster, EuZW 1992, S. 178

Skouris, RdA-Beil. 2009, S. 25

Steinmeyer, ZIAS 1989, S. 208

Steinmeyer, RdA 2001, S. 10

Streinz/Herrmann, RdA 2007, S. 165

S. Deakin, *CYELS*, Vol. 10, 2008, p. 581

S. Krebber, *Comparative Labor Law & Policy Journal*, Vol.27, 2006, p. 377

S. Krebber, *Common Market Law Review*, Vol. 46, 2009, p. 1725

S. Lalanne, *International Labour Review*, Vol. 150, No. 3-4, 2011, p. 211

Tegtmeier/Weinstock, Europa-Archiv 1972, S. 801

Temming, ZESAR 2008, S. 231

Thüsing, BB 2003, S. 898

Thüsing/Traut, RdA 2012, S. 65

Tscherner, Arbeitsbeziehungen und Europäische Grundfreiheiten, München 2012

von Danwitz, EuZW 2002, S. 237

von Danwitz, EuZA 2010, S. 6

von Maydell, in: Ders. (Hrsg.), Soziale Rechte in der EG, Berlin 1990, S.122

Wagner=Weber, BB 2010, S. 2499

Wallyn, Soziales Europa 1/1988, S. 13

Wank., RdA 1995, S. 10

Weinstock, in: Däubler, Sozialstaat EG?, S. 15

Weiss, in: Däubler/Bobke/Kehrmann (Hrsg.), FS Gnade, Köln 1992, S. 583

Weiss, AuR 2001, S. 374

Wendeling-Schröder, Arbeitsrecht im Betrieb 2007, S. 617

Wlotzke, NZA 1990, S. 417

拙稿「EU 域内市場における集団的労働法（交渉制自治モデル）の受容の困難」EU 学会年報 35 号（2015 年）299 頁

同「国外事業者への州公契約法上の最賃規制の EU 法適合性 ECJ judgment of 18.9.2014, Case C-549/13 [Bundesdruckerei]」労働法律旬報 1850 号（2015 年）32 頁

同「ドイツの州公契約法上の最賃規制と EU 法上のサービスの自由移動 ECJ judgment of 17.11.2015, Case C-115/14 [RegioPost]」労働法律旬報 1879・80 号（2017 年）61 頁

事項索引

あ

アムステルダム条約·· 78

い

域内市場（internalmarket / Binnenmarkt）··· 26, 50
域内市場完成に関する白書··· 51
域内市場法·· 26

え

越境的配置労働者指令（PWD）·· 140, 232, 252, 254
　　――1条·· 232
　　――2条·· 233
　　――3条·· 234
　　――附則··· 235
越境的労働者配置（posting of workers / Arbeitnehmerentsendeung）····················· 199

お

欧州人権条約··· 170, 179

か

開業の自由　→自由移動原則（開業の自由）
介入規範··· 218, 261
　　――とサービス提供の自由··· 251

き

機能的な統合··· 32
基本条約·· 23, 89
基本的自由（fundamental freedoms / Grundfreiheiten）　→自由移動原則
客観的連結··· 212
競争法と労働協約·· 122
共通市場（common market / gemeinsamer Markt）　→域内市場
共同体憲章（1989年）··· 61
　　――の実施にかかる行動計画··· 64

く

グローバル化·· 18

け

経済統合 ··· 18
(EU の) 権限の排除 ·· 106, 132, 143

こ

公共調達 ··· 183, 275
公式的社会対話　→（ヨーロッパ）社会対話（制度）
交渉制自治モデル ·· 99, 103, 104
国際的経済活動の自由　→自由移動原則

さ

サービス提供の自由　→自由移動原則（サービス提供の自由）
差別禁止　→自由移動原則（の差別禁止）
三本柱構造 ··· 69

し

実践的調和（praktische Konkordanz） ··· 155, 193
資本および支払いの自由移動　→自由移動原則（資本および支払いの自由移動）
社会政策議定書・協定 ·· 73
社会政策行動計画（1974 年） ··· 40
社会政策統合 ··· 22, 32, 34, 68
社会対話（social dialogue / sozialer Dialog） ··· 93
　　ヨーロッパ——制度 ··· 93, 94, 95, 100, 105
社会的側面 ··· 59
自由移動原則（free movement / freier Verkehr） ··· 25, 26
　　開業の自由 ·· 26, 109, 131
　　個人労務提供者（personal work providers）の自由移動 ·· 265
　　サービス提供の自由 ·· 26, 109, 142, 223, 258
　　資本および支払いの自由移動 ··· 26
　　——の差別禁止 ·· 110, 228
　　——の市場参入制限禁止 ·· 111, 134, 145, 229
　　——の私人間効力 ·· 112, 131, 142
　　物品の自由移動 ··· 26
　　労働者の自由移動 ·· 26, 39, 108
準拠法 ··· 205
　　——選択の自由 ··· 209
　　労働契約—— ·· 207
指令の最低基準性 ··· 46, 54, 56

せ

制限禁止　→自由移動原則（の市場参入制限禁止）

絶対的強行法規 219

そ

争議権　→団体行動権（争議権）
ソーシャル・ダンピング 27, 57

た

第一次法 23
第二次法 23
単一欧州議定書 50
団体交渉権 182, 185, 194
団体行動権（争議権） 133, 144, 153, 154

ち

直接効　→EU法（の直接効）

て

抵触法 205
底辺への競争 28

と

特別連結 210, 219

に

ニース条約 86

ふ

分野的例外 124, 132, 143, 188

ほ

法の一般原則 24, 164

ま

マーストリヒト条約 69
マリーン報告 59

よ

ヨーロッパ社会政策 35
ヨーロッパ労働法　→EU労働法

ら

ラヴァル・カルテット（Laval-quartet） 20

り

リスボン条約 ………………………………………………………………… 88, 159, 195
立法権限
　　一般的な―― …………………………………………………………………… 42
　　社会政策固有の―― ………………………………………………………… 53, 74
　　労働者の自由移動のための―― ……………………………………………… 39

ろ

労働者の自由移動　→自由移動原則（労働者の自由移動）
労働抵触法 ………………………………………………………………………… 205
労働法統合　→社会政策統合
ローマ条約（1957年）　→EEC条約
ローマⅠ規則 ……………………………………………………………………… 205
　　――8条 ……………………………………………………………………… 207
　　――9条 ……………………………………………………………………… 219

E

EC条約 ……………………………………………………………………………… 79
　　旧―― …………………………………………………………………………… 70
EEC条約 ……………………………………………………………………… 35, 36
EU基本権憲章 ………………………………………………………………… 160, 174
EU法
　　――の直接効 ………………………………………………………………… 24
　　――の法源 …………………………………………………………………… 23
　　――の優位 …………………………………………………………………… 25
EU労働法 …………………………………………………………………………… 22, 49

主要 ECJ 判例索引

Albany 事件先決裁定（C-67/96、1999 年） ……………………………………… *123, 134, 150*
Angonese 事件先決裁定（C-281/98、2000 年） …………………………………… *113*
Arblade 事件先決裁定（C-369/96、1999 年） …………………………………… *114, 222, 229*

Bosman 事件先決裁定（C-415/93、1995 年） ……………………………………… *113*
Brentjens' 事件先決裁定（C-115 to 117/97、1999 年） …………………………… *123*

Commission v Germany 事件判決（C-271/08、2010 年） ………………………… *182*
Commission v Luxembourg 事件判決（C-319/06、2008 年） …………………… *20, 247, 257*

Defrenne 第 2 事件先決裁定（43/75、1976 年） …………………………………… *44*
Donà/Mantero 事件先決裁定（13/76、1976 年） ………………………………… *113*
Drijvende Bokken 事件先決裁定（C-219/97、1999 年） ………………………… *123*

Finalarte 事件先決裁定（C-49, C-50, C-52-54 and C-68-71/98、2001 年） ……… *118, 226*

Laval 事件先決裁定（C-341/05、2007 年） ……………………………………… *20, 138, 241*

Mangold 事件先決裁定（C-114/04、2005 年） …………………………………… *165*
Mazzoleni 事件先決裁定（C-165/98、2001 年） ………………………………… *116, 225*

Portugaia Construções 事件先決裁定（C-164/99、2002 年） …………………… *120*

Rüffert 事件先決裁定（C-346/06、2008 年） …………………………………… *20, 242, 254, 262*
Rush Portuguesa 事件先決裁定（C-113/89、1990 年） ………………………… *201*

Säger 事件先決裁定（C-76/90、1991 年） ………………………………………… *111*
Schmidberger 事件先決裁定（C-112/00、2003 年） …………………………… *156, 192*

Vander Elst 事件先決裁定（C-43/93、1994 年） ………………………………… *200*
Van Gend en Loos 事件先決裁定（26/62、1963 年） …………………………… *112*
Viking 事件先決裁定（C-438/05、2007 年） ……………………………………… *20, 129*

Walrave 事件先決裁定（36/74、1974 年） ………………………………………… *113*
Webb 事件先決裁定（279/80、1981 年） ………………………………………… *110, 225*

著者紹介
井川志郎(いかわ　しろう)
山口大学　講師

1988年2月　　東京生まれ
2010年3月　　中央大学法学部国際企業関係法学科卒業
2013年9月　　経済・社会学研究所（WSI）（ドイツ）客員研究員
　　　　　　　（〜2014年8月）
2015年3月　　中央大学大学院法学研究科民事法専攻博士後期課程修了
　　　　　　　博士（法学）
（独）労働政策研究・研修機構アシスタント・フェローを経て2017年4月より現職

〈主要論文〉
「EU域内市場における集団的労働法（交渉制自治モデル）の受容の困難」日本EU学会年報35号（2015年5月）299頁、「経済統合下での労働抵触法の意義と課題—EU法の展開をてがかりに—」日本労働法学会誌128号（2016年10月）136頁、「就業規則の不利益変更と労働者の個別同意〜山梨県民信用組合事件を素材として〜」労働判例1158号（2017年8月）6頁など。

EU経済統合における労働法の課題
国際的経済活動の自由との相克とその調整

2019年1月10日　初版第1刷発行

著　者	井川志郎
デザイン	Boogie Design
発行者	木内洋育
編集担当	古賀一志
発行所	株式会社　旬報社
	〒162-0041 東京都新宿区早稲田鶴巻町544 中川ビル4F
	Tel03-5579-8973　Fax03-5579-8975
	ホームページ　http://www.junposha.com/
印　刷	モリモト印刷株式会社

© Shiro Ikawa 2018, Printed Japan
ISBN 978-4-8451-1570-9